杰出女性的人生轨迹

清宫梦里花

【清朝分册】

绿蜡／著

吉林文史出版社

图书在版编目（CIP）数据

清宫梦里花/绿蜡著.--长春:吉林文史出版社,2014.1
（女人花:杰出女性的人生轨迹）
ISBN 978-7-5472-1899-0
Ⅰ.①清… Ⅱ.①绿… Ⅲ.①传记文学—作品集—中国—当代Ⅳ.①I25

中国版本图书馆CIP数据核字(2014)第004777号

清宫梦里花
Qing Gong Meng Li Hua

著　　者　绿　蜡
出 版 人　孙建军
责任编辑　钟　杉　张　露
封面设计　小徐书装
出版发行　吉林文史出版社
地　　址　长春市人民大街4646号　　邮编：130021
电　　话　总编办：0431-86037598　　发行科：0431-86037501
网　　址　www.jlws.com.cn
印　　刷　三河市宏图印务有限公司
开　　本　880mm×1230mm　32开
印　　张　9
字　　数　240千
版　　次　2014年8月第1版　2014年8月第1次印刷
定　　价　28.00元
书　　号　ISBN 978-7-5472-1899-0

目录

卷一

徐灿：清初女知识分子的背影

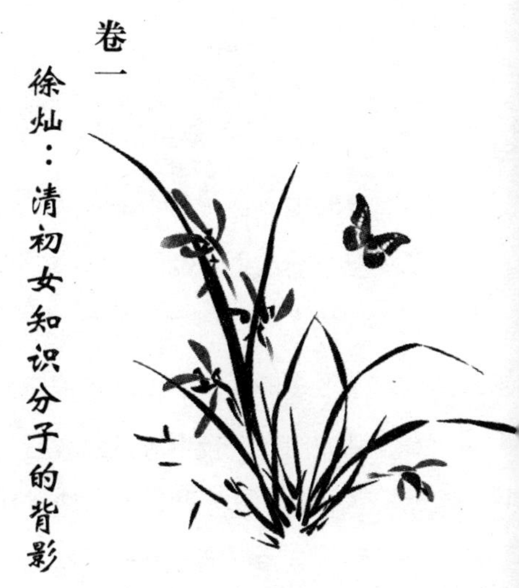

◆ 梦里江南

徐灿生于思想陈旧的封建时代，她的一生都在社会的牢笼中苦苦挣扎。她渴望打破身上的枷锁，让她辽阔豁达的思想得到释放。但是封建社会对于女性是无情的，她越有才能，悲哀之感就越浓。于是她只能将缠绵一生的悲哀，化作凄婉的情绪，隐藏在词心之中，希望他人能够读懂她那深隐的词意，好在，后人并没有负她。

徐灿又名徐粲，字湘蘋，出生在风景如画的姑苏吴县（今江苏），是光禄丞徐子懋的次女。姑苏是个人杰地灵的地方，这个有着四千多年历史的地方，孕育了很多美丽的风景和杰出的人物。有人曾经统计过，自唐至清的近1300年间，科举仕进的，苏州辖区共出文状元45名，占全国的7.6%。文人经过姑苏，被姑苏的风景所迷，更是给这个地方留下了很多的墨宝，给姑苏原本秀丽的风光增添了更多的魅力——“姑苏城外寒山寺，夜半钟声到客船”；“姑苏台上月，倒景浮生河。石梁卧长洲，垂虹跃金波”；“姑苏台殿变秋蓬，荆棘沾衣泣寒露”；“姑苏台上乌栖时，吴王宫里醉西施”；“君到姑苏间，人家皆枕河。故宫闲地少，水巷小桥多”，就是在这样美丽的地方，徐灿度过了她人生中最快乐的几年。

但是历史给予她的笔墨太少，这样一个有才情的女子，却是连出生的日子都无从查考了。历史是男人写就的历史，在封建社会中，男人掌握了大部分的统治权力，活跃在历史舞台上的，大多数是男性的身影，女性的地位太低，身影太过于模糊，人们在那些模糊的背影中，甚至连她的一生都无法勾勒出来。

徐灿生活在明末清初，明朝是封建社会中央集权发展到顶峰的时期，同时也是妇女受压迫最严重的时期。明朝推崇婚前为夫家守贞，死后为夫家守节，在整个明朝的统治时期，有无数的贞节牌坊树立在全国各地。那些贞节牌坊，是用无数女子的血和泪换来的，那是对女性个性的泯灭，是在心理上对女性进行的摧残。除了心理上的摧残，还有生理上的摧残——缠足。缠足起源于明朝人的畸形审美，后来被发展成为女性在社会中生存的一种责任，人人都以三寸金莲为美。明朝女子的社会地位低下，是受到了宋明理学的严重影响。

清朝入关以后，为了得到汉人的支持，在礼仪上向汉人学习看齐。在看待贞节妇女这一方面，清朝比其他朝代做得更为认真。清朝的官方，命令对于那些贞节的妇女要多加搜罗，还比明朝增加了“节孝坊”，统治者在经济上对寡妇施行小恩小惠，在客观上起着阻止她们再嫁的作用。并且，地方官为了做出成绩，也会对节妇进行表彰，也在很大程度上阻止了妇女的再嫁。清朝时期，还有十分严重的“溺女”现象，也就是说，将刚出生的女婴在水中溺死。这在清朝社会中十分常见,女性被视为“赔钱货”，以后嫁女儿需要承担一定的财力，而男性被视为是家中的劳动力，和女性不同。在家庭关系中的女性，地位也十分低下，常常和仆人没有什么区别，尤其是妾，可以随便打杀，任意打骂，还必须伺候丈夫和子女。由此可见，在清朝社会中，女性的地位也是十分低下的。

生活在明末清初的徐灿，还是处在封建主义的水深火热之中。这个时候的女性思想和生活仍是守旧的，女性很少有接受外面教育的机会，所有的名媛才女，所学大多来自家学渊源。

好在徐父是当时社会中开明的家长，不相信陈旧的“女子无才便是德”那一套，从小便鼓励徐灿多读书。而徐灿的祖姑，是当时苏州有名的才女，徐灿有一个十分良好的生活环境，深受熏陶，故此，从小就十分聪颖有悟性，通诗书，识大体，是典型的大家闺秀，却又比当时的名媛闺秀多了几分旷达的思想。

在当时的女子地位低下的社会中，徐灿能够有这样一个父亲是十分幸运的。她的才情，若是没有父亲的培养，也是不会被后人所知。而若是没有父亲的开明，徐灿大约只能像更多的妇女那样，被遗忘在历史中。

清代的赵翼写过一首《题遗山诗》，其中有一句被千万人传唱的名句“国家不幸诗家幸，赋到沧桑句便工”，纵观古今，很多优秀的作品，都是诗人在极度悲伤的情况下写就的，因为有了极致的情感，就容易产生极致的灵感。在徐灿的一生中，经历明朝覆灭的家破人亡，她的感情随着整个时代一起浮浮沉沉。也正是在这样的乱世中，她写出的很多诗句，都成了被后人传诵的经典。

若说在徐灿命途多舛的一生中，曾有过些许快乐的时光，让她一直难以忘怀，那么一定是在童年时期的江南——在姑苏城的庭院中，欢乐无忧地度过的闺阁时光。然而世事总不能完满，命运给了徐灿一个和谐的家庭和良好的出身，给了她的人生一个很好的开端，便从她身上拿走了她安逸的后半生。

成年人喜欢怀念自己的孩提时代，在经历了人生的各种人情世故后，才觉得孩提时代的纯真是多么难得，尤其是在时运不济、遇到坎坷时，更容易怀旧。有人说，人一生的传奇，都是在年幼的时候写就的，而后半生的时间，就都从那年幼时期所造就的传奇中获取营养。徐灿也不例外，童年时代的生活一直是她魂牵梦萦的过往。在她后来的很多词作中，都用了深情的笔触来怀念这一段日子，用以慰藉现实生活所带来的苦闷。

旧柳浓耶，新蒲放也，依然风景吴阊。去年今午，何处把霞觞。赢得残笺剩管，犹吟泛、几曲回塘。伤心事，飞来双燕，絮语诉斜阳。石榴，花下饮，吊花珠泪，还倩花藏。过一番令节，如度星霜。向晚竹窗萧瑟，凄凄雨、先试秋凉，难回想，彩丝艾虎，少小事微茫。

这首《满庭芳》，作于本应是家人团聚的端午节，节日里风景依旧，柳依然是江南的柳，旧柳早已浓绿万千，但是在徐灿的眼里却黯然失色。身世像秋雨那样凄凉，于是徐灿一下子便随着那凄清的冷雨回到童年的美好时光，小时候“彩丝艾虎”的往事，是会被放在记忆中，终身难以忘怀的。她的很多怀旧诗就是这样，淡淡地描摹着记忆中年少时的场景，细细地用笔勾勒出来，那平淡的场景似乎并没有什么特色，和千千万万的家庭所度过的端午节一样，因为太过于平常，那些隐藏在平凡事物中的浓浓的情意，也就不容易被人察觉出来。

抚今追昔是最令人伤怀的，孩提时的生活有多么难忘，和现实生活形成的强烈对比更让人感伤。梦里的江南再美，也是回不去的过往，现实的人生才是真正要面对的。

◆ 诗情与爱情交织的岁月

徐灿所生活的明末，已经是千疮百孔，政治腐败，人心动摇，一副末日般的景象。到了崇祯年间，因为不堪忍受重负，各地常有农民起义兴起，山河动摇，没有安宁的日子。

崇祯元年，徐灿嫁给了陈之遴为继室。《家传》中称；“素庵公原配沈夫人早世，请继室于徐。时素庵公举孝廉三年矣。”孝廉是举人的别称，也就是说，在徐灿嫁给陈之遴之时，陈之遴已经是举人了，根据记载，陈之遴曾于明思宗崇祯元年戊辰 (1628 年)、崇祯四年辛未 (1631 年)、崇祯七年甲戌 (1634 年) 先后三次应进士试，但是都没有考中。

古代的女子，在出嫁之后，其命运就和丈夫紧紧地绑在一起了。徐灿在嫁给陈之遴之后，她的命运，也随着陈之遴而发生了巨大的变化。

陈之遴出身于浙东的名门望族。在政治上，他早年就与钱谦益、陈名夏等结识，经常参加东林党和复社的活动。和他一起的钱谦益也是著名的文人，曾经是明代文坛的领军人物，陈之遴常和他一起相唱和。

婚后的生活最初十分如意，陈之遴是当时著名的才子，徐灿是当时著名的才女，两个人在文学上有着许多的共同语言。对于妻子对诗词的热爱，陈之遴给予了全力的支持。在可以见到的记载中，两个人有着许多诗歌方面的往来，不仅表现出两个人的相知相爱，也看得到两个人在才情上的互相应和。

在明末时代，江南的文风很盛，在姑苏地区，女性文学也随之兴起，形成了一个女性作家群体。在这个群体中，徐灿能诗工词，常与柴静仪、朱柔则、林以宁、钱云仪相唱和，结蕉园诗社，称“蕉园五子”。“蕉园五子”是姑苏城内女性文学团体的代表，她们的存在，为明末清初的女性文学的发展贡献了巨大的力量。

这段时间的徐灿，有和丈夫的爱情，有和“蕉园五子”的友情，还有伴随身边的亲情，人世间美好的情感她都感受到了，她感到十分幸福。在这一段时间，她笔下流露出来的情感，都是对爱情的美好赞颂，对美好生活的感叹。

崇祯十年，中了举人之后一直落第的陈之遴，考中了进士，对于古代学子来说，进士及第是一件非常荣耀的事情，不仅是对自己寒窗苦读的一个回报，更是可以用来光耀门庭的。陈之遴的中举，让夫妻两个看到了一个美好的锦绣前程。之前陈之遴一直落第，他曾对自己的能力表示过怀疑，但是这一次考中，终于让他从失意中走了出来，看到未来，他充满了喜悦和自信，他知道，自己会创造出一番不一样的事业，在做出对未来的美好规划之后，陈之遴在苏州购得拙政园为自己的别墅。作为妻子，对自己的丈夫感到十分骄傲，为了陈之遴的中进士，徐灿写了一首诗来表达自己的喜悦之情：

丽日重轮，祥云五色，噌吰玉殿名传。紫袍珠勒，偏称少年仙。最喜重华奕叶，周花甲、刚好蝉联。泥金报，龙旂虎帐，歌凯沸春筵。瑶池，初宴罢，冰肌雪骨，文采翩然。拜木天新命，紫禁亲诠。道是鸡窗别也，从今始、再理芸编。篝灯话，丝轮世掌，何以答尧天。

——《满庭芳·丁丑贺素》

虽然也对未来表达了一定的担忧，但是这其中最主要的，还是喜悦的情绪。

陈之遴买下的苏州拙政园，在后来被称为中国四大名园之一。拙政园园林竹树野郁，山水弥漫，近乎自然风光，充满浓郁的天然野趣，居住在其中，必定是十分舒心和顺畅的。明末清初的诗人吴伟业，曾描述过这个秀丽的园林："有宝珠山茶三四株，交柯合理，得势争高，每花时，钜丽鲜妍，纷被照瞩，为江南所仅见。"但是在买下此园后，陈之遴就到北京就职，其后和徐灿一直住在北京，很少有时间住在拙政园里。北京的寓所虽然没有拙政园风景秀丽，但也有着如诗如画般的环境，在《拙政园诗余序》中，对北京的寓所有着这样的记载："丁丑通籍后，侨居都城西隅。书室数楹颇轩敞，前有古槐，垂阴如盖。后庭广数十步，中作小亭。庭前合欢树一株，青翠扶苏，叶叶相对，夜则交敛，侵晨乃舒，夏月吐花如朱丝。"在这样的居住环境中，夫妻两人的生活十分惬意。对于徐灿来说，这是一段诗情和爱情交织的岁月。

若是在和平的年代，这样的日子或许能够过很久，一直到子孙绕膝。但是，生活在乱世中，这样的日子并没有维持多长时间。

◆ 人生飞絮，国破家亡

陈之遴的父亲，是明朝万历年间的进士，在顺天任巡抚，大清兵入侵时失职，被革职逮捕。陈之遴四处奔走救护，却仍然没能将他救出。崇祯皇帝下旨永不会再用他的父亲，而陈之遴自己，也没有逃脱被罢免的命运。于是在崇祯十二年，陈之遴带着徐灿从北京回到了南方。虽然能够回到风景更加秀丽的南方，回到自己的家乡，但是夫妻两个人的心情都十分糟糕。在这段时间，两个人的诗歌中都流露出了伤感失意的情绪。对于徐灿而言，这个人生中的重大转折点，对她原本平和、明朗、安宁、自适的心灵造成了极大的创伤，使她对险恶宦途产生了很多的畏惧与厌倦，再也没有当初的对美好的未来有所期待的心境了。

而对于当事人陈之遴来说，这个打击更为巨大。陈之遴是一个有野心有抱负的人，他寒窗苦读了多年，经历了多次失败，才让自己的梦想迈出第一步，但是还没有走多远，就被命运无情地打击了回来。他对于崇祯皇帝，对于明朝，十分失望。

在南方居住的几年里，明朝的局势发生了巨大的变化。在内有以李自成、张献忠为首的起义军日益发展壮大，威胁到明朝的统治，外有清政府的步步进逼，再加上天灾人祸，中原地区民怨四起，腐朽的王朝似乎已经走到了尽头。

到明崇祯十七年三月，李自成军攻入北京，崇祯皇帝朱由检自缢，明朝灭亡。四月，多尔衮率领的清兵及吴三桂在山海关击败李自成的大顺军，乘机入关，侵占北京，清朝建立。次年，清兵继续大举南下，攻击南明政权，江南一带惨遭蹂躏。徐灿夫妇也没有逃过战火纷飞。陈之遴在海宁的老家，和徐灿在姑苏的旧宅，都在战争中受到了或大或小的损毁。

在明朝陷入水深火热之中时，徐灿的内心也因为国内的战火而受着巨大的煎熬。她感觉到了一种人世沧桑的变化，内心也发生了巨大的变化。但因为徐灿从小所受到的儒家传统观念的影响，家国观念根深蒂固，明朝再腐败再崩坏，却也是自己所认可的国家。然而陈之遴不同，在自己的父亲在狱中死去，崇祯皇帝又罢免了自己之后，对明朝朝廷产生了莫大的失望。于是在清朝入关之后，就又积极地投入到了政治当中。

在数年之内，由于受到多尔衮的重视，陈之遴平步青云，官职一升再升。顺治八年，官至礼部尚书；顺治九年，授弘文院大学士，调户部尚书。这一时期，陈之遴恩宠备极，宦途显贵，春风得意。虽然丈夫春风得意，但是徐灿的内心却特别煎熬。清朝入关之后，因为是少数民族的统治，明清之际很多的文人崇尚誓不仕清的气节，出仕清朝，被当时很多的文人所鄙视和不齿，受到唾骂。

当时最著名的明末诗人吴伟业，清顺治十年出仕，苟全性命，堕入失节辱志的痛苦深渊，其自赎灵魂的悲歌沉挚缠绵，哀伤欲绝，不仅受到世人的唾骂，还受到良心上的煎熬。徐灿作为当时的一个有着独立想法的女性文人，对于自己丈夫的出仕清朝，感到十分不赞同。她常常委婉地对丈夫进行劝说，但是当时的陈之遴已身处高位，怎么会轻易放弃好不容易得来的地位。无奈之下，在陈之遴出仕清朝后的第二年，也就是顺治四年，徐灿带着子女到北京和陈之遴团聚。

这段时间的陈之遴仕途顺利，步步高升，但是徐灿在各种情感的煎熬之下，丝毫没有感到轻松。她的内心，得不到丈夫的理解，十分孤独。

然而权力的路上，一直是腥风血雨的，一不小心，就可能坠入万劫不复的深渊。陈之遴的青云直上，很快引起了同僚的嫉妒。在顺治十年，陈之遴不断遭到同僚的弹劾。到顺治十三年，陈之遴因被弹劾“植党营私”、“市权豪纵”被发配到盛京（沈阳）居住。于是，徐灿人生中最为悲惨的时期开始了。这次被发配到盛京,没过多久,陈之遴就得到了复职。但是，陈之遴没有反思自己犯下的过错，回到京城之后没有多久，就又因为政治上犯的错而被流放到尚阳堡。这次的流放和上次完全不同，这次不仅陈之遴自己受到责罚，连家人也受到牵连。

徐灿随同陈之遴一起流放到了尚阳堡，这个地方偏远，环境十分艰苦，让习惯了锦衣玉食的夫妻两人十分不习惯。不仅是身体上受不了，精神也受到很大的打击。尚阳堡地处东北，和南方的习惯相去甚远。徐灿本身就有一种忧郁的心理，而后又遭到这么大的人生变故，一时心情更加低落。几年之后，其他一同被流放的陈氏族人，都已经回到了家乡，只有陈之遴一家，还留在凄苦的塞外。

在流放的时间里，徐灿所生的四个儿子中，大儿子、二儿子和小儿子都死在了戍所，心情低落的徐灿接二连三地尝到了丧子的痛苦。刚被流放之时，陈之遴还想着有回到南方的一天，但是还没有等到那一天的到来，陈之遴就在康熙五年病逝在戍所。在他乡的艰难环境中，只剩下了徐灿和三子相依为命。昔日热闹的家庭变得七零八落，那些曾经的温暖荡然无存，抑郁的徐灿心如死灰，再也提不起对生活的信心。

在陈之遴死后的第五年，也就是康熙十年，在塞外生活了十二年的徐灿，终于迎来了生活的转机。根据记载，在这一年，“圣祖东巡，徐灿道旁自陈。上问：‘宁有冤乎？’徐曰：‘先臣惟知过，岂敢言冤。伏惟圣上覆载之仁，许先臣归骨。’上即命还葬。”康熙在听了徐灿的陈述后，下令准许陈之遴的棺柩回到家乡。

回到江南的徐灿年已六旬。回到了心心念念的江南，那些景色依旧美丽，但是在徐灿看来，已经失去了年少时候的色彩，没有故人的江南，再也不是那个她所生活的江南了。

◆ 月痕休到深深处

孤独和悲凉几乎成为她晚年唯一的心态，她彻底失去了对生活的信心。在海宁陈之遴的家乡，在一栋小楼中，她天天潜心礼佛。人在极度的悲伤和难过之中，很需要一种信仰来支撑自己的生活，在塞外之时，礼佛就已经是徐灿经常做的事情，在那日复一日的诵念之中，她才能感觉到生活的平静。

国家的不幸，开阔了她的生活视野，她突破传统女性的狭隘的观念，和李清照一样，提升了自己的精神境界。在乱世中的种种情感，爱情、亲情、友情的变幻莫测，又让她的诗词增添了许多题材。

徐灿的一生，因为生逢乱世，她的一生历经困难和挫折，由明入清，经历了国家的灭亡，新的朝代的崛起，又随丈夫的宦海沉浮而阅尽人情冷暖，饱尝生活的辛酸。她的一生，只有童年和少女时代可以说是过了安稳的日子，她的下半生，充斥着生死离合，风雨沧桑，家破人亡，到了凄凉的晚年，丈夫和儿子都离开了自己，唯有青灯古佛可以相伴。她的一生，是明末时代的一个缩影，在那个乱世中，有太多的故事，太多的悲欢离合。徐灿是个敏感的诗人，敏感的女性，她感受到了这个时代所带来的寒意，在面对和自己的人生观念背道而驰的丈夫时，她劝阻但不能反抗，她不认同丈夫的做法，她的内心，是一个没有人能够理解的世界，在那个世界里，矛盾和寂寞时时充斥着。

这就是古代女性的悲哀，她的一生，被和丈夫绑定在一起，丈夫的命运，就是自己的命运，没有选择也不能反抗。而女性知识分子的更悲哀之处在于，她们有着觉醒的意识，她们知道命运的不公，然而面对男性统治的世界，她们还是无能为力。

徐灿的好友黄德贞，曾为徐灿写过一首《五彩结同心》，这首词，大概可以看作是徐灿一生的写照：

> 文鸾词凤，锦幕瑶扉，天生一个仙姝。葩采凌霄汉，联奎宿、倡酬东阁鸿儒。瀛洲深处晶帘卷，齐眉倚玉案欢愉。谁知道、烟萦蔓草，合欢树折樵苏。春明再逢恩遇，正鸡鸣翼赞，弼亮璠玙璿枢。有意承平，俄遭蜚语，关山阻绝裙裾。那知霜尽阳回日，更温纶、南返桑榆。羡拙政园中人老，孤标玉映冰壶。

卷二
孟古：第一皇后

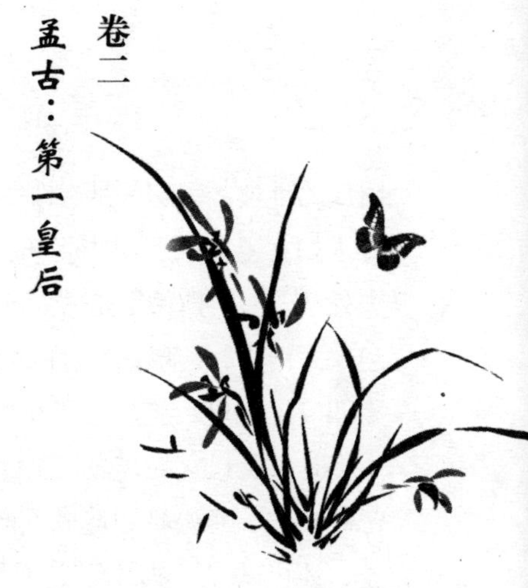

她是一场政治联姻中不幸的女子，命运没有眷顾她太多，她只能靠自己，在恶劣的生存环境中活出自己的人生。她一生都在丈夫和胞兄的斗争中苦苦挣扎，带着对故人的思念，不到三十岁就撒手人寰。好在她还有个争气的儿子，让她得以在历史上留下痕迹，尽管是短短的一段话，却足够后人去凭吊她，追忆她。

关联人物：努尔哈赤、皇太极、阿巴亥、布喜娅玛拉。

◆ 一段政治联姻

在文化传承的过程中，女性发挥了不可磨灭的作用。但是在古代社会中，女性却没有享受到应该有的待遇，在封建社会中，女性一直处于附属的地位。一切都是男性主宰，以男性为中心。在儒家的礼教规范中，要求妇女遵从“三从四德”的道德标准，“三从”即“在家从父，既嫁从夫，夫死从子”，“四德”是“妇德、妇言、妇容、妇功”。在“三从四德”的道德束缚下，大多数的女性都不会为自己的地位反抗。而古代男性的“三妻四妾”制度，更是造成女性婚姻悲剧的原因之一。在古代，女子结婚大多是“父母之约，媒妁之言”，很多女子在成亲之前根本没有见到过自己的丈夫，盲婚哑嫁造成了很多女子的悲剧，男子若是不喜欢自己的妻子，还可以“三妻四妾”，但是女子一般就只能守着自己不喜欢的丈夫过完一生，没有反抗的权利。

在男权的社会中，女性在经济和政治上也属于附属的地位，在封建私有制中，家庭的财产权都归属于男性，这样的规定，导致女子在家庭中失去了独立生活的能力，必须依附于男性，才能获得生活所需的经济来源。离开了男性，在社会上寸步难行。

女性在社会中没有地位，却也很少反抗，因为她们的思想也受到了压抑，在奉行“女子无才便是德”的社会中，女性的思想是很难觉醒的，她们屈从于现实，屈从于命运，造成了一个又一个悲剧。

而女性的出嫁，往往是肩负着一个家庭的使命，甚至是一个家族的使命。在古代的社会中，联姻是十分常见的现象，政治婚姻中的女子，必须将家族的命运放在第一的位置，即使是用自己的不幸福换取的。

叶赫那拉·孟古就是这样的一个悲剧。

孟古（也称孟古哲哲、孟古姐姐）生于明朝万历三年，也就是公元1575年。16世纪的中国，正值明朝末年的动荡之中，内忧外患，闭关自守，重农抑商的明朝，已经快走到了末路。在当时中国的北方，有一支少数民族的队伍正在强大起来，那就是以努尔哈赤为首领的建州女真族。明朝末年，女真各部落由自己的首领统治，而明朝在各个部落之间挑拨，引起各部落之间的战争，坐收渔翁之利，引起了北方女真族的不满。

当时的叶赫那拉族，是女真三大部落海西女真族势力最庞大的部落。海西女真有四个部落，分别是叶赫部、哈达部、乌拉部、辉发部。在明末时期，叶赫部是声势最大、也是最发达的部落。在首领清佳奴、杨吉砮的带领下，叶赫部的发展蒸蒸日上。杨吉砮是一位十分有政治眼光的首领，在与海西女真其他部落的战争中，为了拉拢更强大的势力，壮大叶赫部的力量，杨吉砮看中了有胆识有才略的努尔哈赤。

努尔哈赤原本是出生在女真族左卫指挥使世家，在祖父和父亲被明朝的军队杀了之后，就靠着自己的力量组建了一支军队，想要统一女真，和明朝抗衡。一开始军队的规模非常小，在后来一次又一次的战争中，队伍的声势渐渐浩大起来，成为女真族中一股不可忽视的力量。

杨吉砮在见过努尔哈赤之后，认为他是一个“不平凡”的人。于是主动提起了联姻，想要把自己的小女儿嫁给努尔哈赤。当时的努尔哈赤，为了统一女真族，正在各处寻求力量，为了和海西女真中最强大的叶赫部建立友好的关系，努尔哈赤同意了联姻。

在订下亲事不久之后，清佳奴、杨吉砮在和明朝的冲突战斗中被杀，于是清佳奴的儿子布斋，杨吉砮的儿子纳林布禄成了叶赫部新的首领。在叶赫部和明朝不断的斗争中，努尔哈赤已经四处征战，将建州女真统一起来。万历十四年时，努尔哈赤已经基本统一了建州女真的各个部落，而孟古也已经到了适婚的年纪。于是两个部落的首领商量了一个日期，纳林布禄亲自将孟古送到了努尔哈赤所在的费阿拉城。为了表达自己对这次联姻的重视，努尔哈赤率领自己的亲信大臣和贝勒前去迎接。

◆ 悲寂人生

当时努尔哈赤的后宫之中，已经有多位妻子。当时的努尔哈赤还没有称帝，后宫的制度仍然不是很完善。依然奉行一夫多妻制，所有的妻子都叫福晋，正妻叫大福晋，其余的称侧福晋、庶福晋。在努尔哈赤的一生当中，第一位是元妃佟佳·哈哈纳扎青，第二位是富察·衮代，第三位是叶赫纳拉·孟古，第四位是乌拉纳喇·阿巴亥。在孟古嫁给努尔哈赤之时，当时的大福晋富察氏还没有去世，因此孟古嫁给努尔哈赤，只是做一个侧福晋。

根据历史的记载可以看出，孟古面如满月，丰姿妍丽，性格温柔又善解人意，十分聪慧机敏，得到夸赞不会沾沾自喜，也不会阿谀奉承，不会言他人之过，也不会听信谗言，对待努尔哈赤十分尽心尽力，努尔哈赤对她十分上心。政治婚姻中的男女，因为将利益放在第一位，双方的感情总是不太好，孟古和努尔哈赤的感情是比较特殊的，因为孟古的性格宽厚温和，将努尔哈赤后宫之中的事情处理得十分妥帖，因而努尔哈赤可以在外面放心地征战，对于这样一位贤妻，努尔哈赤心里是十分喜欢的。但是努尔哈赤身边已经有太多的女人，并没有多少感情可以分给孟古，即使是喜欢，那种感情也是理智的、克制的。

孟古的生活虽然平淡，但是也有很多令她烦恼的事情。

这其中最大的一件就是叶赫族和努尔哈赤的关系。

在叶赫族和努尔哈赤刚联姻时，两族的关系还是十分友好融洽的，但是努尔哈赤统一建州女真的过程中，势力逐渐壮大，一路旗开得胜。这让叶赫族的首领感到自己的地位受到了威胁。再者，当时明朝和女真的贸易来往十分频繁，叶赫地处镇北关，在明朝和女真商业来往的过程中享受地域带来的利益，努尔哈赤起兵以后，掐断中原与北方各部的通道，这给镇北关的经济造成了严重影响，镇北关迅速萧条了下去。

努尔哈赤的力量越来越强大，叶赫部势力单薄，仅凭自己的力量已经无法与之抗衡，于是叶赫部联合了海西女真的其余部落，一起对抗努尔哈赤。双方在协商无效的情况下，终于产生了巨大的矛盾，演变成了真刀真枪的杀斗。

万历二十一年，叶赫派兵袭击建州的村寨。这就是后来被历史记载的“建州九部”战争的导火线。被袭击的努尔哈赤并没有退缩，他率军进攻了哈达部，双方正式开战。努尔哈赤在到处征战的过程中积累了大量的经验，身边有着一群十分有计谋的大臣，在双方的战斗中，努尔哈赤用计谋，打败九部。叶赫部的首领之一布斋在这次战争中被杀。战争结束之后，叶赫部的另一位首领纳林布禄向努尔哈赤索要布斋的尸体，然而这个时候的努尔哈赤仍然被愤怒包围，将布斋的尸体一分为二，将其中的一部分交给纳林布禄。布斋的女儿就是当时有着“满蒙第一美女”之称的布喜娅玛拉，在看到自己父亲的尸体后，将努尔哈赤视为自己的杀父仇人。也就是因为这样，在后来成了叶赫被灭的理由之一。

努尔哈赤和叶赫部一直都处在水深火热的关系之中。这让来自叶赫的孟古夹在中间十分为难。古代的女人的悲剧之处在于，她们要背负太多的东西，有太多沉重的东西压在她们的身上。在这些年里，因为和叶赫部的战争导致了孟古的生活中也多了很多不能言说的东西，没有人能够懂得她面对丈夫和兄弟之间无休止的战争时，那种纠结痛楚的心情。

好在命运对她并不是很坏，在给了她艰难的生活后，又给了她新的惊喜。

万历二十年十月二十五日，努尔哈赤的第八子皇太极出生。孟古在后宫中终于有了新的依靠。孩子为孟古的生活带来了新的乐趣，身边多了一个会哭会闹的小孩，让孟古忘却了丈夫和兄弟之间的矛盾，也忘记了叶赫族和爱新觉罗家族的水火不容的状态。一切都因为皇太极的到来而变得充满光明。

随着皇太极一天天地长大，建州女真在努尔哈赤的带领下发展得越来越好，与叶赫部之间的差距变得越来越大。虽然两个族曾经联姻过，但是孟古的存在，已经不能缓和两族之间的关系。在政治上的针锋相对让两族的人民都互相仇恨。面对这样的情况，孟古忧思不已，每每努尔哈赤出去征战都会担惊受怕，既为丈夫的安危感到担忧，也为叶赫部的生存感到担忧。

在这种矛盾的心情中，孟古的心情一直都不好，到了万历三十一年，也就是皇太极十一岁时，孟古病危，弥留之际，她想到了在短短三十年的人生里，有太多的遗憾。其中最大的遗憾是，努尔哈赤和叶赫部之间的关系越来越差，也因为如此，族人也就当这个嫁给了努尔哈赤的人是不存在的了。自从十四岁嫁给努尔哈赤之后，孟古就再也没有见过自己在叶赫部的亲人。弥留中的孟古想要见一见自己的母亲，努尔哈赤听到这个愿望后就派人去叶赫部请，但是当时的叶赫部首领纳林布禄，拒绝了努尔哈赤的这一请求，没有将孟古的母亲送去，而是派了小时候喂养过孟古的一个乳母前去。

遗憾中的孟古终究没有能够见母亲最后一面，带着对故土的深深怀念离开了人世，年仅二十九岁。孟古的死给努尔哈赤带来了沉重的打击，他对叶赫族的仇恨又加深了一层。在很多年后努尔哈赤讨伐叶赫时对当时的首领纳林布禄说："我并没有什么对不起你们叶赫的，你们先是抢了我的地方，又联合九部对我发动战争；在失败后，你们虽然答应与我结亲，并且为此发过誓言，但是你们却背信弃义，转而将布喜娅玛拉嫁给蒙古；孟古生病弥留之时，想要见一面生母，却受到了重重的阻挠。这些就是我和你们叶赫断交的原因，也就是我灭你们的原因。"孟古的离开，是努尔哈赤心中永远的伤痛。

在孟古去世之后，努尔哈赤为了悼念她，给她举办了隆重的葬礼，并且让她生前最为喜爱的四个奴婢为她殉葬，并把孟古暂时先安葬在后院之中，以便怀念，也提醒他，与叶赫之间还有着深仇大恨。三年过后，努尔哈赤才将孟古安葬到了赫图阿拉尼雅满山冈，后又移到东京杨鲁山。

孟古在离开人世时，一定没有想到，自己唯一的儿子，会成为努尔哈赤的继承人。皇太极在登基之后，不想世人遗忘了自己的母亲，于是将自己的母亲追封为孝慈昭宪纯德贞顺承天育圣武皇后，并将她和努尔哈赤合葬在福陵地宫，神位供于太庙，让后世的人一直都祭拜她尊崇她。

在她短暂的二十九年的生命中，有太多的委屈和将就，也有太多的思念和磨难。因为有一个争气的儿子，她得以成为大清的"第一皇后"，在《清史稿》中留下这样一段话：

太祖孝慈高皇后，那拉氏，叶赫部长杨吉砮女。太祖初起兵，如叶赫，杨吉砮以后许焉。杨吉砮为明总兵李成梁所杀，子纳林布禄继为贝勒，又为成梁击破。岁戊子秋九月，以后来归，上率诸贝勒、大臣迎之，大宴成礼。是岁，后年十四。岁壬辰冬十月，太宗生。岁癸卯秋，后病作，思见母，上遣使迎焉，纳林布禄不许。九月庚辰，后崩，年二十九。

后庄敬聪慧，词气婉顺，得誉不喜，闻恶言，愉悦不改其常。不好谄谀，不信谗佞，耳无妄听，口无妄言。不预外事，殚诚毕虑以事上。及崩，上深悼之，丧敛祭享有加礼，不饮酒茹荤者逾月。越三载，葬赫图阿拉尼雅满山冈。天命九年，迁葬东京杨鲁山。天聪三年，再迁葬沈阳石嘴头山，是为福陵。崇德元年，上谥孝慈昭宪纯德真顺承天育圣武皇后。顺治元年，祔太庙。康熙元年，改谥。雍正、乾隆累加谥，曰孝慈昭宪敬顺仁徽懿德庆显承天辅圣高皇后。子一，太宗。

这个女人一生的遗憾，都被隐藏在这毫无感情的历史记载之中。那些漫长的日日夜夜，被凝缩成了这样短的几句话，在还没有被命运女神眷顾的时间里，她都在用自己的努力，挥洒出生命的亮色。

卷三

布喜娅玛拉：最美丽也最悲情

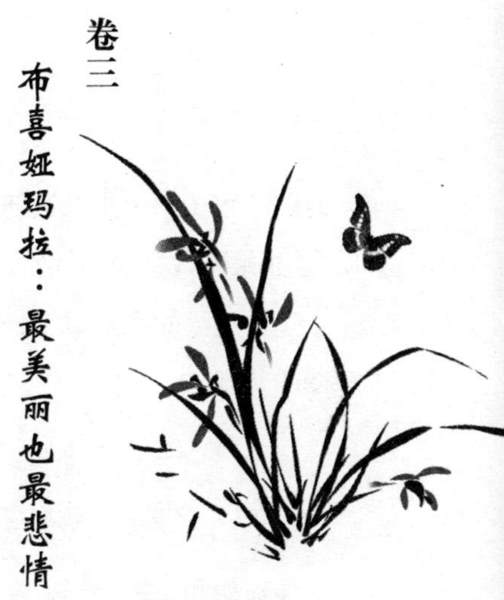

她是东方的海伦，是很多男人为之马革裹尸的“女真第一美女”。但她并不幸运，她的美貌，被当作交换利益的筹码，她一生被父兄嫁了八次，却没有一次得到善终。从小带着预言的她，注定了不平凡的人生。似乎从容貌被广为人知的那天起，就注定了她悲剧的一生。

关联人物：努尔哈赤、布扬古、孟古。

◆ 女真第一美女

在安徽灵璧县东七公里处，风景十分秀丽的地方，坐落着虞姬的墓。两千多年前，在著名的楚汉战争中，四面楚歌的项羽，在乌江自刎，和千万的江东子弟永别。追随了他多年的虞姬，和项羽上演了传唱千年的“霸王别姬”。这样的爱情故事，如今回忆起来，还是令人唏嘘不已。

在灵璧县的虞姬墓上，有一副著名的墓联，道尽了世间所有的红颜薄命的悲剧：

虞兮奈何？自古红颜多薄命；

姬耶安在？独留青冢向黄昏。

像项羽和虞姬一样，在几千年来的中国历史中，从来不乏英雄美人的悲情故事，那一句“自古红颜多薄命”，真是道尽了世间所有悲情女子的沧桑。

就像虞姬一样，美人身边总是伴随着英雄出现，而英雄的身边，也需要美人的衬托。在历史上，有太多英雄末路的悲剧，也有太多美人迟暮的悲剧。历史能够记住的，不过是这些悲剧中的万分之一，有更多的悲剧，就被掩埋在了历史的长河里，什么也没有留下。

清初的历史上，有一位著名的美人，她的美貌在整个满蒙地区闻名，有太多的战争是因为她而起，有太多的英雄为她征战沙场马革裹尸。

她就是叶赫那拉·布喜娅玛拉。

布喜娅玛拉是女真第一美女，而当时女真第一英雄的名号，大概只有清太祖努尔哈赤可以担得起。布喜娅玛拉和努尔哈赤，美人和英雄，本该成就一段佳话，却因为种种原因，成了一个悲剧。

布喜娅玛拉被称为“东方海伦”，就如同海伦曾给特洛伊带去战争一样，布喜娅玛拉的美貌，也给整个东方大地带来了很多的战争。

海伦是廷达柔斯跟勒达所生的女儿，在她的后父斯巴达国王廷达瑞俄斯的宫里长大。海伦从小时候就因为容貌出众而闻名希腊。小的时候，海伦在宫殿中跳舞，曾吸引了两个人为争夺她而发生争斗。长大后的海伦容貌越发出众，引来了无数的爱慕者和求婚者。她的父亲斯巴达国王廷达瑞俄斯因为担心最后选出一位女婿会得罪那么多的求婚者，让所有求婚者都当众立誓，誓言内容是将来跟被选中的新郎建立同盟，共同反对任何因为对这场婚姻不满而企图加害国王的求婚人。最后，国王选中了墨涅拉俄斯——阿伽门农的兄弟，亚各斯人的国王，与海伦结婚后，他继承了斯巴达的王权。

然而如果事情就这样结束，那么也就不会让海伦闻名世界。后来，特洛伊王子在执行任务时到了拉科尼亚，在拜访国王墨涅拉俄斯时，看上了墨涅拉俄斯身边的海伦。两人在短短的时间内互生情愫，感情迅速升温。在帕里斯启程回特洛伊时，唆使海伦抛弃墨涅拉俄斯跟着自己回到特洛伊。年轻的海伦，早就厌烦了墨涅拉俄斯，在帕里斯唆使后，就听从他的话，抛弃了女儿和丈夫，随着帕里斯一起到了特洛伊。

愤怒的墨涅拉俄斯带领军队到了特洛伊，于是著名的特洛伊战争就这样爆发了。长达十年的战争，无数的特洛伊人民家破人亡。海伦的美貌也因为这场战争而名扬四海。

布喜娅玛拉被称为“东方海伦”，她的美貌，也曾经使草原人民家破人亡，给自己带来了凄凉的人生。

建立清朝的满族前身，是生活在东北地区的女真族。女真人在历史上先后建立过金朝、东夏、扈伦、后金等古代政权，后金是努尔哈赤建立的一个政权，它是清朝的前身。女真族在15世纪初期分为建州女真、海西女真、野人女真三大部。女真建立政权的路上，充满坎坷。建州女真以努尔哈赤为首领，在努尔哈赤的带领下渐渐强大起来，后来建立起了后金政权，成为满蒙大地上的最大盟主；海西女真分为哈达、辉发、乌拉、叶赫四部，在17世纪初期时被努尔哈赤吞没；野人女真是部落中最落后的一支，因而被冠以“野人”之名。

布喜娅玛拉是海西女真叶赫部贝勒的女儿，出生于明万历十年。她出生的时候，她的母亲看着这个婴儿的最大心愿，也许就是让她在草原上无忧无虑地成长，长到可以出嫁的年纪为她寻找一个好的人家，平平淡淡地过完下半生。但是所有人都不会想到，这样一个普通的女婴，会成为女真族最美丽的女人，也不会想到，她会成为努尔哈赤发动战争灭了海西女真的借口。在她出生的时候，有一个萨满曾经对她做出预言：“此女可兴天下，亡天下。”带着这样的预言，布喜娅玛拉走过了惊心动魄的一生。

这个出嫁了八次的女人，就注定有个不平凡的人生。

布喜娅玛拉并不是这位“东方海伦”的真名，在所有关于她的记载中，并没有出现她的名字。在《清史稿》关于太祖努尔哈赤的记载中，她都是以‘叶赫老女”“关西老女”的名字出现，布喜娅玛拉这个名字，是从小说中拿出来的。在满语中，并没有 buyiyamaha 或 buxiyamala 这样的词，没有任何的意义。但是因为小说的影响力巨大，人们就深深地记住了布喜娅玛拉这个名字。在关于努尔哈赤的电视剧《太祖秘史》中，她的名字是“东哥”，东哥在满语中的意思是生在水边的小草。东哥和布喜娅玛拉都不是历史中的这位叶赫老女的真名，她的真名，早已经随着她的消失而随风逝去。为了方便，文中就以布喜娅玛拉这个名字称呼她。

“叶赫老女”这个称号的来历，是布喜娅玛拉因为美貌，求婚者众多，但也因为各种各样的原因，从十二岁开始待字闺中二十年都没有嫁出去。在古代人的眼里，十五岁是一般人结婚的年龄，但是在民风开放的草原民族，普遍要更早一些。二十岁没有嫁人的，都可以称为是“老姑娘”，布喜娅玛拉直到三十三岁，在同龄的女子已经可以做祖母的年纪，才第一次真正嫁人，所以就有了“叶赫老女”这个称号。

布喜娅玛拉一生的悲剧都因为她的美貌。

◆ 利益的牺牲品

明万历十九年，也就是公元 1691 年，年仅九岁的布喜娅玛拉已经出落得亭亭玉立，她小小年纪，却已经芳名远播，女真哈达部岱善贝勒听说了布喜娅玛拉的美名，便起了求娶之意。当时布喜娅玛拉的父亲布斋心中，不过是将布喜娅玛拉当作一个诱饵。利用布喜娅玛拉的美貌，假意许诺岱善以婚事，但真实目的不过是想要吞并岱善所在的哈达部。

心中充满喜悦的岱善，带着一队迎亲的队伍来到叶赫部。却在路上遇到了埋伏在路上的布斋的伏兵，聪明一世的岱善，就这样死在了美梦中。岱善被杀，罪魁祸首布斋却没有受到惩罚，布斋给哈达部送去了一个替罪羔羊，哈达部虽然心中明白事情没有那么简单，但是也没有任何办法。当时战乱的年代里，有着明朝对这些少数民族的虎视眈眈，哈达这个部落为了生存，不欲与叶赫部发生争论，于是这件事情就这样不了了之，布斋也没有受到任何的谴责和报复。

在这件事情中最大的受害者就是被拿来当诱饵的布喜娅玛拉，九岁的她本该在父母的庇护下健康成长，却因为被当成政治筹码而成了牺牲品，九岁的她，成了一个寡妇。这就是布喜娅玛拉的第一次婚姻。她的悲剧人生拉开了帷幕。

在海西女真的四个部落中，唯有哈达部和叶赫部的实力比较强大，在哈达部的首领岱善被杀了之后，为了争夺部落首领的地位，哈达部开始不断产生内讧，在各种内部的争斗中实力慢慢减弱。与此同时，叶赫部的发展蒸蒸日上，地位越来越稳固，逐渐成为海西女真四部的盟主。

在哈达部开始衰弱之后，海西女真的乌拉部开始崛起。乌拉的贝勒布占泰骁勇善战，在各种部落的战争中取得胜利，引得附近的小部落纷纷归附。与此同时，建州女真族的努尔哈赤也日益强大起来，声势浩大，大有一统女真的气势。为了和乌拉部联盟，布斋又将布喜娅玛拉许诺给了乌拉部落贝勒布占泰。在后来的“建州九部”的战争中，布占泰以布斋的女婿身份参加战争，但是不幸被努尔哈赤抓获，成了努尔哈赤的俘虏。

就这样，布喜娅玛拉的第二次婚姻，也就成了泡影。

但是“建州九部”的战争还没有结束。

在布占泰被抓获后，布喜娅玛拉的哥哥将布喜娅玛拉许诺给了日益强大的努尔哈赤，布扬古若是能够预测未来，一定会为自己当时做的决定而感到后悔，他没有想到，他的这个决定，令整个叶赫部的命运发生了翻天覆地的变化。

在和海西女真的战争中，努尔哈赤因为不喜欢叶赫部贝勒布斋两面三刀的小人行径，就在战争中将布斋杀死。残暴的努尔哈赤觉得将布斋杀死并不能解恨，于是将布斋的尸体从中间劈断，并将血肉模糊的上半身送回给了叶赫部。看到了父亲尸体的布喜娅玛拉悲痛不已，虽然这个父亲两次把自己当成政治筹码，但是他给了自己美好的生活和避风的港湾。悲痛之中的布喜娅玛拉将努尔哈赤当成了自己的杀父仇人，再也不肯下嫁给他，并发了毒誓：“努尔哈赤是杀父仇人，谁能够杀了他，我就嫁给谁。”

布喜娅玛拉的哥哥布扬古于是毁掉和努尔哈赤的婚约，公开向女真各部落征婚，表明如果谁能将努尔哈赤杀死，谁就能够娶走布喜娅玛拉。

这个决定，将布喜娅玛拉一生的悲剧推向了高潮。自古英雄和美人都是一起出现的，当时的布喜娅玛拉是女真的第一美女，而努尔哈赤是女真的第一英雄，两人若是能走到一起，也许可以成为千古佳话。若是走到了一起，布喜娅玛拉的人生也许就不会这样充满了不幸和悲哀。但是，“如果”是这个世界上最悲哀的一个词语，有太多假设的人生，一定是充满了太多的不幸福。

听说了布喜娅玛拉征婚的消息，女真族的英雄们就开始跃跃欲试。首先对努尔哈赤发出宣战的是哈达部落的新贝勒孟格布禄，孟格布禄于万历二十七年五月向努尔哈赤宣战。九月，孟格布禄在和努尔哈赤的战争中兵败，向努尔哈赤投降，投降后的孟格布禄被努尔哈赤寻了一个借口杀掉。两年后，哈达部彻底被努尔哈赤吞并。努尔哈赤的统治又稳定了许多，他将领土又扩大许多。哈达成了第一个被努尔哈赤所灭的海西女真部落。

孟格布禄的悲剧，并没有让那些觊觎布喜娅玛拉美色的人停止他们的脚步。更多人向布喜娅玛拉的哥哥求亲。尽管布喜娅玛拉已经在几次婚姻失败后年纪渐渐变大，但是布扬古并没有着急将布喜娅玛拉嫁出去，因为他终于发现了布喜娅玛拉的利用价值，与其将布喜娅玛拉嫁出去，不如留着当更好的筹码。

于是就这样到了万历三十五年。这一年，海西女真辉发部的首领拜音达理贝勒背弃了早先曾和努尔哈赤之女订下的婚约，转而与布喜娅玛拉订婚。九月，怒火中烧的努尔哈赤对拜音达理宣战，拜音达理战败，于是海西女真的辉发部也被努尔哈赤吞并了。

这期间，一直被努尔哈赤囚禁的布占泰回到了乌拉部，在听到布喜娅玛拉已经转而和别人订婚的消息，十分难过。那个时候布占泰已经与努尔哈赤联姻，与努尔哈赤结下了联盟。但是布占泰重获自由之后，就将与努尔哈赤的诺言忘得一干二净。他抛弃了努尔哈赤和他订下的联姻，毫无疑问又将努尔哈赤激怒了。被激怒的努尔哈赤经过精心的布置和计划，于万历四十年向乌拉部宣战，乌拉部虽然这些年有所发展，但是与努尔哈赤的军队相比犹如螳臂当车，不久后乌拉部就又被努尔哈赤所灭。幸存下来的布占泰逃往叶赫部，但是不久之后，也因为心情郁闷抑郁而死。

布占泰是所有布喜娅玛拉的追求者中最痴情的一位。为了布喜娅玛拉而被努尔哈赤俘虏，在当俘虏的几年中，对布喜娅玛拉一直不死心，想着重获自由后再继续娶布喜娅玛拉。然而重获自由后，仍然没有得到她。在部落被灭之时，逃到了叶赫，最后死在了布喜娅玛拉的身边。

这一年，布喜娅玛拉已经三十岁了。她的人生中最美好的年华，就已经在几次失败的政治联姻中被消耗了。在当时的社会，是男人主宰的社会，女人根本没有发言权，甚至不会被历史所记住。布喜娅玛拉，在这样悲剧的人生中没有任何的反对的权利，先是被父亲当作政治筹码，父亲死后又被哥哥当作了政治筹码。她的心里，所希望的不过是像个普通女人一样，在家族和丈夫的庇护下过完一生，但是，面对不公的命运，她没有资格说“不”。她的一生如此悲剧，但是在历史上，却连个名字都没有被记住，留给后人的，只有“叶赫老女”这样一个带着些许嘲讽的称号。

一生中没有多少个三十年可以浪费，再倾国倾城的容颜也抵不住岁月的摧残。当布喜娅玛拉步入三十岁的年纪时，她的哥哥布扬古终于意识到，这个妹妹或许再也耽搁不起了。再耽搁也许就会连最后一次的利用机会都失去。

于是在万历四十三年，当喀尔喀部落的首领吉塞向布喜娅玛拉求婚时，布扬古终于同意了这门婚事。但是，这一次布喜娅玛拉站了出来，拒绝了这门婚事。布喜娅玛拉觉得吉塞配不上自己，她还在等待一个英雄。

就在这时，一直没有死心的努尔哈赤再一次向布喜娅玛拉求婚。同时求婚的还有喀尔喀部落的另外一个首领莽古尔岱。在之前，因为布喜娅玛拉的关系，叶赫部和蒙古的喀尔喀部落的关系闹得剑拔弩张，于是布扬古觉得将布喜娅玛拉许给莽古尔岱可以缓解和蒙古的关系。多一个朋友，比多一个敌人要好得多。于是布扬古最终将布喜娅玛拉嫁给了莽古尔岱，这一次没有遭到布喜娅玛拉的拒绝。

布喜娅玛拉终于嫁出去了，在她三十三岁的年纪。在这个年纪，大多数的女子已经有了子女，甚至有的已经做了祖母，但是布喜娅玛拉才刚刚出阁。因为这位满蒙第一美女，海西女真的哈达、辉发、乌拉三个部落都先后被努尔哈赤所灭。努尔哈赤也许并不是真正喜欢布喜娅玛拉，只不过布喜娅玛拉的存在，让努尔哈赤出兵的理由变得更加名正言顺。

布喜娅玛拉嫁人之后，失意的努尔哈赤觉得自己的形象大大受损，于是对布喜娅玛拉发了一个恶狠狠的诅咒："此女生不祥，哈达、辉发、乌拉三部以此女构怨，相继覆亡。今明助叶赫，不与我而与蒙古，殆天欲亡叶赫，以激其怒也。我知此女流祸将尽，死不远矣。"努尔哈赤的这一诅咒很快就灵验了，在布喜娅玛拉嫁给了莽古尔岱之后，就过了一年的安稳生活，这一朵草原上最美丽的花就枯萎了。

布喜娅玛拉死了，但是伴随着她的传奇并没有消失，因为她而起的战争也没有消失。明朝万历四十六年，努尔哈赤宣布和明朝廷决裂。努尔哈赤在向明朝廷宣战时，发布了讨明檄文，其中阐述了对明朝的"七大恨"。"七大恨"的具体内容如下：

> 我祖宗与南朝看边进贡，忠顺已久，忽于万历年间，将我二祖无罪加诛，其恨一也。
>
> 癸巳年，南关、北关、乌剌、蒙古等九部，会兵攻我，南朝休戚不关，袖手坐视，仰庇皇天，大败诸部，后我国复仇，攻破南关，迁入内地，赘南关吾儿忽答为婿，南朝责我擅伐，逼令送回，我即遵依上命，复置故地。后北关攻南关，大肆掳掠，然我国与北关同

是外番，事一处异，何以怀服，所以恼恨二也。

先汗忠于大明，心如金石，恐因二祖被戮，南朝见疑，故同辽阳副将吴希汉，宰马牛，祭天地，立碑界铭誓曰“汉人私出境外者杀；夷人私入境内者杀”。后沿边汉人，私出境外，挖参采取。念山泽之利，系我过活，屡屡申禀上司，竟若罔闻，虽有怨尤，无门控诉。不得已遵循碑约，始感动手伤毁，实欲信盟誓，杜非有意欺背也。会应新巡抚下马，例应叩贺，遂遣干骨里、方巾纳等行礼，时上司不纠出口招衅之非，反执送礼行贺之人，勒要十夷偿命。欺压如此，情何以堪。所谓恼恨者三也。

北关与建州同是属夷。我两家构衅，南朝公直解纷可也，缘何助兵马，发火器，卫彼拒我，畸轻畸重，两可伤心！所谓恼恨者四也。

北关老女，系先汗礼聘之婚，后竟渝盟，不与亲迎。彼时虽是如此，犹不敢轻许他人，南朝护助，改嫁西虏。似此耻辱，谁能甘心？所谓恼恨者五也。

我部看边之人，二百年来，俱在近边住种。后前朝信北关诬言，辄发兵逼令我部遣退三十里，立碑占地，将房屋烧毁，稻禾丢弃，使我部无居无食，人人待毙，所恼恨者六也。

我国素顺，并不曾稍倪不轨，忽遣备御萧伯芝，蟒衣玉带，大作威福，秽言恶语，百般欺辱，文牍之间毒不堪受。所谓恼恨者七也。

这七恨，可以看出努尔哈赤对明朝的痛恨，对于灭了明朝有着很大的决心。在提到的第五恨中，指出了叶赫部先将“北关老女”也就是布喜娅玛拉许给努尔哈赤，后又反悔，让她转嫁给蒙古。而明朝廷则公然支持叶赫，也就成了努尔哈赤怨恨明朝廷的原因之一。

在和明朝廷决裂后的第二年，也就是万历四十七年，努尔哈赤用了同样的理由，灭了叶赫部。至此，海西女真的四个部落，都被努尔哈赤所灭。而布喜娅玛拉，竟然成为努尔哈赤灭四个部落的最主要理由。

努尔哈赤是清朝的太祖，他所建立的后金政权是清朝得以建立的基础。可以说，没有努尔哈赤的骁勇善战，就没有整个清朝长达两百多年的统治。努尔哈赤征战沙场一生，身经百战，战无不胜。唯独在晚年的时候曾经败给过明朝的袁崇焕。一个在政治上叱咤风云的人物，他的性格勇敢坚毅，也十分残暴。有历史学家分析努尔哈赤百战百胜的原因，分为天时地利人和已合。其中“人和”的一个重要方面，就是上天赐给了他布喜娅玛拉。

或许努尔哈赤并没有真正地爱过布喜娅玛拉，最初想要得到她的时候，不过是因为布喜娅玛拉是女真第一美女，得到这个美女，会让自己的英雄地位更加凸显。而再后来，布喜娅玛拉拒绝了他，让他感觉到了极大的羞辱，而面对叶赫将布喜娅玛拉一再地改嫁，更是激怒了努尔哈赤。于是布喜娅玛拉就成了努尔哈赤出征的理由，也成了他建立政权中最重要的导火线。

◆兴天下，亡天下

布喜娅玛拉兴了努尔哈赤的天下，毁了海西女真四个部落多年来的心血。在出生时就带着的预言，在冥冥之中得到了印证。

在历史上，有很多布喜娅玛拉这样的悲情女子，她们都成了政治上的筹码或者牺牲品。例如令吴三桂“怒发冲冠”的陈圆圆，还有被唐明皇逼死在马嵬坡的杨玉环，远嫁塞外的王昭君，被用来实施美人计的貂蝉。这些女人，都因为美貌而在政治中被利用，被抛弃。美貌给她们带来的，悲剧远大过荣誉。

虽然因为美貌，她们被历史记住了，在历史的长河里留下了只言片语，但是那身后之名，对于死去的人来说，根本微不足道。

布喜娅玛拉比她们更悲剧的地方在于，美貌除了给她带来荣誉，还给她带来了战争,带来了一个家族的灭亡。这样的容貌,在动荡的年代里，注定了一生都将是坎坷的命运。她给努尔哈赤带去了霸业，却带着落寞和悲伤凋零在荒凉的蒙古草原中，连一个名字也没有留下。历史对于这位美人，也十分吝惜笔墨，只有寥寥数语。

在待字闺中的岁月里，或许她也曾希冀过美好的未来，也曾对生活有过期盼。但是她挣脱不开家族的枷锁,也挣脱不开美貌的束缚。带着“兴天下，亡天下”的预言，这位美丽绝伦的公主走完了她的一生。或许死亡对她来说，也是一个新的解脱，至少在那个世界里，不会有太多的勾心斗角，不会有太多的战乱和死亡，不会有太多的颠沛流离。

卷四

孝庄文皇后：一个女人的史诗

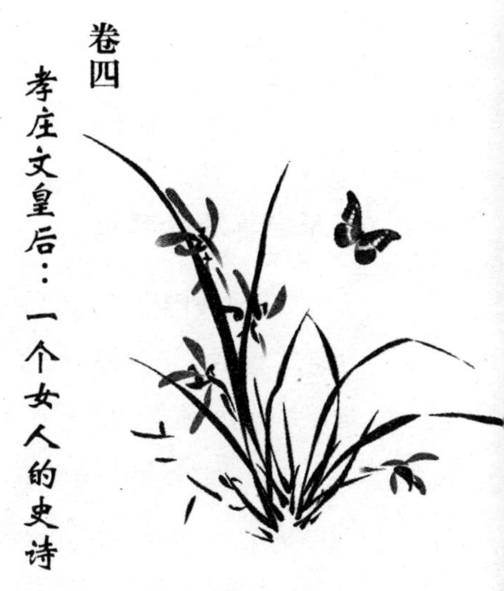

孝庄仿佛生来就知道，在清朝这个社会中，女人终究是需要牺牲的。她拥有很多男子所不能企及的智慧，总能在关键时刻发挥自己的政治才能，将动荡和风波都扼杀在摇篮中。但好在她并没有太大的野心，她的才能，都成了推动康乾盛世的一个巨大的发动机。她的一生，有动荡，有波折，也有宁静，有安详。她享有这个世间所有的荣誉，唯一缺少的，似乎就是一份轰轰烈烈的爱情。

关联人物：皇太极、多尔衮、顺治、康熙、海兰珠等。

◆ 来自草原的精灵

清朝是中国历史上最后一个封建王朝。从 1636 年皇太极改国号为清起，到 1912 年清朝最后一位皇帝被迫退位止，经历了两百七十多年的历程，共有十一位皇帝在位。在这期间的后宫之人更是数不胜数。

在这两百多年的清朝统治中，有两位太后在位的时间占了整个清朝的三分之一，其中一个是孝庄文皇后（谥号孝庄仁宣诚宪恭懿翊天启圣文皇后），孝庄皇太后历经了三位帝王的统治，是清朝第二位皇帝皇太极的妃子，是清朝第一位入关皇帝顺治帝福临的生母，康熙帝玄烨的祖母，她辅佐了两位年幼的皇帝成长，在她的努力和智慧下，清朝走向了康乾盛世的繁华局面。

另一位太后是慈禧太后（谥号孝钦慈禧端佑康颐昭豫庄诚寿恭钦献崇熙配天兴圣显皇后），慈禧太后以芳华年纪嫁给咸丰帝，而后生了同治皇帝，又将光绪帝扶上了皇位，将晚清的朝廷和后宫弄得乌烟瘴气。慈禧太后和孝庄最大的不同之处在于，孝庄甘愿做一个幕后的支持者，而慈禧对于权力太过留恋，将个人的利益放在太重要的位置，导致了清朝晚期的内外腥风血雨。

孝庄并不比慈禧缺少智慧，也不比慈禧缺少手段，她只是有着慈禧没有的大局观，把国家的前途放在比个人的野心更重要的位置。她跟着顺治帝福临一起入关，在沈阳和北京的紫禁城都留下了自己的身影，经历了七十五年的风风雨雨，她的身上，有太多的故事和太多的传奇，有太多的悲情和深情，也有太多不为人知的辛酸和苦闷。

就像一个被尘封的箱子一样，只有拨开了历史的灰尘，才能看清楚箱子里所隐藏的秘密。

在《清史稿》中，关于孝庄的一生有一个简短的概括：

> 孝庄文皇后，博尔济吉特氏，科尔沁贝勒寨桑女，孝端皇后侄也。天命十年二月，来归。崇德元年，封永福宫庄妃。三年正月甲午，世祖生。世祖即位，尊为皇太后。顺治十一年，赠太后父寨桑和硕忠亲王，母贤妃。十三年二月，太后万寿，上制诗三十首以献。上承太后训，撰内则衍义，并为序以进。圣祖即位，尊为太皇太后。

这短短一百多字里，概括了孝庄这个女人不平凡的一生。

孝庄文皇后，博尔济吉特氏，名布木布泰，是蒙古科尔沁部落贝勒寨桑的次女。博尔济吉特是蒙古族最高贵的姓氏，博尔济吉特这个姓氏源于蒙古的第十世祖“孛儿只斤”，在蒙古族中，常常以先人的名字作为后世的姓氏。正式用博尔济吉特作为姓氏是从蒙古族第十三世祖孛端察尔开始的，从这以后，直到成吉思汗以及其后代，都用博尔济吉特作为姓氏。成吉思汗统一蒙古后规定，只有本家的嫡系后裔，才有继承蒙古大汗及留在蒙古本部的资格，后世便称作“黄金血胤”或“黄金氏族”。在突厥语中，博尔济吉特的意思是“蓝眼睛的人”，这些“蓝眼睛的人”，与生俱来有着强健的体魄和果敢的性格，受到各族人民的称赞。

元朝灭亡之后，尽管蒙古族的人在中原已经没有元朝时候的地位，但是在蒙古族中，博尔济吉特还是被视为高贵的姓氏，被当作是成吉思汗的后裔，享有崇高的地位。

科尔沁的博尔济吉特氏，是成吉思汗的弟弟拙赤合撒儿的后代，因为成吉思汗曾给了这位弟弟不公平不友爱的待遇，致使合撒儿的后代也历经了更多的磨难，于是也就造成了科尔沁博尔济吉特氏不屈不挠、不轻易放弃的性格。

到了布木布泰出生的前几十年，科尔沁在博尔济吉特氏的带领下变得人丁兴旺，兵强马壮，是东北地区不容小觑的一股力量。

出生在这样一个黄金家族的孝庄，有着一种与生俱来的强烈的自信，有一种深入骨髓的草原人民的意气风发，骨子里有着一股傲气，心胸也像草原一样宽广 。

清政权时期，少数民族之间的战争不断，为了壮大自己部落的势力，联姻是一个重要的政策。部落战争给人们的生活带来巨大影响，不仅改变男性的命运，也改变女性的命运。蒙古族和女真族，是当时东北的土地上人口最多的两个少数民族。建州女真的首领四处征战，统一了分裂的女真各部，建立起后金政权，定都赫图阿拉，割据辽东。孝庄出生之后不久，在努尔哈赤的带领下，后金政权建立，爱新觉罗家族的地位稳步上升，蒙古各族纷纷示好。努尔哈赤登基当大汗后，任命次子代善为大贝勒、侄子阿敏为二贝勒、五子莽古尔泰为三贝勒、八子皇太极为四贝勒，其中皇太极年纪最小，也最受努尔哈赤重用。

因为爱新觉罗家族的地位越来越高，想和爱新觉罗家联姻的蒙古部落很多，而爱新觉罗家族虽然统一了女真，但是仍然有明朝廷虎视眈眈，需要其他少数民族的支持。

在这样的大背景下，布木布泰十三岁时，由她的哥哥吴克善护送到盛京，嫁给了当时的后金统治者努尔哈赤的第八子皇太极。

当时的年轻人，没有婚姻自主的权利，常常被拿来当作部落之间联姻的筹码，政治婚姻中的女人则更加可怜。谁也不知道，政治婚姻是否能为她带来一个意中人，即使知道不能，却也没有反抗的权利。

布木布泰并不是博尔济吉特家族第一个嫁给皇太极的女人，在她之前，已经有一个姑母嫁给皇太极为福晋。这个姑母名叫博尔济吉特·哲哲，比皇太极小了七岁，两人成婚时是十分般配的年纪，布木布泰也不是博尔济吉特家族中最后一个嫁给皇太极的，在她之后，她的亲姐姐博尔济吉特·哈日珠拉（汉文名海兰珠）也嫁给了皇太极。

哲哲和皇太极走到一起也是因为一场政治联姻，在哲哲嫁给皇太极之前，皇太极已经有一位原配夫人乌拉那拉氏，并且乌拉那拉氏已经为皇太极生育了长子豪格，但是因为哲哲的身份高贵，也因为爱新觉罗为了得到科尔沁博尔济吉特家族的支持，也为了表达对这场联姻十分重视，哲哲嫁给皇太极之后，地位比原配夫人就高出了一截。在后来皇太极登上汗位后，哲哲被尊为大福晋。在哲哲的一生中，对侄女布木布泰和她的儿子福临照顾良多。皇太极驾崩后，她的扶持对年幼的福临的继位产生了巨大的作用。福临登基后，哲哲被尊为皇太后，和后来的布木布泰一起，成为宫中最尊贵的女人之一。

相比于重规矩的汉族，满族和蒙古族都属于民风开放的民族。在他们的风俗里，兄长死了将嫂子娶为妻子，或是父亲死了娶后母为妻子都是十分常见的事情，所以在他们的眼中，姑侄共事一夫也是一件非常容易接受的事情。

孝庄和皇太极的婚事是哲哲促成的。因为哲哲嫁给皇太极多年，却没有生育。对于一个政治婚姻中的女性来说，有没有子嗣对下半生来说，影响十分巨大。一个没有子嗣的大福晋，是很难保住自己的地位的。尤其是自哲哲嫁给皇太极的这几年来，皇太极很得努尔哈赤的重视，在后金的地位步步高升。这样看来，子嗣就显得更加重要了，没有子嗣，已经成了哲哲的一块心病。

考虑到将来的继承人问题，哲哲想到了在自己的家族中找一个女子嫁给皇太极。刚产生这个想法时，布木布泰不过十岁年纪，却已经是眉清目秀，天真活泼，并且体态丰满，十分有“宜男相”。更重要的是，布木布泰虽然才刚刚十岁，却已经识大体懂进退，很适合在后宫这种地方找到自己的一席之地。哲哲觉得这就是自己要找的那个人。

布木布泰和皇太极定亲之后，就传来了哲哲有孕的消息。这对于博尔济吉特家族来说，是一个天大的好事，虽然生出来的是个女儿，但是也保证了两个家族的联姻更加巩固。对于布木布泰来说，这也是一个好消息，这意味着，哲哲在后宫中的地位更加稳固了，自己在不见血腥的勾心斗角中也能有一个更稳固的靠山。这样的事情在现代人看来很难接受，但是在当时的家族利益高于一切的时代，这样的想法才是主流的想法，才是被大多数人接受的想法。他们生下来，对于家族就有一种深入骨髓的重视。

和布木布泰成亲时，皇太极已经三十四岁，正值一个男人的盛年。当时已经握着大权的皇太极，在迎亲时表示出了足够的重视，对于送亲的吴克善和科尔沁其他人，都表现出了十分的热情和友好，给人一种强烈的亲近感。

从政治上来说，布木布泰和皇太极的联姻，对科尔沁，对后金，都是一件大喜事，因而联姻的双方，也表示出了极大的重视，婚礼举办得十分热闹隆重。布木布泰由科尔沁的送亲队伍护送到当时努尔哈赤建立政权所在的辽阳东京新城，在送亲的队伍即将到达新城时，努尔哈赤率领诸贝勒和福晋出城迎接，鼓乐齐鸣，十里都是热闹非凡的景象，表达了对这次联姻的高度重视。

婚礼在皇太极的贝勒府举行，是典型的保留有满族特色的婚礼，虽然没有过分铺张，但是确实热闹非凡。

后来天聪八年，在布木布泰嫁给皇太极九年后，布木布泰的姐姐海兰珠也被皇太极纳入了宫中。这样一来，在皇太极的后妃中，就有三位来自博尔济吉特氏的女儿。

在布木布泰还是个小女孩的时候，就走进了政治的棋局中。不管她是不是愿意，她都要在艰难的环境中生存下来，一步步学会政治，政治和她的命运连在了一起，那是她必须自己走的路，没有人可以代替她走。

皇太极在年幼的布木布泰眼中，一直是以姑父的身份出现。她没有多少机会见到这个姑父，但是她从小就听到过很多关于这个姑父的传闻。在传闻中，这个姑父能征善战，年纪很轻却已经受到了努尔哈赤的重用，对于这样的一个姑父，布木布泰从小有很多想象，但是从来没有想到过他有一天会变成自己的丈夫，这个身份的转换让她一时不能适应。但是当她试着了解这个比自己大了二十一岁的丈夫后，就发现了他身上的诸多优点，也渐渐地付出了自己的真情，将小时候的崇拜之情变为了男女之情。

布木布泰名垂青史的政治才能，并不是与生俱来的，而是在后天的学习中培养起来的。在她嫁过去之后，面对的就是爱新觉罗家族中复杂的政治浪潮，皇太极对于她来说，无疑是在这场政治斗争中脱颖而出的佼佼者，是一个很重要的人生导师。对于布木布泰来说，皇太极是可以阅读一生的一本书，他的政治才能，他对布木布泰的引导和教诲，对她后来的政治抉择产生了很大的影响。

在布木布泰嫁过去的第二年，努尔哈赤驾崩，皇太极在其他贝勒的拥护下登基为可汗，成为当时后金政权的最高领导者。继位后的皇太极将努尔哈赤葬在沈阳东陵，并将他的生母叶赫那拉·孟古的墓也迁到了沈阳，和努尔哈赤合葬在一起。在努尔哈赤的遗言中，有一点是令大福晋阿巴亥殉葬。在当时的女真族中，殉葬这一习俗已经渐渐被冷落下去，到了清朝入关之后,则更加不容易见到。大福晋阿巴亥从十二岁嫁给努尔哈赤起，在努尔哈赤的身边待了二十六年，因为她聪明美丽，明艳动人，很得努尔哈赤的喜爱。她先后生下了儿子阿济格、多尔衮和多铎，虽然女真族有着殉葬的风俗，但是从来没有皇后殉葬的先例。阿巴亥在生前很得努尔哈赤的喜爱，因此她并不相信努尔哈赤在遗诏中令她殉葬，但是，为了她还年幼的孩子，她不得不做出这样的牺牲。

阿巴亥的殉葬,给了布木布泰极大的打击。一个拥有三个儿子的女人，仍然逃不开殉葬的命运，被掌握在别人手中的命运轻若鸿毛。必须要为人生做些什么，才不至于在关键时刻成为别人的牺牲品。

皇太极继位之初，后金面临的形势十分严峻。皇太极的权力分散在各处，不能集中起来。外部处境孤立，受到尚没有灭亡的明朝、日益强大的蒙古的包围，占据东北无法再扩张版图；内部的矛盾也日益突出，体制不够完善，恶势力也没有完全清理干净。皇太极需要想出一系列的政策，逐步建立国家统治机构，通过这些政策，把权力牢牢地集中到自己的手中，建立一个更完善的政权。

皇太极的野心并不满足于后金这个政权。他是一只等待振翅的鹰，并不会甘心困在东北这一小片地方，他的目标是整个明朝的版图。天聪九年，皇太极下令将族名改为满洲，并且在一年后正式称帝，改国号为“大清”，改年号为崇德元年，一个强大的政权正在崛起。

在皇太极的一生当中，称帝并改国号是人生中的一个巨大转折点，也是满洲政权一统天下过程中的一个重要的里程碑。皇太极虽然在有生之年没有入关，但是他一生的作为，为清朝的入关打下了坚实的基础。他在位期间，在原来努尔哈赤的基础上扩大和巩固了对东北的统治，为入关做好了充分的准备。

在对待汉人的态度上，他表现出了足够的远见和胸襟。满蒙两族对于汉人，一直都是十分歧视的，在努尔哈赤统治期间，对待汉人像对待奴隶一样，可以随意打骂和随意杀戮。但是到了皇太极统治期间，他不仅下令不能杀汉人，还十分重视汉族的文化，起用了一些汉族的大儒，设立了有重大意义的汉军八旗。

他不仅在军事上展现了巨大的天赋，也在文化上做出了极大的贡献。他在位期间，将满文字进行了完善，将老满文改革成为新满文，更加便于阅读。

在《清史稿》中，给予了这位皇帝极高的评价：“上仪表奇伟，聪睿绝伦，颜如渥丹，严寒不栗。长益神勇，善骑射，性耽典籍，谘览弗倦，仁孝宽惠，廓然有大度。太宗允文允武，内修政事，外勤讨伐，用兵如神，所向有功。”

布木布泰作为皇太极的妃子，和皇太极一起生活了许多年，她在后来政治上的“仁孝宽惠”、“知人善任”、“豁达大度”、“高瞻远瞩”，大约在很大程度上是受到了皇太极的影响。

在布木布泰的姐姐海兰珠入宫之前，布木布泰和皇太极之间有过一段十分甜蜜的日子，在短短的四年时间里，布木布泰为皇太极生下三个女儿，即皇四女固伦雍穆长公主、皇五女固伦淑惠长公主、皇七女固伦端献长公主，在海兰珠进宫之后，布木布泰就没有刚开始那么受宠了，在很长的一段时间都没有生育，直到福临的出生。

在皇太极称帝之后，后宫中的三位博尔济吉特氏的地位更高了。在蒙古族里面，博尔济吉特家族的地位也随之变高。后来，皇太极又将公主嫁给了博尔济吉特家族的朱习礼，这样一来，博尔济吉特家族和爱新觉罗家族的关系更加密切，后金政权有了蒙古大族的支持，也更加巩固起来。

在整个清朝统治的时间里，出过很多蒙古族的后妃，满蒙联姻作为一个传统一直被延续下去。但是，在所有的清朝帝王中，谁也没有皇太极后宫中的蒙古族妃子来得多。这一位皇帝，似乎对蒙古族的女子特别情有独钟。在皇太极的后宫有记载的十五人中，有七位蒙古族的妃子。其中三位出自博尔济吉特家族，除了哲哲和布木布泰，还有最受皇太极宠爱的海兰珠。

崇德元年，皇太极称帝后，册封五宫后妃。哲哲被封为清宁宫中宫国君福晋，也就是皇后，海兰珠被封为东宫关睢宫大福晋宸妃，博尔济吉特氏娜木钟被封为西宫麟趾宫大福晋贵妃，博尔济吉特氏巴特玛为次东宫衍庆宫福晋淑妃，二十四岁的布木布泰被封为永福宫福晋庄妃。其中，虽然淑妃和贵妃都姓博尔济吉特氏，但是并不和姑侄三个一样来自于科尔沁部落。在后宫最高贵的五个女人中，科尔沁博尔济吉特氏占据了三个，一时荣宠无限。以后的事实证明，在永福宫的庄妃确实是一个有福的后妃。

五宫后妃相比于其他的妃子地位更高，她们所生的子女也拥有比较高的地位。而后妃的地位高低，也决定了她们生出的儿子的地位高低。

在姑侄三个中，这个时候布木布泰的地位是最低的。比她晚九年入宫的姐姐海兰珠，因为得到皇太极的宠爱，在后妃中排名第二，地位仅次于皇后哲哲。姑侄三人虽然十分受宠，地位也高，但是始终没有生下一个儿子。

在皇太极称帝前，只有五个皇子，长子豪格，次子格格，三子洛博会，四子叶布舒，五子硕塞，在五个儿子中，次子和三子都已经夭折了，皇太极作为皇帝，膝下的儿子是很少的，皇子是十分稀缺的，整个皇宫的人都期盼着皇子的到来。

崇德二年，最受宠爱的海兰珠，在姑侄三个中最先生下儿子。这个儿子是皇太极的第八个儿子，他一生下便受尽了瞩目。因为海兰珠是皇太极最宠爱的妃子，皇太极爱屋及乌，对海兰珠生下的儿子也十分喜欢。在皇太极的前几个儿子出生之时，并没有举行任何庆典，包括后来所生的儿子，也都没有举行大型的庆祝活动。唯有海兰珠的儿子出生时，皇太极在宫中宴请群臣，并且下了一道大赦令，将这个儿子定为自己的皇位继承人。蒙古各部落的首领均来到盛京供奉大量贺礼。

这大概是皇太极一生中最志得意满的一段时期。在事业上算是成功，很多的改革都看到了成果，有心爱的女人陪伴在身边，有儿子可以围绕在身边，他感到了万分的满足。

然而好景不长，这个受尽宠爱的皇子，在虚岁两岁时就被一场天花夺去了生命。这让海兰珠和皇太极都陷入了极大的悲伤之中，尤其是海兰珠。不仅如此，哲哲和布木布泰也感受到了极大的悲伤。皇八子的诞生，本来给她们带来了巨大的希望，但是皇八子一死，她们姑侄三人又回到了没有儿子的状态，整个科尔沁博尔济吉特家族的愿望落空了。

这个时候，怀着孕的庄妃感觉到了一种莫大的压力，皇八子的夭折，使得整个皇宫里放在她身上的目光更多了。她重新又背负起整个科尔沁草原的期望，若是怀着的孩子是个女孩，那么整个科尔沁草原和皇太极的希望就都落空了，庄妃已经有三个女儿，她需要的是一个儿子。幸而在不久之后，永福宫的庄妃，为皇太极生了一个儿子，这个孩子的到来，缓解了皇太极的悲伤。皇太极给这个孩子命名为“福临”，寄予了悲伤中的皇太极对这个孩子的美好愿望。福临的诞生，给博尔济吉特家族带来了新的希望。

在皇太极所有活着的儿子中，只有福临是后宫五妃所出，他未来的命运如何，宫里的人心中都有一种不言而喻的了然。

在福临出生以后，宫女们都回忆说，福临出生的那天，人们在天上看到了红光，红光是一种吉兆，也就意味着，福临的出生，是带着上天的祝福的。当然，这不过是宫女们为了制造一种好的彩头来迎合庄妃，但是也可以从侧面看出，当时的福临在宫中拥有很高的地位。

所有人都渐渐忘记了皇八子的死带来的悲伤时，只有皇太极和海兰珠还记得。自从这个受尽关注的孩子死去之后，海兰珠就陷入了郁郁寡欢的状态。从心理学的角度来说，人的心情对人的身体健康的影响是十分巨大的。海兰珠常年处于这样悲伤的状态中，对于生活也失去了热情和信心，她的身体，也就渐渐地衰弱了下来，终于缠绵病榻。

在海兰珠弥留之际，皇太极正在松山战场上指挥战斗。得到消息的皇太极，心急如焚，恨不得立马回到关雎宫里，陪在海兰珠的身边。皇太极随后就布置了作战方针，将战场交给了别人，自己连夜赶回宫中。遗憾的是，并没有来得及看到海兰珠最后一面。

失去海兰珠的悲痛，若说这个宫里有人能够理解，那大概就是布木布泰了。海兰珠比布木布泰大四岁，两个人年纪相近，从小一起长大，布木布泰对于海兰珠也有比较深的感情。海兰珠的死为皇太极带来的悲伤，布木布泰很能懂得。这种理解让皇太极对庄妃产生了和从前不一样的看法。再加上福临的诞生，让两个人之间的距离拉近了很多。在更深地接触之后，皇太极发现了这个比自己小很多的妃子，在政治上有着别的女人所没有的觉悟。于是皇太极对庄妃也重视了起来，经常会去永福宫里，有意无意地引导庄妃处理政事的能力。到了后来，皇太极渐渐把一些事情交给布木布泰去做，让她帮助处理政事，减轻自己的负担。

布木布泰有时候十分羡慕姐姐海兰珠，虽然她只活了三十几年，但是在她短暂的生命中，获得了太多布木布泰没有得到的东西，不仅现在没有获得，或许在之后的漫长人生中，也不会获得。海兰珠死了，也带走了这个皇宫里最美好的情感。

但是布木布泰对于现在的生活，也是满意的。老天对自己并不薄，给了自己女儿，也给了自己儿子，还给了一个愿意信任她的丈夫。布木布泰希望日子永远像这样的和谐，和丈夫儿子女儿生活在一起。但是命运往往就是这样，在你充满期待的时候，给你重重的一击。

◆ 来不及完成的梦想

福临的降临所带来的欢喜，并不能掩盖皇太极因为失去皇八子和海兰珠所带来的伤悲。海兰珠的死给皇太极带来了巨大的精神打击。他经常悲伤得不能自已，痛苦时时伴随着他，慢慢地吞噬着他的生命。

皇太极自幼身体十分强壮，但是在战马上征战了几十年，再强壮的身体，也渐渐显示出了衰弱的征兆。再加上海兰珠的死将他的精神击垮了一半。身心疲惫的他，身体一日不如一日。崇德五年，很少生病的皇太极开始生起病来，他渐渐意识到，自己不再是那个在马背上挥斥方遒、意气风发的少年郎了。

皇位之争是皇室中的永恒的主题，皇帝健康时，大都是暗中进行，一旦皇帝开始出现身体不佳的情况，这样的较量就会更加明目张胆起来。

例如在康熙年间，到最后几年，康熙的身体渐渐不行，就产生了“九龙夺嫡”的局面。

崇德七年，皇太极的病情越来越严重，已经到了无法处理政事的地步。皇太极的病，让原本平静的朝廷又兴起了一阵波澜。皇太极已经不能处理政事，于是便让和硕郑亲王济尔哈朗、和硕睿亲王多尔衮、和硕肃亲王豪格、多罗武英郡王阿济格一起处理政事。

在当时的情况下，福临若要继承皇位，面对的阻力十分之大。在当时的竞争对手中，皇太极的弟弟多尔衮是最强有力的皇位争夺者。多尔衮实力雄厚，有才能有智谋，皇太极对他很是器重。多尔衮有着将帅之才，在和明朝的多次战争中，都以多尔衮为主帅。他和弟弟多铎一起，掌管八旗中的正白旗和镶白旗，在朝廷中地位很高。皇位是一个巨大的诱惑，面对权力的诱惑，有多少人能够抵抗得了呢？更何况多尔衮是有才能有野心的人，更是不愿放弃。他对于皇位的态度十分坚定。

除了多尔衮，皇太极的长子豪格也有很强的实力，史书上记载他“英毅多智略”，很早就因为征战有功被封为贝勒，掌管镶黄旗，在天聪末年，又被升为和硕贝勒。虽然他是继妃所生，在地位上没有五宫后妃所出的福临高，但是他年长，曾随着皇太极东征西讨，在军队中拥有自己的地位，很受拥护。

相比之下，福临除了在地位上的优势之外，在其他方面完全没有优势。皇太极驾崩之时，福临才六岁，这样的年纪，要继承皇位，实在是太年幼了，这样的年纪连自己的事情都没有办法处理好，更何况是肩负整个国家的命运呢。

崇德八年，皇太极驾崩。皇太极的死令人十分意外，尤其是对于布木布泰来说。布木布泰对于皇太极的死十分难以置信，她不能理解，虽然皇太极病了很久，但是白天还在谈笑风生的人，怎么能说走就走了呢。那天是崇德八年的八月初九，皇太极在清宁宫东暖阁上，静坐之时停止了呼吸，根据清实录的记载，“是夜亥刻，上无疾端坐而终”。但其实皇太极并非“无疾端坐而终”，他一直身体患病，从崇德五年开始有患病的记载，到了崇德六年，开始病情加重。崇德七年，曾经因为疾病原因不能处理国事，到了崇德八年，已经时好时坏。

皇太极本来身体就不好，再加上精神上受到的打击，于是便在崇德八年的八月初九离开了人世。

死后皇太极被尊为应天兴国弘德彰武、宽温仁圣睿孝敬敏、昭定隆道显功文皇帝，庙号太宗。

面对这样残酷的现实，布木布泰悲恸欲绝。她和皇太极生活了二十年，那是她年幼时候最崇拜的一个人，他的死，让她感到了精神世界的碎裂。所有的理智，都告诉她还有更重要的事情等着去做，但是那悲伤的感觉快要将她淹没了。她提出了要为皇太极殉葬，这一想法毫不意外地遭到了大臣们的反对。年幼的继承人，还需要母亲的庇护和辅助，布木布泰的身上，还肩负着抚养福临的重任，不能就这样死去。

后代很多人认为布木布泰对皇太极没有感情，甚至还猜测皇太极的突然猝死，和她有很大的关系。但是从仅有的记载中可以看出，布木布泰对于这个大自己二十多岁的丈夫,其实有着很深的感情。在皇太极死后，她提出要殉葬。若不是对一个人爱得很深,怎么会有这样生死相随的想法。

皇后哲哲也十分悲痛，但毕竟她要比布木布泰更年长一些，她看到了形势的严峻，那让她没有时间再去悲伤。悲伤不能换来美好的结局，美好的结局是需要靠自己争取的东西，不会从天而降，必须马上投入战斗，不然就会失去先机。

国不可一日无君，朝廷上对于皇位的继承投入了巨大的关注。对皇位争夺最激烈的是多尔衮和豪格，两个人都有自己的势力和拥护者。但是世事无常，不到最后一刻，谁也不能断定结局会如何。多尔衮和豪格在一旁虎视眈眈，都想要一揽大权。

在皇太极死后的第六天，也就是崇德八年的八月十四日，决定皇位继承人的会议在崇政殿召开，这注定是一个紧张且充满暗涌的会议，所有的人都蓄势待发，为自己的利益作出最后的努力。

这注定是会被历史铭记的一次会议。

这个会议最后的结果是，皇太极的第九子福临继位，多尔衮和郑亲王左右辅政，待福临年长之后，再归还政权。年幼的福临得以继承大统，这与皇后哲哲和庄妃的努力是分不开的。但是,虽然福临有了皇帝的称号，权力还是掌握在多尔衮手中，战争并没有结束。

继承皇位并不是一个结局，而是一个新的开始。一条更波折的道路展现在了庄妃的面前。

八月二十六日，福临正式举行即位大典。八月的盛京，正是秋高气爽的天气，文武大臣都在笃恭殿前，等待福临的到来。两位辅政王，带领文武大臣给福临行了三跪九叩的大礼，行完礼，福临颁布了即位的诏书，并大赦天下。

福临登基后，立刻封皇后哲哲和亲生母亲庄妃为皇太后，后世称哲哲为孝端皇太后，称庄妃为孝庄皇太后。福临虽然登基成为皇帝，成为最尊贵的人，但是他仍旧是个六岁的孩子，也像平凡的孩子那样对感情有着自己的需求。他还太年幼，还离不开自己的母亲，他想跟母亲生活在一起。于是就将永福宫略做修改，将它分成了内外两宫，这位年幼的皇帝，得以和母亲住在了一起，而政治中心也顺理成章地转移到了永福宫里。孝庄在和皇太极一起的日子里学到的才能，终于有了用武之地。

在权力的道路上，没有永远的朋友，只有永远的利益。孝庄很清楚地明白这一点，也很聪明地利用着这一点。虽然福临已经继位，但是孝庄对多尔衮，仍不能放心。这个曾经强大的敌人，像一只沉睡的狮子一样，随时可能会起来进行反扑。她很好地利用了诸王之间的矛盾，来相互制衡诸王的权力，不让一个人独大的局面出现。

孝庄的担心是正确的，多尔衮并没有放弃自己的野心，他只不过是争取在看清现实之后找一个更好的办法来达到自己的目的。在皇太极驾崩后的几个月内，他策划出台了一系列的集权政策。崇德八年，左右辅政的郑亲王和多尔衮不再称辅政王而是称摄政王。又削弱了诸王的权力，将更多的权力集中在两位摄政王身上。顺治元年，郑亲王主动退让，甘居次位。至此，多尔衮一人独揽大权。

历史上，明朝统治了276年，最后的灭亡，并不是因为清朝，而是因为当时的农民起义。在明朝末年，因为统治的腐败，在中原地区阶级矛盾极度尖锐。李自成东征北京，突破宁武关，杀守关总兵周遇吉，攻克太原、大同、宣府等地，一路所向披靡。

崇祯十七年，李自成和吴三桂进行了一片石战役，在战役中，吴三桂的军队处于不利的境地，于是吴三桂投降了清朝的摄政王多尔衮，两军联合之后，李自成被打败。被打败的李自成逃到了北京。

顺治元年，李自成攻破北京。明朝最后一位皇帝崇祯在景山的一棵树上自尽，意味着明朝结束了276年的统治，走到了尽头。明朝灭亡后，清兵开始兴兵入关，想要完成努尔哈赤和皇太极都梦想的一统天下的愿望。面对关内强大的农民起义军，多尔衮奉了皇帝的命令亲自出征。顺治元年的四月，清兵在和李自成的战争中取得了胜利，多尔衮以摄政王的名义，带着清兵进驻了北京城。

进入北京城后的第一件事，是安抚民心。清兵因为是少数民族，在中原称帝并不能得到大部分汉人的支持，因而清兵在进入北京城时，下了明确的命令，令士兵们不可以扰民。并且，为了得到汉人的支持，还为明朝的最后一位皇帝崇祯皇帝发丧，用汉人的礼仪为他举行了葬礼。

满人一向把剃发当作是归降的标志。但是，在汉人的思想中，“身体发肤，受之父母”这一观念根深蒂固，他们把剃发当作是极其屈辱的一种表现。剃发得到了大多数汉人的反对。于是多尔衮想了一个折中的政策，那就是“剃文不剃武，剃兵不剃民”，这个折中的政策才得到了大部分人的支持。

迁都北京，是皇太极一生想要实现却没有实现的梦想。在清兵进入北京城一个多月后，渐渐在北京城里站住了脚跟。多尔衮觉得时机已经成熟，就和诸王大臣们商量，将迁都北京的事情提上日程。迁都这件事，顺治和孝庄都没有反对，这是大势所趋的必然结果。但是，迁都是一件大事，需要大量的人力和物力，盛京和京城的路途相隔较远，必须经过详细的安排，才能保证路上的万无一失。

这一年的八月二十日，经过周密的安排后，在盛京的迁都队伍终于缓缓向北京城出发。

向着北京城前进的孝庄很是感慨，她的丈夫一生都没有实现的梦想，现在就要实现了。她背负着皇太极的梦想，看到了一个光明的未来。在这之前所有的等待和所有的付出都是值得的，实现了皇太极的梦想，她比任何人都要高兴，她比任何人都渴望看到现在的这一局面。

盛京到北京城有一千多里路，需要一个月的时间才能到达。九月十九日，福临和两位太后的车驾从正阳门进入紫禁城。

中国历史上最后一个封建统治的朝代翻开了一个新的篇章。

从盛京迁都北京，意味着清朝的统治区域从东北扩大到了全国的范围，代替明朝，成为整个中原大地最高的统治集团。而福临，也变成了统治天下的皇帝。因此，诸王和大臣们认为，必须要在北京重新举办一次登基大典，以强调福临新的身份。十月初一，顺治在北京举行了登基大典。这是一个万分喜庆的日子，是被所有清朝人期待的日子。大典只是一个仪式，为了表达重视，大典十分繁琐而又乏味，对于年仅七岁的顺治来说，是一种折磨。

登基之后，他将多尔衮封为“皇叔父摄政王”，给以了极高的荣誉。

在皇太极多年的政治熏陶下，孝庄清楚地明白，一场更激烈的战争就要开始了，那就是多尔衮和皇太后之间的关于利益的战争。多尔衮因为率领清兵占领了北京城，居功甚伟，不可一世，气焰渐长。被加封为“皇叔父摄政王”后（后又改为“皇父摄政王”），更是将权力进一步握紧在手中，开始形成了摄政王专政的局面，也为他后来的专制残暴、妄图篡位做了铺垫。

多尔衮手中的权力越来越大，行为也越来越嚣张。顺治四年时，以“体有风疾”为由，停止了对福临的跪拜。排除异己，陷害忠良的事情更是数不胜数。为了得到更多人的支持，甚至还结党营私，发展自己的私人势力。从多尔衮的行为中不难看出，他已然把自己当成了这个国家真正的统治者。

多尔衮并不缺乏智谋，也不缺乏手段。但是他低估了对手的能力，孝庄和福临的力量，比他想象中的更大，他一直没有等到自己称帝的机会，就被命运无情地抛弃了。

顺治七年，多尔衮出猎古北口外，在狩猎时摔下马背跌伤。这年十二月，三十九岁的多尔衮因为救治无效而死在了古北口外。这个意外，仿佛是一曲演奏正激烈的乐章戛然而止。观众们还不知道后面的旋律会是如何，就被告知这首曲子已经演奏完毕了。

多尔衮的意外去世，让当时北京城中剑拔弩张的气氛轻松了许多。多尔衮死后，顺治帝和皇太后并没有着急将他清算，相反，还给予了他极高的荣誉，将他的灵柩从古北口运回，将他厚葬。

◆ 未解之谜：下嫁多尔衮？

多尔衮死了，但是关于他的传说并没有一同死去，在他的身后，有太多的不解之谜。在清朝的几大疑案中，位居首位的就是他和孝庄之间的关系。

在研究清代的学者孟森的《太后下嫁考实》一文中，有这样的记载：“清世虽不敢言朝廷所讳言之事，然谓清世祖之太后下嫁摄政王，则无南北，无老幼，无男女，凡爱述故老传说者，无不能言之。求其明文则无有也。”从这段话中，我们可以了解到，在当时的社会里，关于太后下嫁多尔衮，是民间人人都在传说的事情，无论南北，无论老幼，无论男女，都把太后下嫁这一事情当作茶余饭后的谈资。

那么，为什么会出现这样的传说呢?

这件事情的源头，大概是入关后多尔衮被封为“皇父摄政王”开始。人们所有的猜测都是针对“皇父”这个称呼。人们对于“皇父”这个称呼十分不解，按照身份，多尔衮是皇太极的弟弟，那么理当是“叔父”才对。所以人们认为“皇父”这个称法，必然是娶了太后，成了顺治帝福临名义上的后父。还有当时流传下来的官方文件中也出现过这样的说法，盖了官印的文件中多次提到多尔衮是皇父，这更加深了人们的猜疑。

关于太后下嫁的原因，在民间的传说和演义中大致有三个版本。

第一个版本是,在皇太极驾崩之时,多尔衮是最有机会继承大统的人,但是却在最后的关键时刻辅佐了年幼的福临登基，而后又为清兵入关立下了汗马功劳，孝庄太后为了感谢多尔衮，于是决定下嫁。第二个版本是，孝庄嫁给皇太极之时才十三岁，而皇太极已经有三十四岁，两人年纪十分不般配。而多尔衮与孝庄的年纪十分接近，两人早就互相倾慕，在皇太极生前就已经有暗中来往。清朝入关后,居功甚伟的多尔衮可以出入皇宫,和孝庄的来往更是密切，在摄政王妃小玉儿死之后，孝庄就顺理成章地下嫁给了多尔衮。第三种说法是，入关后的多尔衮权势滔天，顺治帝的皇位岌岌可危。为了保住福临的皇位,孝庄想到了下嫁给多尔衮以笼络住他,让福临的皇位能够坐得更稳。

第三个版本的说法甚至还得到了一些历史学家的肯定。

他们这样说的一个很重要原因，是孝庄太后临死前，曾留下遗言，表明不愿意和皇太极合葬，而让康熙将她安葬在顺治帝的孝陵旁边。历史学家们认为，孝庄太后之所以留下这样的遗言，大概是因为曾下嫁给多尔衮，让她感到无颜面对已经死去的皇太极。

在满族人的风俗里，丈夫死了下嫁给小叔子这样的事情是可以接受的。然而，更多的人反对太后下嫁这一说法。

入关以后，为了得到重礼仪的汉人的支持，满族人也开始学习汉人的礼仪。对于一些旧的风俗持反对的态度，婚姻观也发生了很大的改变。在北京城中的满族人，已经很少出现改嫁小叔子这样的事情。而清政府对于皇室的面子，更是看得十分重要，为了防止舆论的出现，必然不可能容许下嫁小叔子这样的事情发生。

另外，“皇父摄政王”在满语中，有父王的意思。但是按照满族人的风俗，将尊贵的人称为父王，是对被称呼的人表达的一种尊重和爱戴。福临将多尔衮称为皇父，只不过因为多尔衮的功劳大而用来突出他的地位，并不能说明太后下嫁的问题。最为重要的是，太后下嫁的传说，大多出于民间，在当时比较正统的被认可的文件中并没有关于这件事情的任何记载。

孝庄是个有政治头脑、远见卓识的女人，在她的眼中，有很强烈的大局观，她懂得大事和小事、个人和国家之间应该如何取舍。若她真的在情急之下下嫁给多尔衮，那么她不仅是丢了皇室的面子，也令整个清政权都成为众矢之的，她之前为福临所做的所有努力，都付诸东流了。

多尔衮出生于明朝万历四十年，他的生母阿巴亥，是努尔哈赤晚年最宠爱的妃子，因此多尔衮的童年生活十分圆满，但是在他十五岁时，努尔哈赤逝世，作为当时努尔哈赤最宠爱的妃子，四大贝勒要求阿巴亥为努尔哈赤殉葬。十五岁的多尔衮，连续经历了失去父亲和失去母亲，对他后来的人生产生了巨大的影响。

少年时候的多尔衮，能征善战，在十六岁那年被皇太极赐了一个“墨尔根戴青”的美号。皇太极在位期间，对这位能干的弟弟十分重视，多尔衮几乎参加了皇太极在位期间的所有重要的战役。在这样一次次的历练中，多尔衮的将帅才能也被磨砺了出来。多尔衮的骁勇善战，为皇太极扩大疆土立下了汗马功劳。在皇太极驾崩后，在辅佐福临登基时，多尔衮的功劳也是不可埋没的。而后他又带兵进入北京，统一了中原，确定了清朝在整个中国的统治地位。他一生的功绩无数，虽然在后来因为利欲熏心而做出很多不可原谅的事情，但是不能因为有这些污点，就将他所有的功劳都抹去。

而关于孝庄和多尔衮之间是否有感情，后人也只能推测而已。孝庄美丽聪慧，活泼明媚，在皇太极独宠海兰珠的那一段时间里，她的心里或许也产生了许多的怨言，也曾对少年英雄的多尔衮产生了许多的好感。然而感情这种东西，本来就很难说清，更不用说两个当事人已经逝去了那么多年，那些纠葛也好，爱慕也好，也早就像风一样消散在无情的历史中了。

◆ 政治才能

在一次又一次的磨难中，孝庄已经不是那个心怀悸动的少女了，而是变成了一个需要在关键时刻发挥自己才能的女政治家。为了整个清朝，她付出了太多，也牺牲了太多。她或许并不想做一个女强人，也想着和普通的女人一样，在丈夫的庇护下安稳地过一生。但是历史把她推到了那个地位，为了年幼的儿子和死去的丈夫的愿望，她不得不像个男人一样为年幼的儿子支撑起一片天。

所有年少时的幻想，都已经变成了冷冰冰的现实，不得不面对的现实。

摄政王多尔衮死后，权力又回到了顺治帝的手中。顺治八年正月，也就是多尔衮死后的一个多月里，福临举行了亲政大典。亲政的意义十分巨大，无数人心里的石头终于落到了地上。亲政的这一年，顺治帝十四岁。这样一个少年，因为之前摄政王独占权力，没有机会实践自己的能力，还不足以担负起整个国家的重任。他有太多的东西还没有学会。

在朝政方面指导他辅助他的责任，就落在了母亲孝庄的身上。在她的眼里，顺治帝无论长多大，都是一个小孩子，对他有一百个不放心的地方。每一个母亲都对孩子抱有望子成龙的心，孝庄也不例外，她心里迫切希望将自己的儿子培养成为一个可以名垂千古的皇帝。

顺治从很小的时候起生活环境就比较恶劣，父亲在他很年幼的时候就死去了，父亲死后就陷入了权力斗争的中心，在勾心斗角中渐渐成长。不顺利的人生让他早早就尝到了人生的艰辛，也因此成了早慧的少年。他懂事明理，天性中带着宽厚仁爱，得到了很多人的赞扬。但是也有着许多的缺点，他对于满洲人所崇尚的狩猎有着十分狂热的喜爱，在男女之事上也曾因为别人的引诱而误入歧途，在这样的年纪里，很需要有人来对他进行劝谏，让他在人生的道路上走得更正确。

除了有母亲的教导，顺治帝还有一位很重要的老师，那就是德国传教士汤若望。汤若望出生在德国，从小接触神学，学习到的都是虔诚善良。少年时代的汤若望在德国学习时，接触了传教士利玛窦所写的关于中国的经历和见闻，深深吸引了年轻的汤若望，于是他对中国产生了极其浓厚的兴趣。

汤若望来到中国之时，正值明朝末年，中原地区已经出现王朝末路的气象。1623 年，也就是明朝天启三年，汤若望到达了北京。汤若望将自己从西方带来的仪器呈送给明朝的官员，得到了重用。而后进入清朝之后，因为汤若望渊博的知识，顺治帝仍然对这位德国传教士十分重用。在顺治帝亲政之后，汤若望给了他很多有用的建议，帮助他在治理国家的路上走得更加顺畅。

汤若望有着极高的政治洞察力，他早早地预言到了多尔衮的野心，并在多尔衮权势滔天之时就敢于直言多尔衮必然会“早死”。顺治帝在亲政之前就对汤若望多有重视，亲政之后，对汤若望提出的意见也多有采纳。到了后来，更是将汤若望称为“玛法”，在满语中是祖父的意思。

孝庄将顺治帝对汤若望的敬重看在眼里，她觉得在顺治的政治道路上有一位好的导师，能够有意想不到的收获，福临失去了父亲，有些父亲能够教给他的东西，自己并不能够给他。汤若望就像一个父亲般的存在，为福临指点人生的迷津。汤若望这个德国传教士，有着许多当时中国所不具有的西方知识，对于顺治的虚心求教，也很乐意为他解答。

汤若望是个直言不讳的人，对于顺治很多生活作风方面存在的缺陷，也能够当面指出,有一种专属于他自己的耿直。在他们相处的十年时间里，汤若望对这个少年的规劝起了巨大的作用。在人生的道路上，有这样一位良师监督着自己的成长，不仅对于顺治来说是十分幸运的，对于孝庄来说，也是一大幸事。

然而，作为一个开国之君，注定意味着要走一条不平顺的道路。

顺治十六年，盘踞在东南沿海的明朝将领郑成功，在顺治十五年北征失败后，再次率领了十万水军北征。并迅速攻下了瓜州、镇江这些南方重要城市，苏州、杭州、扬州等重要城市已是岌岌可危。顺治帝自登基以来，还没有遇到过这样大的挫折。

他首先想到的是逃避。放弃北京城，回到旧都沈阳，这样还可以保持在东北一带的统治权。

孝庄太后对福临的这一想法表示了强烈的反对。清朝的目标一直都是统一全国，放弃了北京，就等于放弃了对中原地区的统治权。孝庄对于儿子在这种时候表现出来的怯懦，感到十分失望。她深刻地明白了他还没有成为自己心目中的那个理想的皇帝，他经历的事情还太少，培养他还需要倾注很多的心血。

被孝庄训斥后的福临变得十分狂躁，他走了另一个极端：想要御驾亲征。对于一切想要劝阻他御驾亲征的人，他的态度都十分恶劣。孝庄对福临的表现十分失望。她跟着皇太极经历过太多，她深刻地明白在政治中胜败都是常事，大风大浪都是十分常见的。但是重要的是，要在经历风浪的时候迎难而上，而不是逃避，有时候心态才是成败的关键。她这样劝阻福临：一些地方的失陷并不能说明什么，反而可以趁着这个机会，将东南一方也收复，扩大清政府的统治范围。

听从了母后意见的顺治帝，安排好作战和军队的部署，调遣清兵南下作战。历史证明，孝庄的想法和抉择是十分正确的。清兵的能力完全可以和郑成功的兵力抗衡，清兵打败郑成功并没有花去多少时间。福临对于母后的远见钦佩不已。

孝庄在很多时候都是这样，用自己的远见卓识，挽救国家于危难之中。她有着足够的计谋和能力，但是对于权力的欲望却没有很强烈。她一生所愿，不过是实现丈夫的理想，看见儿子的成才。她想把这个世界上她认为最好的东西都给儿子。但是甲之蜜糖乙之砒霜，孝庄给顺治的东西，有时候并不是他真正想要的。

在政治上十分和谐的母子二人，在顺治的婚姻上终于产生了巨大的矛盾。

孝庄对于汉族的女子存在不小的偏见，她不希望儿子娶一个裹着小脚的汉人。当时的宫里，不允许任何裹过小脚的女人进入，甚至于还在神武门挂了一个木牌，上面写着“有以缠足妇女进宫者斩”。可见，当时满族人对于汉族的女人还是存在巨大的偏见的。进入北京城的孝庄，为了继续保持和蒙古之间的密切联系，也为了防止顺治帝娶汉人女子，于是给顺治帝福临做主订下了一个科尔沁草原上自己的亲侄女。

顺治对于孝庄给他安排的婚姻很是不满。在福临的骨子里，是一个有自己想法的叛逆的少年。顺治八年，孝庄和诸位大臣都认为，已经亲政的皇帝到了结婚的年龄了。于是在孝庄的授意下，孝庄的哥哥吴克善带着自己的女儿进京了。

相比于孝庄的热情，福临对于这场婚事，从头到尾都表现得极其冷淡。这一点吴克善也感受到了，他回忆起皇太极迎娶科尔沁姑娘时候的重视，那盛大的场面至今回忆起来还仿佛能感受那浓烈的气氛。相比之下，福临就显得冷淡了许多。对于这场政治婚姻，福临甚至不想伪装自己的情绪，把所有的不满都摆在了脸上。

这一年的八月十三日，福临大婚，娶科尔沁草原卓礼客图亲王吴克善的女儿博尔济吉特氏为妻。婚礼的排场十分之大，一切都进行得十分顺利，也算完成了孝庄的一个心愿。但是，被政治绑在一起的两个人，彼此之间根本没有任何感情。在福临的脸上，看不到任何新婚的喜悦，也看不到任何对于未来的憧憬。对于博尔济吉特氏来说，这更是一个苦涩的开端。她被政治推到了这一步，根本没有任何反抗的权利。

她不知道即将要面对的，是一个悲剧的开始。她人生中所有幸福快乐的日子，大概都在进宫之前过完了，进宫之后，是一段悲剧人生的开端。

果不其然，大婚后的皇帝和皇后的感情十分不好。福临长期不愿意和博尔济吉特氏见面，两人之间比陌生人还要陌生。这样煎熬地度过了两年之后，福临想到了废后。福临将这个想法透露给一些大臣后，大臣们纷纷进行了劝阻。废除皇后和废除妃子不一样，皇后是皇帝名正言顺的妻子，若是没有犯不能容忍的过错，废除皇后对皇帝的声誉将产生很大的影响。

尽管遭到了所有人的反对，但是福临废除皇后的决心很是坚决。他把废后的想法告诉孝庄后，就把这件事情提到了日程上来。当时福临发给礼部的手谕中这样写道："今后乃睿王与朕冲时因亲订婚，未经选择，自册立之始,即与朕志意不协……" 对于自己对包办婚姻的厌恶毫不掩饰。但是礼部的大臣都清楚皇太后的意思，也明白皇太后和皇后的关系和一般的婆媳关系不同，所以并不敢轻易将福临发的手谕诏告天下。

福临也不是不知道这件事会对自己产生什么样的影响，也会给后世留下莫大的话柄。但是，他对于这样的生活实在已经不能继续容忍。在他的坚持下，终于把自己不喜欢的皇后降为了淑妃。但同时，也在和孝庄的关系中划了一条深深的裂痕。

就如同国不可一日无君，后宫之中也不能缺少能够统率的人。于是在福临废除博尔济吉特氏八个月后，孝庄又开始为福临张罗新的婚事。这次孝庄看中的人，还是来自科尔沁草原的姑娘，自己的侄孙女博尔济锦氏。

面对同样的包办婚姻，福临这次的表现显得更加成熟一些。他没有像第一次那样表现出明显的反抗，因为就像第一次婚姻那样，反抗是起不了任何作用的。这位新的皇后入宫之后,福临也没有表现出任何的喜欢，在宫中毫不意外地受到了冷落。

于是福临和孝庄之间的矛盾更加尖锐了。

孝庄是一个以大局为重的女子，她在为福临挑选皇后时，是将国家的利益放在个人感情的前面的，在她的眼里，满蒙联姻能够稳定清朝的统治，对于一个帝王来说，还有什么比这个更重要呢？在国家大局的面前，个人的感情是那么渺小，将个人感情放在国家利益之前，无疑是因小失大的表现。但是福临不这样想，他是一个骨子里充满浪漫主义的人，他十分反感孝庄这种干预自己私生活的行为，一个人若是没有追求自由和幸福的权利，那么生活还有什么意义呢？

在福临的后宫中，很多女人成了政治的牺牲品，但是有一位得到了福临全部的爱，那就是红颜薄命的董鄂妃。充满浪漫主义情怀的福临，将自己所有的深情，都给了这位有夫之妇。尽管孝庄对董鄂妃的入宫进行了极大的反对，但是强硬的顺治帝还是将她纳入了后宫，从此，三千宠爱在一身。但是好景不长，董鄂妃在自己的儿子夭折之后，因为过度忧思而缠绵病榻，在二十二岁时（顺治十七年）就撒手人寰。

董鄂妃的死，给福临带来了极大的悲伤。他痛不欲生，对生活再次感到失望和绝望。万念俱灰的他，想到了出家。虽然这一想法很快被扼杀了，但是他的身体状况还是因为郁郁寡欢而很快衰弱。在董鄂妃死后的第四个月，福临染上了当时被视为洪水猛兽的天花。在当时的医疗条件下，这样几颗毫不起眼的痘痘很容易就夺去一个人的生命。顺治十八年的正月里，福临还是没有战胜病痛，留下遗嘱后就离开了人世，年仅二十四岁。

福临有胸怀大志、富于进取的气质，又存在着浮躁易怒、任性放纵的顽症。他的任性在朝中十分有名，时常改变自己做出的决定。但是他并不是一个昏君，他虽然犯过很多的错误，但他能够做到知错就改，有着自己的想法和主张。

在清朝所有的皇帝中，福临是最特立独行的一位，他在人生的道路上大胆迈进，敢作敢为，有着十分强烈的个性。对董鄂妃的深爱，更是让他成为一个有血有肉的痴情帝王。在董鄂妃死时，他因为亲政以来的种种心力交瘁和力不从心，已经对帝王生涯感到厌倦，在董鄂妃死后，他也感觉到对人生没有更多的奢望，于是更加消沉。

福临驾崩后，遗体被火化，骨灰盒放在孝陵当中，庙号世祖，谥号章皇帝，到乾隆元年尊谥加为二十二字：体天隆运定统建极英睿钦文显武大德弘功至仁纯孝章皇帝。

在他的遗嘱中，将皇三子玄烨定为皇太子，并将索尼、鳌拜、遏必隆、苏克萨哈四个人封为辅政大臣。

这对孝庄来说，是一次致命的打击。纵然福临有很多令她不满意的地方，在婚姻大事中也产生了很大的矛盾，但那毕竟是她寄予了厚望的儿子。从襁褓中开始，就将自己的母爱倾注到了他身上，看着他走路说话，看着他从少年变成青年，看着他一步一步长成一个可以独当一面的皇帝。自己爱了这么多年的儿子，在本该是最耀眼的年纪离开了人世，对于任何一个母亲来说，都是生命中无法承受的痛。

青年丧夫，中年丧子。孝庄的人生，实在是有太多的波折。

然而仍然没有到可以放弃的时候。福临驾崩，留下一个年幼的儿子来继承大统，还需要有人在一旁协助，才不至于让好不容易建立起来的王朝衰败下去。

福临死后的第二天，八岁的玄烨登基为帝，盛极一时的康熙王朝统治就此拉开了帷幕。孝庄在康熙登基后被尊为太皇太后。孝庄还来不及从悲痛中走出来，就有更重要的事情在等待着她，那就是辅佐和教导年幼的康熙帝。在中国封建社会中，出了多达三位数的皇帝，但是在这些皇帝中，康熙帝绝对是一个有作为、名垂千古的伟大帝王，在这其中，孝庄在年幼时对他的教导功不可没。

康熙登基初期，因为皇帝年幼，有大臣就上书建议太皇太后垂帘听政。但是孝庄并没有采纳这一意见，她作为一个幕后的女人，对于权力并没有那么热衷。福临的死是她一生的遗憾,她将在福临身上寄予的厚望，转移到了孙子玄烨的身上。相比于儿子福临的叛逆,孙子显然要听话得多。对于太皇太后的任何意见，康熙都会十分重视。

被福临临终前任命为辅政大臣的四个大臣，是康熙在亲政路上的极大障碍。面对权力的诱惑，他们的野心一步步膨胀。尤其是鳌拜，他被权力冲昏了头脑。在康熙亲政后，仍然不愿意交出权力，反而更进一步地被野心吞噬。他通过向另外三位辅政大臣夺取权力，将国家大事的主宰权握在自己的手中,想要成为大清朝真正的主宰。但是他并没有意识到,自己的对手，并不是任人宰割的羔羊。

对于这样的权力消长，孝庄并不感到陌生。有了之前的多尔衮，孝庄对于这样玩弄权力的人是深恶痛绝的。她再一次发挥了自己的政治才能。在她的支持和引导下，康熙开始一步一步地夺回自己的权力，鳌拜是亲政路上最大的绊脚石，必须除掉他，权力才能更加稳固地掌握在康熙的手中。

事实再一次证明了孝庄的想法是正确的。除掉鳌拜后，康熙帝才终于能够放开手脚一展自己的抱负。康熙是一个很符合她要求的孙子，有智慧，有见识，有才能，有胆略。她曾经在福临身上找不到的优点，都在康熙的身上找到了。更重要的是，康熙也有着和自己相同的目标，都将这个国家的发展放在了第一的位置。

她很欣喜地发现自己的这个孙子，符合自己曾经对于儿子的一切期望。于是她倾注了更多的心血在这个孙子的身上。康熙从登基，到亲政，再一步步成为一个励精图治的好皇帝，孝庄都一直在背后默默地支持着他。她的付出并没有白费，在康熙帝亲政后，鳌拜被除，三藩平定，清朝开始顺利发展。朝廷中存在的各种反对势力被清除，国家繁荣昌盛，一派国泰民安的景象。这是她一生的梦想，也曾经是皇太极的梦想，现在终于实现了。

◆ 晚年生活

她用了前半生的坎坷、磨难和波折，换来了一个幸福的晚年。

她的一生，为清朝的稳定立下了汗马功劳，以至于被史家称为“兴国太后”。但是她却不爱居功，从辅佐顺治到辅佐康熙，这位伟大的女性一直默默地站在背后，没有想过垂帘听政，也没有炫耀过自己的功绩。在老了之后，更是不愿意再过问政治上的事情。

经历了大半生的波折和苦难，晚年时候的孝庄对于政治已经没有兴趣，她最喜爱的事情不过是在宫中品品茶，和康熙的子孙妃嫔们一起玩乐，放下所有的烦恼和遗憾，尽情地享受太平的生活。但是无论时间怎么变，也无论满族人如何受到汉人文化的影响，孝庄还依旧保持着在蒙古时候的生活作风，像是对自己过去生活的一种缅怀，也像是坚持人生最初的快乐。蒙古族有着信奉喇嘛教的习俗，离开蒙古多年的孝庄，也十分信奉喇嘛教。

孝庄老了之后，因为年轻时候心思沉重而患了几种病。人在受身体疾病折磨的情况下，会十分依赖于宗教的信仰，来为自己寻找一个精神的家园。在孝庄居住的慈宁宫里，设有一个大佛堂，专门供孝庄礼佛。已经是太皇太后的孝庄，经常到大佛堂中诵经，为子孙和国家祈福。除了在宫中礼佛，孝庄也曾经到佛教圣地五台山去礼佛。去五台山那一年，孝庄已经是七十一岁的高龄，出行已经有些不便，但是康熙为了满足祖母的心愿，还是将这件事安排得十分周密。花费了将近一个月的时间，终于了却了孝庄生平的一个心愿。

除了天下太平日子安逸，还有一点令晚年的孝庄十分欣慰的是，康熙帝对祖母的孝顺。

康熙是一个重情重义的人，年幼时候祖母对他的教诲，全部都记在心上。他曾不止一次地对他人说，没有祖母的教诲，就不会有他的任何成就。在侍奉孝庄的三十年里，康熙能做到三十年如一日，每日给孝庄请安，如果发现孝庄的身体略有不适，就亲自端汤送药直到孝庄痊愈；遇到大事会主动和孝庄商量；外出时，每到一个地方就派遣人回到宫中报平安，不让孝庄担心。康熙的孝道，得到了文武百官的高度评价："诚自古帝王所未有也。"

除却康熙，孝庄的另外几个孙子也很是孝顺。还有陪伴在身边多年的好友苏麻喇，可以在无聊的时候互相慰藉。很多人的一生，都没有能够得到这样一个陪伴一生的好友。从少女时代在蒙古时，苏麻喇就陪伴在了孝庄的身边，随着她一起经历了皇太极、顺治、康熙三个朝代，看着她从豆蔻少女成长为名垂青史的女政治家。她们之间的友谊，经过了六十多年的考验，比有的人一生都要漫长。

若说这样的人生还有什么遗憾的，那就是孝庄的身体健康。但人生在世，终有一死，没有人能够逃脱“生老病死”这一永恒的命运，人们无法阻止老年的到来，也无法阻止身体的衰败，唯一可以做的，就是让生老病死来得更晚一些。康熙这位励精图治、有抱负、不被任何困难所打败的千古一帝，唯一担心的也就是祖母的健康，他害怕分别的那天来得太快。

康熙二十六年，太皇太后病重，康熙亲自到天坛为祖母祈福：“忆自弱龄，早失怙恃，趋承祖母膝下，三十余年，鞠养教诲，以至有成。设无祖母太皇太后，断不能致有今日成立。罔极之恩，毕生难报。”对于幼年就丧父的康熙来说，祖母就像是一个父亲般的存在，教给他各种做人和做皇帝的道理，也有着慈母般的关怀。康熙不仅在政治上可以名垂千古，在孝道上，更是凸显了人性的光辉，是后世学习的好榜样。

孝庄在晚年时常身体感到不适，但是最后都挺了过来，唯独最后一次，尽管康熙衣不解带地在一旁照顾了三十五个昼夜，但是病魔还是夺去了孝庄的生命。这一年是康熙二十六年，太皇太后病逝于慈宁宫，享年七十五岁。

病中的孝庄回忆自己的一生，心平气和，无怨无悔。她在病逝前，留下遗诰，简短地概括了自己的一生：

> 予以薄德，幼承太祖高皇帝登聘，获奉太宗文皇帝，替助内政。越既有年，不幸龙驭上宾，痛不欲生，誓以身殉。诸王大臣，以世祖皇帝，方在冲龄，继承大统，保护靡托。合辞坚请，勉留此身，抚育教训，未尝少懈。十有九年，重遭不造。世祖皇帝崩逝，悲悼予怀，益无意人世，告天籲众，再申初志。诸王大臣，复以今皇帝冲龄践祚，正须鞠育，恳请再四。予顾此藐孤，难忍捐弃，勉抑哀衷，相依岁月。今皇帝至孝性成，诚切肫恳，视膳问安，朝夕罔间，备物尽志，无所不周，屡荐徽称，尊崇斯极，终始惟一，几三十年。予因兹敬养，遂使两世哀感之怀，大为宽释。且皇太后奉事勤恪，予心甚安。但念世际升平，皇帝纯孝，亘古所无。予正可诞膺福祉，奈年齿逾迈，时用自伤。顷当寝疾，皇帝躬省药饵，寝食捐废，步祷郊坛，竭诚呼籲。乃数尽难挽，遽至弥留予寿七十有五，得复奉太宗文皇帝左右，惬予夙心，夫复何憾。今皇帝励精图治，爱育苍生，海宇乂安，兆姓乐业，天下臣民颂太平之庥者，功归启佑，予殁有荣施焉。惟是皇帝大孝性成，超越近古，恐过于悲痛，宜勉自节哀，以万机为重。中外文武群臣恪恭奉职，勿负委任，以共承无疆之福。其丧制，悉遵典礼，成服后三日，皇帝即行听政。其持服，依世祖皇帝遗诏，以日易月，二十七日而除。天地、宗朝、社稷之祭，不可以藐躬之故，致稽大典，及百神祀事，照常无停。故兹诰谕，其各遵行。

遗诰短短几百字，从下嫁皇太极开始说起，说到皇太极逝世时，孤儿寡母所面对的困境，也说到自己将年幼的儿子抚养成人，儿子却在最鼎盛的年华死去，留下年幼的孙子和快要年迈的母亲。又说到和年幼的康熙相依为命的岁月，康熙的至纯至孝，很好地弥补了丈夫和儿子留给自己的遗憾。活过了七十五年，在弥留之际还有孙子在一旁陪着，实在是没有什么遗憾可言。更重要的是，四海升平，国泰民安，生平最大的愿望已经得到了实现，实在是没有什么可惋惜的。

孝庄逝世前，曾对于死后应该葬在哪里留下过自己的遗嘱。按照传统，孝庄死后应当和皇太极合葬。在顺治六年，博尔济吉特哲哲死的时候，就将遗体火化后送往盛京的昭陵内和皇太极合葬在一起。而孝庄死后，也应当将遗体火化后送往盛京，和皇太极合葬在一起，这是一种身份的体现。

但是孝庄想到了一个问题，那就是如果死后将骨灰送往盛京，那必当又是一件声势浩大的事情，需要花费许多的人力和财力。对于一向崇尚简约的孝庄来说，并不想如此兴师动众。更何况，清朝入关之后，接受汉族人土葬的传统思想，认为火葬是对死者的一种不敬，开始渐渐抛弃火葬。那么，将遗体送到盛京，就是更加繁琐的一件事情。皇太极所在的昭陵中，已经放了皇太极、哲哲和海兰珠的骨灰，若是再放一口棺材，可能要面临的就是扩建。

所以孝庄坚持，不必将遗体送去盛京和皇太极合葬，而是在顺治帝的孝陵边上安葬。康熙对于祖母临终前的要求十分重视，对于建造都是亲自督查。

在孝庄死后，康熙亲自为祖母拟定了谥号“孝庄仁宣诚宪恭懿翊天启圣文皇后”，简称孝庄文皇后。

在此后的将近两百年时间里，清朝皇室想要拜谒东陵时，都会先去东陵旁边的孝庄太后所在的昭西陵进行拜谒，可见在后代的子孙中，孝庄也是享受极高的地位的。

若说孝庄的一生留有什么遗憾，那大概就是没有得到过真正的爱情。古往今来，不知多少诗人文人对爱情有过赞扬，有过自己的看法，爱情是十分美好的东西。那些古诗里的“山无棱，江水为竭，冬雷震震，夏雨雪，天地合，乃敢与君绝”，“愿得一人心，白首不相离”，“得成比目何辞死，愿作鸳鸯不羡仙”，“曾经沧海难为水，除却巫山不是云”，“众里寻他千百度，蓦然回首，那人却在，灯火阑珊处”，“衣带渐宽终不悔，为伊消得人憔悴”，不知道感动了多少的后世男女。这些爱情，孝庄都没有体验过。作为一场政治婚姻中的女人，孝庄永远是理智的，为了家族可以牺牲掉自己的幸福。并且，自己的丈夫皇太极，把所有的深情都给予了姐姐海兰珠，自己不过是个爱情中的局外人。

孝庄的一生，像是一本永远读不完的书，给世人带来太多的惊喜。她曾经是在科尔沁草原怒放的花朵，却甘愿进入后宫，在狂风骤雨中度过自己的人生，她坚韧的性格，让她得以在艰难的生存环境中也绽放着自己的生命。

人们对她有过误解，有过扭曲，但是她带给我们的更多的是宝贵的财富。

卷五 海兰珠：关关雎鸠，在河之洲

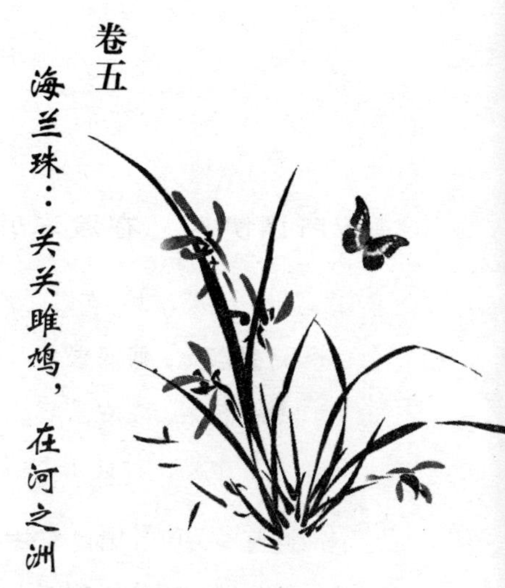

虽然海兰珠在史册中只出现了七年，但她仍然被当作清朝后宫中的一个传奇。相比于妹妹孝庄的一生，她的一生实在是太过短暂，没有好好看清楚这个世界，就在过度的哀伤中结束了自己的生命。但是好在她也有支撑自己活下去的东西——爱情，她让金戈铁马的铁血男儿变得满腹柔情。深宫虽然满是荆棘，有了皇太极的爱情，她这朵原本应该在草原绽放终生的花也不至于凋零得太过寂寞。

关联人物：皇太极、布木布泰。

◆ 所谓伊人，在彼深宫

关关雎鸠，在河之洲，窈窕淑女，君子好逑。参差荇菜，左右流之。窈窕淑女，寤寐求之。求之不得，寤寐思服。悠哉悠哉，辗转反侧。参差荇菜，左右采之。窈窕淑女，琴瑟友之。参差荇菜，左右芼之。窈窕淑女，钟鼓乐之。

这首《关雎》出自《诗经》，在《诗经》所有的三百首诗中被排在了第一的位置，因为其朗朗上口的韵律和字里行间蕴含着的美好，使很多人对它着迷。诗里写到一个男子在河边遇到了一个采荇菜的姑娘，被她的美貌和勤劳所吸引，产生了爱慕心思，诗中饱含了他对爱情和美好生活的向往。《诗经》是中国历史上最早的诗歌总集，它包含的感情，也是中国人最原始最纯真的感情。

很多人终其一生，都在寻找这样一份令人难忘的纯真感情。对于窈窕淑女的追求，几千年来，都有人在为此执着着。

在这首诗产生的大约两千多年后，又有一位痴情的男人，遇到了这样的爱情。

这个男人就是清朝的第二位皇帝皇太极。

皇太极是努尔哈赤的第八个儿子，在努尔哈赤逝世后，凭借自己的实力，在其他贝勒的支持下继承了大统。他一生征战四方，杀伐果决，将自己的宏图大志放在了最重要的位置。

根据历史记载，皇太极后宫中有名分的妃子有十五个，其中皇后一位，是来自科尔沁草原的博尔济吉特哲哲，地位较高的妃子有四个，分别是宸妃博尔济吉特海兰珠，大贵妃博尔济吉特氏，淑妃博尔济吉特氏，庄妃博尔济吉特布木布泰，一位元妃钮钴禄氏，一位继妃乌拉那拉氏，两位侧妃：叶赫那拉氏和博尔济吉特氏，除此之外，还有两位庶妃。

这些有记载的都是在后宫中有身份有地位的，还有一些被宠幸过但是没有被册封的，并没有被记载下来。婚姻对于一个统治者来说是十分必要的，对于很多男人来说，婚姻带来的最大好处，是为自己带来了另一个家族的力量。

在这些后妃中，不乏天生丽质者，也不乏充满才情的，但是皇太极唯独对来自科尔沁的海兰珠最为喜爱。在娶海兰珠之前，皇太极从来没有特别喜欢哪位妃子。对待不同的女人，他的态度都是相似的，在遇到海兰珠之前，他从来都认为一个有抱负有理想的男子是不需要柔情的。太多的柔情，不仅不能为宏图大业带来更多的好处，还可能会成为完成大业的绊脚石。

但是命运让他碰到了海兰珠。于是这个铁血男子汉的所有柔情，都被慢慢地牵引了出来，他也渐渐卸掉了伪装，露出了自己原本的真性情。他遇到海兰珠的那一年是天聪八年，根据《清入关前内国史院满文档案》记载："天聪八年（1634年）十月十六日。科尔沁部吴克善洪台吉率诸臣送妹至。汗偕诸福晋迎至，设大宴纳之为福晋。"这是海兰珠在所有史料中第一次出现，也是皇太极和海兰珠的第一次见面。

海兰珠这个名字，是从蒙古语 Harjol（哈日珠拉）翻译而来的。在蒙古语中，这个名字有着很好的寓意，它的含义是美丽的玉。在海兰珠出生时，她的父母一定是对这个女孩寄予了很深厚的希望，希望她像玉一样纯洁，像玉一样美丽。海兰珠并没有辜负这个名字，她长大以后面容姣好，明艳动人，肌肤像玉一样光滑而又充满光泽，就如同一块美玉，在后宫中绽放着自己的光彩。

在满族早期的婚姻制度中，有几种婚姻方式是汉族中很少见的，一种是收继婚制。所谓收继婚制，就是“父死，妻其后母，兄弟死，皆娶其妻妻之”。也就是说，父亲死后，可以将他的后妻和小妾收为己用，兄弟死后也可以娶他的妻子。但是收继婚制在皇太极统治期间就被下令禁止，在后来清朝入关后就基本退出了历史舞台。

还有一种比较流行的婚姻制度是姐妹婚。所谓姐妹婚，就是姐妹姑侄同嫁一夫，史书中甚至还有这样的记载：“婚姻若娶其姊，则姊以下皆随为妾。”这种制度和收继婚制不同，这种婚姻制度一直比较流行，在整个清朝统治的两百多年时间里，仅皇室就出现了很多次这样的情况。例如，太宗皇太极的后妃中，布木布泰和海兰珠是来自蒙古科尔沁贝勒寨桑博尔济吉特家族的一对姐妹。世祖顺治帝福临在孝庄太后的做主下，娶了蒙古科尔沁贝勒绰尔济的两个女儿，姐姐被封孝惠章皇后，妹妹被封淑贵妃。圣祖康熙帝玄烨，娶一等公遏必隆的两个女儿钮钴禄氏，姐姐被封为孝昭仁皇后，妹妹被封温僖皇贵妃；又娶一等公佟国维的两个女儿佟佳氏，姐姐就是后来的孝懿仁皇后，妹妹封悫惠皇贵妃。到了清末，光绪皇帝的后宫中最著名的珍妃，也是和姐姐瑾妃一起被纳入了宫中。

天聪七年，出嫁多年的哲哲，非常想要见一见自己多年没有见的母亲。于是哲哲的母亲科尔沁大妃，偕同布木布泰的母亲科尔沁次妃，一起到沈阳朝见皇太极。同来的还有吴克善等科尔沁的大臣。这一次见面，还包含了为加强科尔沁和后金政权之间新的联盟而进行的联姻。

皇太极对这次两个家族之间的见面给予了高度的重视，接待的礼仪规格非常之高，在科尔沁一行人到来之时，他亲自带领哲哲和各位福晋、贝勒、大臣出城迎接。然后举行了盛大的欢迎仪式。

这一次见面，定下来两门婚事。第一是皇太极的幼弟多铎和科尔沁大妃的小女儿之间的婚事，科尔沁大妃的小女儿，也就是哲哲的亲妹妹，是个才貌都不是很出众的女子。因此皇太极对于这门亲事并不支持，多铎是努尔哈赤和大福晋阿巴亥所生的小儿子，虽然年幼失去了父母，但是有哥哥们的庇护，仍然是娇生惯养，皇太极唯恐他和哲哲的妹妹无法相处，有损两个家族之间的友谊。于是这次的见面，还让多铎相看了哲哲的妹妹博尔济吉特氏。另外一门亲事是吴克善的儿子和皇四女雅图之间的婚事。

亲事决定之后，皇太极亲自到科尔沁大妃驻扎的地方告诉她这个消息。科尔沁大妃十分欢喜，在驻扎之处设宴款待皇太极，并向皇太极进献了许多马匹。宴会宾主尽欢，在这次宴会中，皇太极和海兰珠的婚事也订了下来。

天聪八年，皇太极亲自率领军队征战明朝的大同一片，凯旋后，吴克善就护送着妹妹海兰珠来到了盛京。这一年十月十五日，皇太极为了庆祝征战大同的胜利和海兰珠的到来，在宫中设宴款待群臣。

海兰珠嫁给皇太极之时已经有二十六岁。这个时候距离她的妹妹布木布泰嫁给皇太极已经过了九年，在更早之前还有姑姑哲哲嫁给了皇太极为正妻。海兰珠刚一进宫，就受到了皇太极的独宠。相传皇太极第一次见到海兰珠时，就被她深深地吸引了。那时海兰珠随着兄长吴克善进宫，二十六岁的她，在女人当中已经是比较大的年纪了，但是她肤如凝脂，唇红齿白，浑身上下透着明艳动人的成熟美，有一种皇太极从来没有见过的气质。就这样，皇太极对海兰珠一见钟情。

纵观皇太极的一生，不难看出，皇太极是个有手段有追求的人，他所想要得到的东西，就会千方百计地努力得到。在看上海兰珠之后，他就想把海兰珠纳入宫中，但是当时的后宫当中，已经有两位来自科尔沁博尔济吉特家族的女子。再娶一个博尔济吉特家族的女子并不十分合适，但是皇太极并不在乎这些。他快速地向吴克善表明了自己的心意，又快速地着手筹备婚礼，世俗的目光对他来说，根本不足以构成威胁。于是，终于娶到了心心念念的海兰珠。在皇太极的世界观里，从来没有退缩这一词，对于自己想要得到的东西，只有努力才能得到，纵然有时候不得不屈服于命运，但是没有努力，就什么都不能得到。

所以海兰珠从一开始，就是幸运的，她得到了很多后宫中女子梦寐以求的东西——皇帝的爱。她还没有进宫，就已经把皇太极所有的目光都吸引走了，那些后宫中的女子，还没有见到海兰珠，就已经被她打败了。

皇太极登基后，册封五宫后妃时，将入宫年龄最短的海兰珠，封为了关雎宫宸妃，在五宫后妃中排名仅在皇后之下。关雎宫，从字面上来看，取自“关关雎鸠，在河之洲，窈窕淑女，君子好逑”的意思。在皇太极看来，海兰珠代表了最纯真的感情，在充满利益的时代里，皇太极要努力保持住这一份纯真的感情，努力让自己的人生充满更多人情味。

在册封海兰珠为宸妃的册文中写道：

> 奉天承运，宽温仁圣汗制曰，天地授命而来，既有汗主一代之治，则必有天赐福晋赞襄于侧。汗御极后，定诸福晋之名号，乃古圣汗所定之大典。今我正大位，当做古圣汗所定大典。我所遇福晋，蒙古科尔沁部博尔济吉特氏，特赐尔册文，命为东宫关雎宫大福晋宸妃。尔务以清廉端庄仁孝谦恭之义，谨遵国君福晋训诲，勿违我之至意。

册文是官方文件，读起来带着冷冰冰的味道。古代的很多婚姻，都带着政治的意味，连海兰珠的妹妹和姑姑的入宫，都是为了和满洲建立起统一的阵营。后宫中的女人，往往并不是代表自己，而是代表了背后的整个家族。所以册文中才会这样有“既有汗主一代之治，则必有天赐福晋赞襄于侧”这样的句子。女人的地位大抵如此，为汗主传宗接代，为家族找一个靠山。仿佛只有在最后一句“勿违我之至意”中，才能看出皇太极的些许深情。寄托了对海兰珠的爱，希望在今后的岁月里，海兰珠不会辜负自己的深情。

◆ 帝王家的爱情

在海兰珠被册封后不久，就传来了海兰珠有孕的消息。这一消息无疑让皇太极十分欣喜，因为海兰珠自进宫以来，并没有产下一儿半女，若是能有爱情的结晶，也能让两个人的感情更深。

海兰珠并没有让皇太极和整个博尔济吉特家族失望，怀胎十月后，于崇德二年生下了皇太极的第八个儿子。这是当时皇太极儿子中唯一一个由五宫后妃所出的，一生下来就享有很高的地位。又因为是皇太极最爱的海兰珠所生，就更加得到皇太极的喜欢。之前出生的所有儿子，都没有得到皇太极的另眼相看，唯独这个孩子，一生下来，就受到了皇太极和天下人的关注。

这个孩子出生后，皇太极为了表示自己的喜悦，也为了给这个孩子积福，下了一道大赦天下的命令。这个命令一下，天下人就都记得了这个刚刚来到世上的懵懂的孩子，也记住了在深宫中的海兰珠。

但是好景不长，这个孩子出生后七个月（虚岁两岁），就因为染上天花而离开了人世，还来不及看清这个世界，也来不及让海兰珠和皇太极听到一声他的声音，连名字都没有就离开了。对于海兰珠来说，这个打击是十分巨大的。她感觉到了自己的精神世界在孩子离开的那一刻就崩坍了。为了弥补海兰珠，皇太极在孩子死后，封海兰珠的母妃科尔沁小妃为和硕贤妃，赐仪仗，祖父莽古思被皇太极追封为和硕福亲王，祖母被皇太极封为和硕福妃，整个科尔沁博尔济吉特家族都受到了世人的瞩目。

对于深宫中的女人来说，丈夫只有一个，却必须得和很多人分享，后宫中有无数的女人在等着丈夫的宠幸。就算皇太极再喜爱海兰珠，也不可能天天都陪在她的身边。但是孩子不一样，孩子是自己的，无论丈夫后来有多少的女人，唯有孩子是属于自己一个人的。随着时间的流逝，容颜变老的时候，丈夫可能会变心，但是孩子不会，母亲永远是母亲，谁也无法替代。

对于一个十分渴望孩子的人来说，命运给出这样的惩罚实在是令人难以接受。在孩子死后的几个月时间里，海兰珠一直心情低落，失去了对生活的信心。她有些认命，命运如此多变，弱小的人是无法改变的。在孩子被天花折磨的时候，自己束手无策，没有任何办法挽救他，也无法代替他痛苦，只能眼睁睁看着小生命在痛苦中一点点地流逝。

就这样，受尽悲痛折磨的海兰珠渐渐忧思成疾。后宫中的女人，大多没有什么事情可以做，生活无趣。生孩子之前海兰珠并不觉得这样的生活有什么不好，但是有了孩子之后，关雎宫里开始有了孩子的笑声和哭声，不再显得那么冷清，给关雎宫增加了很多的人气。孩子死后，忽然又回到了那种没有什么事情可做的生活，海兰珠一下子就感觉到了生活失去了该有的意义。

再加上，当时宫里的人，都是为了利益见风使舵的人。海兰珠的儿子死后不久，永福宫的庄妃生下了一个儿子，这个儿子被赐名为福临，重新又吸引宫人的目光。海兰珠的关雎宫里就冷清了很多，海兰珠在感受着失去孩子的痛的同时，还感受着宫内的人情冷暖。

在这样日复一日的悲观和消极中，海兰珠的身体渐渐差了起来。

在生病的这段期间里，虽然有皇太极的安慰和陪伴，也有来自姑姑和妹妹的安慰，但是每每想起自己早夭的孩子，就难免又伤感起来，泪水没有一天天地少去，悲痛也没有一天天地退散。

史书关于海兰珠的记载很少，在她嫁给皇太极之前的生活，史书上找不到任何的文字记载。在海兰珠的孩子死后，关于她在这期间的生活也没有过多的记载。但是我们不难想象，悲观而绝望的海兰珠，在宫里的日子是多么地难熬。到了崇德六年，距离海兰珠的孩子死去已经过了四年，在《清太祖实录》中有了海兰珠生病的记载。

海兰珠的病不是突然而至的，而是一日一日积累而成的。到了崇德六年九月，终于到了病入膏肓的地步。在《清太祖实录》中，关于宸妃海兰珠的逝世，有这样的记载：

崇德六年九月十二日，皇太极于征明驻营中闻宸妃有疾。

崇德六年九月十三日，皇太极于清晨卯刻拔营回兵，大军仅留安平贝勒杜度围守锦山，贝勒多铎围守松山。

崇德六年九月十七日，驻扎于旧边界。是夜一鼓，使者报宸妃病情加重。皇太极即刻起营，派大学士希福，刚林等驰返报信。

崇德六年九月十八日，希福五更抵达盛京。梅勒章京冷僧机等入大清门，至内门时，宸妃薨逝。皇太极于清晨卯刻赶到。恸哭不已。之后六日几乎不进饮食，朝夕悲哭。

崇德六年九月二十三日，多日不食不眠的皇太极昏迷，言语颠倒。

崇德六年九月二十八日，宸妃初祭，皇太极亲笔写下祝文，奠酒并宣读祭文。

崇德六年十月二十七日，追封宸妃为敏惠恭和元妃。

崇德六年十一日十一日，皇太极因思念宸妃，再次失态痛哭。

崇德七年正月初一日元旦，因宸妃丧，免朝贺，罢宴乐，举国不许作乐。

根据这里的记载，崇德六年的九月，皇太极正在松山的战场上指挥清兵和明朝的战争。听闻宸妃病重的消息，在战场上的他心急如焚，恨不得插翅回到盛京的关雎宫内。皇太极考虑再三，还是决定回到宫中。安排好战场上的作战后，他就带着一小队亲兵拔营回盛京。四天后，在中途休息时，有使者回报说宸妃的病情加重，皇太极顾不上休息，立即又带着亲兵启程了。

皇太极于九月十八日清晨到达皇宫的内门，就已经传来了海兰珠病逝的消息。连夜赶路的皇太极，连海兰珠的最后一面都没有见到。皇太极痛到极致，顾不上自己皇帝的身份，在去往关雎宫的路上就失声痛哭。这大概是皇太极从出生以来，情绪最失控的一次。皇太极从小是个受尽宠爱、备受关注的孩子，虽然遇到过很多的磨难和挫折，但是都被化解了，他并不觉得人生中有什么难事是可以令自己失声痛哭的。但是“男儿有泪不轻弹，只是未到伤心处”，到了真正觉得悲伤的时刻，情绪再也无法控制。

在海兰珠病逝后的六天中，皇太极的情绪一直没有得到控制，吃不下任何东西，只有漫无止境的悲伤陪伴着他。到了六月二十三日，几日不眠不休的皇太极开始语无伦次，终于昏了过去。

皇太极毕竟不是一个普通的男人，他是一个政权的最高领导者，有着比他人更坚韧的心，沉迷于悲痛并不是长久之计，还有更重要的事情等着他去做。于是他渐渐从悲伤中走出来，开始为海兰珠安排身后之事。

九月二十八日，皇太极为海兰珠亲笔写了祭文：“尔副位椒庭，助宣壸教。自居宫掖，礼遇有加。方期克享遐龄，不意中道奄逝。朕怀悯恻，念芳型之不远，忆淑德而增悲。是用备陈祭物，以荐馨香，仍命喇嘛僧道，礼佛讽经。灵其不昧，尚克祗承。祭毕。”在海兰珠入宫这几年时间里，她一直明理懂事，为整个后宫的人做出了表率。海兰珠逝去还没有多少天，一想起她的音容笑貌，就会增加许多的伤悲，也会让自己的人生感到更多的绝望，但是死亡是一次无法挽回的告别，无能为力的皇太极，只能给海兰珠更多的祭品，让她在黄泉路上走得更加顺畅一些，也告慰她的在天之灵。

一个月后，皇太极下令将海兰珠追封为敏惠恭和元妃，在清朝所有的妃子中，海兰珠的谥号是最长的。

但是这些死后的殊荣，比起活着时候的真实来说，是微不足道的。人已经离开了这个世界，这个殊荣已经不是属于她一个人的，而是属于整个家族的。海兰珠没有留下什么东西，她唯一生下的儿子也比她早一步离开了这个世界。她的整个世界早已在她离开之前就已经崩塌了。

◆ 伊人随风逝

皇太极对海兰珠的种种深情，对于一个普通人来说，是十分真切而又令人感动的，但是对于一位帝王来说，这样的深情，并不是一个明智的举措。为了海兰珠而放弃战场，是皇太极被很多人诟病的一个原因。一个圣明的皇帝，是能够把握大局，能够分清孰轻孰重的。史家认为，周幽王为了褒姒烽火戏诸侯，唐明皇为了杨贵妃兴师动众千里送荔枝，都是被红颜迷惑的昏君之举。皇太极后来也曾经反省过：在努尔哈赤死的时候，自己都没有这样失控，现在为了一个女人的死，就表现得如此不正常，难道上天让他降临在这个世界上就是为了一个女人吗？

但是，从客观的角度来说，皇太极首先是一个人，然后才是一个皇帝。他有着常人也有的情绪和感情，面对自己心爱的女人的死，也会难受，会心痛。那是人心底最真实的感情，没有伪装，没有做作，情感战胜了理智。在面对人类最原始的真情流露时，人们不能过于苛责。

然而情感和理智的战争，在过了最悲伤的时期，理智终于渐渐占了上风。在反省过自己的失态行为后，皇太极有很长一段时间内就控制着自己的感情，不让自己在人前表现出思念和伤心。

情绪被隐藏在心里不发泄出来，在朝夕悲痛的心情下，皇太极的健康每况愈下。在海兰珠一年的忌辰中，皇太极率领诸福晋前往祭酒，回忆起往昔的日子，皇太极又感到了一阵心伤，他又写了一篇祭文："崇德七年壬午九月初一日戊辰，十八日乙酉，谕旨：敏惠恭和大福晋，今以尔小祥，不胜哀思，特备祭品，施以敬意。纸钱二万，纸锞五万，各色整纸一万、牛一头、羊八只、席二桌、酒十瓶、搓条饽饽二槽盆、豆面剪子股二槽盆、米六斗、炒面一斗。"

这样的祭祀活动，对于皇太极的心情并没有任何的好处，只不过是又让他想起了伤心的往事，但是唯一可以给皇太极安慰的是，通过这样的祭祀活动，可以不让海兰珠随着时间的流逝而被人们遗忘。海兰珠这样美丽又动人的女人，应该被更多的人记住。在皇太极的心目中，海兰珠是这个世界上最美丽最温柔的女子，如玉一般的她值得活在别人的回忆里。

随着时间的推移，皇太极对海兰珠的思念有增无减，终于也开始渐渐地生起病来。海兰珠还在世时，皇太极对于发生在两人之间的一些小事并不会在意很多，那仿佛是再日常不过的事情，但是当海兰珠离开这个人世，关雎宫没有了主人，皇太极才回忆起两人的点滴小事，才发现原来最不被珍惜的小事，才有可能成为最美的回忆。

在海兰珠逝世后的两年，皇太极的病渐渐重了起来，到了不能处理政事的地步。病中的皇太极禁不住埋怨起苍天来，若是一开始命运给他的就是苦涩，那么也许就不会这样的痛苦，但是命运先给了他一些甜蜜，却在还没有彻底尝到滋味的时候将这些甜蜜变成苦涩。更何况，他还有霸业没有完成，如果就这样死去，那么会留下太多的遗憾，一棵在暴风雨中好不容易才长成的树苗，好不容易经历了风雨的磨难，却在长成之后被无情地摧毁了。

鲁迅先生曾说过："悲剧就是将人生有价值的东西毁灭给人看。"这样说来，皇太极虽然有很大的成就，但在男女之情上，却也称得上是悲剧的人生。他在战场上意气风发，挥斥方遒，但是回到皇宫之后，也只不过是个为情所困、为情所伤的失意人。他将自己最强大的一面展现给世人，而那些脆弱的一面，那些不为人知的伤口，只能自己在黑夜里慢慢舔舐，慢慢恢复。

历史上关于海兰珠的记载少之又少，但是在这些仅有的记载中，可以看到她令人羡慕的一生。古语有云，最是无情帝王家，在皇宫中只有永恒的利益，没有永恒的真情，在这样的地方，海兰珠能够得到属于自己的那一份真情，是十分幸运的。并且这份感情，并没有随着时间的流逝而消失。

人生在世，谁也没有免除死亡的权力。

若是走的路太艰辛，人的心灵太过于明白会让人受更多的痛苦的话，那么，或许在走人生的道路时，可以试着懵懂一点，带着懵懂去追寻最纯真的感情，会获取一个不一样的人生。

卷六

董鄂妃：风流只向一人说

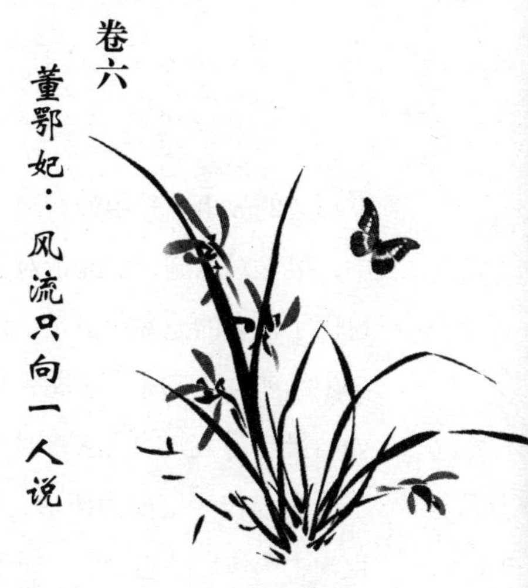

都说最是无情帝王家，但是顺治帝福临对董鄂妃的爱，却成了后宫的一个异数和传奇。顺治帝像一个吟游诗人一般，在满是礼教束缚的世界，向世人表达着自己的态度，对这个世界表达了无声的反抗。千万人之中，他们执着地找到了彼此，然后排除万难地相爱了。真正的爱情，也正是如此——唯有死亡才能将他们分离。

关联人物：顺治帝、孝庄文皇后。

◆ 不顺利的爱情

在我国古代的历史上，英雄和美人常常是一起出现的，也伴随着可歌可泣的故事。其中最有名的，大概可以算四大美人。四大美人的故事中，吴王对西施，汉元帝对王昭君，唐玄宗对杨贵妃，董卓对貂蝉，都付出了很多的宠爱。但是，她们都没有得到这些帝王的爱情。在美人和江山的利益冲突时，这些帝王都是选择保住自己的利益而牺牲这些女人。如同最广为人知的唐玄宗对杨贵妃，他对杨贵妃付出了很多，为杨贵妃千里送荔枝一度成为佳话，可是，在安史之乱时，为了堵住悠悠众口，也为了保住自己的皇位，却还是牺牲了杨贵妃，留下了马嵬坡上的悲剧。这些帝王大多是因为喜爱美人的容貌，并非出于真正的爱情。

在古代的社会里，帝王的爱情是最珍贵难得的。面对后宫佳丽三千人，很少有帝王能够做到始终如一地对待一个女人。在中国封建社会的两千多年时间里，顺治帝一定是其中的一个另类。他在宫中像是一个吟游诗人般的存在，他的骨子里，充满太多的浪漫和惆怅。为了追逐爱情和自由，追逐心中所想，不惜挣脱世俗的眼光，做出很多与身份不符合的事情。

而被顺治帝挚爱的董鄂妃的一生，可以用“红颜薄命”来形容，她虽然得到了顺治帝毫无保留的爱情，却躲不过命运的变换。若是将顺治和董鄂妃放在现代，他们或许可以获得更多的幸福，然而两个人的一生，都无法摆脱封建社会带来的桎梏，给一生留下太多的遗憾。

虽然有遗憾，但是他们的爱情，却在几百年后还在历史的尘埃里熠熠闪光，那种义无反顾的爱情才称得上是真正的帝王家的爱情，无关任何利益，唯有死亡才能将他们分离。

他们的爱情，是在无情的深宫里的最亮的色彩，即使最后没能有一个圆满的结局，也引来无数人的向往和希冀，给了那些后来入宫的人一个美好的愿望。

董鄂是董鄂妃的姓氏，这个满洲的姓氏，又写作栋鄂氏，原本是一个部落的名字。董鄂一族的先人们，早先居住在图们江上的瓦尔喀，其族源原是图们江流域的女真人，后来在冬古河上定居，遂以当地的地名为姓，称栋鄂氏。

相比于其他的满族大姓，董鄂氏一族所出的名人非常少，其中最有名的，大概就是顺治帝最爱的董鄂妃和董鄂妃的弟弟费扬古。

董鄂妃的一生，是传奇的一生。她的故事，在经过了时间的考验之后，还在反复被后人提及。

在满族普遍早婚的年代里，董鄂妃以十八岁的“高龄”入宫，实在是有些耐人寻味。关于董鄂妃进宫之前的生活，清朝的官方记载一直讳莫如深，没有提及太多，但是从一些别的记载中，我们可以看出一些蛛丝马迹。例如，在有关很受顺治帝信任的德国传教士汤若望的一本书中，记了这样的一件事：“顺治皇帝对于一位满籍军旗之夫人，起了一种火热的爱怜，当这位军人因此斥责他的夫人时，他竟被对于他这斥责有所闻知的‘天子’亲手打了一个极怪异的耳光。这位军人于是乃因怨愤致死……皇帝遂将这位军人的未亡人收入宫中，封为贵妃。”根据史家的考证，这位记载中的"满籍军旗之夫人"，就是后来的董鄂妃。董鄂妃的前夫，也就是文中的这位"满籍军旗"，就是顺治的弟弟襄亲王穆博果尔。也就是说，顺治帝最初看上董鄂妃时，董鄂妃还是自己的弟媳。

那么，两个本该没有交集的人，是如何在规矩森严的皇宫里相识相知的呢？

在清朝时期，宫里曾有一项制度，就是有品级的官员夫人轮流到宫中侍候后妃。大约就是在董鄂氏进宫侍奉后妃时，和顺治帝见面了。在历史上没有关于董鄂妃容貌的记载，但是在顺治帝的痴迷中，我们不难想象，董鄂妃一定有着过人的容貌。从在皇宫中第一次见到董鄂妃起，顺治帝就被迷住了。他的生活中，一直出现这个有夫之妇的一颦一笑，一举一动。

在之后的两年里，史料中没有关于董鄂妃和顺治帝的任何记载。但，有记载的是，当时的孝庄皇太后，曾下过这样一道命令，以"严上下之体，杜绝嫌疑"为由，将清朝的命妇侍奉后妃的制度废除。孝庄皇太后是一个重名声的人，对于任何会影响皇室清誉的事情，她都是十分反对的。而后有史家猜测，孝庄皇太后之所以废除实行了多年的命妇侍奉制度，大概和当时顺治帝和董鄂妃暗中产生了感情有关。孝庄皇太后对于儿子福临有很高的期待，她希望顺治能够变成一个名垂千古的明君，所以在儿子可能会步入歧途之时，就会迅速地为他寻找好出路。

顺治帝作为一个皇帝，却对一个有夫之妇情有独钟，说起来大概令人匪夷所思。但是感情这样的东西往往是无法用理智去解释的，否则就不会有《牡丹亭》中杜丽娘“情不知所起，一往而深”的感慨了。顺治帝对于董鄂妃，大概也是这样。

顺治帝炽烈的爱，也在董鄂妃的心里激起层层波澜。

很快两个人就等到了可以厮守的机会。在穆博果尔死后，顺治十三年八月二十五日，董鄂妃被册封为贤妃，进入宫中。虽然很多大臣都对顺治进行了劝谏，但是顺治一意孤行，并不予理会。顺治从登基成为皇帝开始，就一直受他人摆布，登基初期是受到多尔衮的摆布，自己成了一个傀儡皇帝。到了亲政后，孝庄皇太后在婚姻上替他做主，给他安排了他并不喜欢的婚姻。于是，还没有成年的顺治帝心里产生了极大的逆反心理。亲政以后，他不再允许自己的事情由旁人来做主，自己想做的事情，也不会改变初衷。

第一次婚姻给他留下了不可磨灭的印象。顺治的第一位皇后，是在孝庄的授意下进入宫中的。这位皇后来自科尔沁草原博尔济吉特家族，是孝庄兄长吴克善之女，也就是孝庄的亲侄女。对于这次包办婚姻，顺治不是没有想过反抗，但是当时顺治自己的力量还太小，反抗并没有产生任何的作用，最后的结果还是屈从于现实。这位蒙古皇后一入宫就受到了冷落，这里面大概有顺治帝对于孝庄皇太后的决定的反抗心理。

这位博尔济吉特氏最令顺治反感的一点，就是嫉妒心太强，心术不正。见到稍美貌的宫女就想把她置于死地，当时宫中曾经养了一些乐人，这些乐人长得十分美丽动人，被皇后见到后，果然产生了极大的不满，于是一气之下，将宫中所有的乐人都换成了太监。除此之外，这位皇后讲究排场，十分奢侈。在宫中穿的用的都要求是最好的，到处用的都是金子银子，在宫中起到了一个十分不好的榜样作用。顺治帝起先还能对这位皇后虚情假意，但是一段时间过后，对这位皇后的厌恶让他不再去皇后的宫中，和皇后过着名存实亡的夫妻生活。两人互不说话，在宫中不住在一起，若是有重要场合需要两人一起出面，也十分冷淡，互相厌恶。

在博尔济吉特氏进宫两年后，顺治就想到了废后，但是当时还没有爆发出来。到了博尔济吉特进宫后的第三年，顺治帝终于忍无可忍，对于这样的生活再也无法妥协。顺治十年，顺治和礼部的大臣商议，要废除皇后。礼部的大臣纷纷对顺治进行了劝谏，在皇后入宫的这一段时间里，没有犯下任何的大错，民间休妻还需要有理由，更何况是规矩更加森严的皇宫呢。

皇后母仪天下，废除皇后是一件非常严重的事情，大臣们希望顺治再三考虑。顺治帝心里产生废后的想法已久，他认为，皇后的位置至关重要，既然母仪天下，那就必须要为天下人做好表率，而博尔济吉特氏的品行，无疑不能为宫里做好表率。顺治十年八月二十六日，顺治帝给礼部下了谕旨，正式颁布了废后的决定：“朕惟自古帝王，必立后以资内助，然皆慎重遴选，使可母仪天下。今后乃睿王与朕幼冲时因亲订婚，未经选择，自册立之始，即与朕志意不协，宫闱参商，已历三载，事上御下，淑善难期，不足仰承宗庙之重。谨于八月二十五日，奏闻皇太后，降为侧妃，改居侧宫。”

废后的事情受到了很多人的阻拦，其中意见最大的是孝庄皇太后。双方就一直僵持着，但是朝廷中支持皇太后的人显然要更多，摆在顺治面前的，是一道很难跨过的坎。但是人生就是需要这样的坚持，这个时候的坚持，往往会换来以后的意想不到的生活。

顺治的坚持确实换来了他想要的结局。顺治十年的九月六日，持续了几个月的废后风波终于以顺治帝的胜利而告终。

然而这个时候顺治的爱情道路还是继续坎坷。废除皇后博尔济吉特氏后，顺治还是没有找到自己真正的爱情，也没有能够逃脱另一场包办婚姻的命运。

废除了第一个皇后八个月后，孝庄皇太后又为顺治安排了一个女子，孝庄挑选儿媳妇的眼光，还是没能从蒙古族中移开。这一次的皇后人选，依旧来自科尔沁博尔济吉特家族，孝庄的侄孙女。顺治对于这一次的婚姻，依旧是很不满意的。但是好在这一位皇后，性格比废掉的皇后要好，但是在包办婚姻的桎梏中，注定了这次还是一个悲剧。这位皇后入宫后，也没有受到顺治的喜爱，她带来的唯一变化是顺治的后宫里又多了一位失意的女人。

不仅博尔济吉特氏失意，顺治也是失意的。他不知道，是不是还能在有生之年等到他所希望过上的生活。好在顺治终于等到了他想要的结果。

◆ 泪难歇

董鄂妃入宫一个月后，就被晋封为了皇贵妃，晋升速度之快，在整个古代社会中都实属罕见。在董鄂妃入宫之前，孝庄皇太后对这位毁了儿子清誉的女人十分不喜，但是在董鄂妃进宫之后，“婉静循礼，声誉日闻,为圣皇太后所嘉誉。于顺治十八(三)年八月,朕恭承懿命,立为贤妃。九月，复进轶册为皇贵妃”。从记载中可以看出，进宫之后的董鄂妃，因为“婉静循礼”而渐渐受到孝庄皇太后的喜爱。

顺治十三年十二月，为董鄂妃举行册封大典。册封皇贵妃，是一件大事。从史书上的记载看来，为董鄂妃举行的皇贵妃册封大典十分隆重。首先，在这一年的十月，顺治赏给董鄂妃的父母鄂硕夫妇的礼物为金一百六十两，银八千两，金茶筒一，银茶筒一，银盆一，缎八百匹，布一千六百匹，马十六匹，鞍十六副，甲胄十六副。三百多年后的我们，或许从字面上对于这样的赏赐并没有什么概念，但是事实是，这比他两年多以前聘第二位皇后博尔济吉特氏的妹妹为妃时出的聘礼多了数倍。

董鄂妃是《清世祖实录》中记载的唯一一位经正式朝廷大典册封的妃子，也就是说，在顺治帝的所有妃子中，只有董鄂妃的册封仪式最受到重视，在册封大典举行后的第二天，顺治命令宗室觉罗以及满朝文武按品级或齐集午门或齐集天安门外，行三跪九叩头礼。除此之外，在册封董鄂妃为皇贵妃时，福临还下了一道大赦天下的命令。

大赦天下在中国古代社会中比较常见。古代帝王以施恩为名，常赦免犯人。大赦天下通常出现在皇帝登基、更换年号、立皇后、立太子等情况下。一般在新皇帝登基或者皇宫有重大喜庆时，也通常会赦免一批罪犯。

在清朝三百多年的历史中，董鄂妃是唯一一位因为封了贵妃而大赦天下的后妃。顺治皇帝对她的宠爱和重视可见一斑。

董鄂妃是一个识大体的女人，她知道自己和顺治帝的结合并不受到天下人的肯定，于是在宫里小心翼翼，生怕行差踏错而招致非议。在董鄂妃死后，顺治帝写了一篇饱含深情的《孝献皇后行状》，里面有关于董鄂妃进宫之后的记载：

> 后性孝敬，知大体，其于上下，能谦抑惠爱，不以贵自矜。事皇太后奉养甚至，伺颜色如子女，左右趋走，无异女侍。皇太后良安之，自非后在侧，不乐也。朕时因事幸南苑及适他所，皇太后或少违豫，以后在，定省承欢如朕躬。朕用少释虑治外务，即皇太后亦曰："后事我讵异帝耶？"故凡出入必谐。朕前奉皇太后幸汤泉，后以疾弗从，皇太后则曰："若独不能强住一起，以慰我心乎？"因再四勉之。盖其不忍去后如此。其事朕如父，事今后亦如母，晨夕候兴居，视饮食，服饰曲体罔不悉。即朕返跸宴，后必迎问寒暑。或意少乱，则曰："陛下归且晚，体得无倦耶？"趣令具餐，躬进之。

居恒设食，未尝不敬奉勉食，至饫乃已。……朕每省封事抵夜分，后未尝不侍侧。

这一文中说到，董鄂妃进宫之后小心翼翼，伺候太后常常像个婢女一样尽心尽力，孝庄皇太后于是对这位她原本认为是“红颜祸水”的女人放下心来，有的时候甚至不习惯没有她在身边伺候。在日常生活中关心顺治帝，也像关心自己的父亲一样，无微不至。顺治帝平时的行为若有不妥，也会加以提醒。

在这样的描述中，董鄂妃并不只是靠着美貌吸引了顺治，她的品行和才能，她渗透到日常生活中的点滴关怀，也是顺治帝对她痴迷的原因。

随着时间的推移，董鄂妃的荣宠日盛。顺治十四年正月，董鄂妃的父亲鄂硕被封为三等伯。在被册封为三等伯后不久，鄂硕就去世了。孕中的董鄂妃没有悲痛多久，就因为更大的喜事冲散了失去父亲的悲痛。顺治十四年的十月，三千宠爱在一身的董鄂妃生下了一个儿子。顺治对这个孩子的到来十分欢喜，这是顺治的第四个儿子。之前顺治已经有三位皇子：长子牛钮，两岁就夭折了；次子福全，这一年五岁；三子玄烨，这一年四岁，这三个儿子，都是庶妃所出，只有四子是皇贵妃所出，一生下来就拥有比较高的地位。

按耐不住激动情绪的顺治，在孩子诞生后的第二天给礼部的亲笔朱谕中写道：“本月初七日丑时，朕第一子生，皇贵妃出，应行典礼，尔部即察例速议具奏。特谕。”在谕旨中，顺治将这个儿子称为“朕第一子”，所谓“朕第一子”，就意味着顺治已经将这个孩子定位为皇位继承人，就是皇太子。

但是，这个孩子仅仅活了 104 天，就在顺治十五年正月二十四日夭折。顺治为了安慰悲痛的董鄂妃，将这个只活了一百天的孩子追封为“和硕荣亲王”，并为他专门修了一座陵墓来安葬他。在墓碑上刻了：“和硕荣亲王，朕第一子也。生于顺治十四年十月初七日，卒于十五年正月二十四日，盖生数月云。爰稽典礼，追封和硕荣亲王，以八月二十七日窆于黄花山。父子之恩，君臣之义备矣。”为了这个孩子，一向勤俭节约的顺治帝一反常态，为一个死去的孩子兴师动众，这让人不禁感叹，历史是如此的相近。顺治的父亲皇太极也曾为了一个后妃做出很多不为人所理解的举动。当皇太极不被所有人所理解的时候，大概在十几年后，有个儿子可以懂得他当时的举动。

顺治对董鄂妃的重视，和对其他后妃的冷淡形成了鲜明的对比。但是顺治没有想到，他这样不计后果的爱，把董鄂妃推到了一个风口浪尖的位置。受尽瞩目的董鄂妃必须小心又小心，才不会给人留下话柄。她在宫里步步谨慎，对顺治和皇后以及皇太后都尽心尽力，虽然有了顺治帝的宠爱，却不能随心所欲，活得十分辛苦。

无论在什么地方，当有人受到格外的关注时，就会招致嫉妒。有些嫉妒会变成有杀伤力的武器，毁灭人的生活。董鄂妃知道，这宫里有太多的失意人，当自己受到顺治的专宠，就难免会有人心里感到不平衡，在宫中的行事必须得加倍小心才能不招致非议。

在唯一的儿子死后，原本身体就比较虚弱的董鄂妃在精神上又受到了打击，在这种情况下，她还是强行支撑着。初期，孝庄皇太后会常常派人来问询董鄂妃的病情，董鄂妃每每都会说："今天好多了。"顺治帝问及原因，董鄂妃是这样说的："皇太后眷吾极笃，脱不幸病终不瘳，皇太后必深哀戚，吾何以当之？"（皇太后一直对我很是眷顾，我因为不幸的事情得了病一直没有好，皇太后知道后一定会感到担心，那又何必让她知道呢？）这大概也是董鄂妃在宫中受尽宠爱的原因，不恃宠而骄，永远保持着谦卑的态度。

以董鄂妃的聪慧，她早就明白了孝庄皇太后对自己抱有偏见，因为自己夺去了皇后的宠爱而心存芥蒂。但是她的成功在于，并不因为孝庄皇太后的偏颇而有所抱怨，而是用自己的努力去化解和孝庄皇太后的矛盾。尽管自己也身体不适，却在孝庄生病的时候衣不解带地在一旁伺候，不亚于亲生子女，以至于孝庄皇太后根本无法离开她的照顾。

董鄂妃一病就是三年。病中的董鄂妃虽然消瘦，但是容貌却没有多少改变，礼数也没有怠慢。皇后博尔济吉特氏生病时，董鄂妃曾经在一旁伺候，五天五夜没有合眼，却仍然没有怨言。董鄂妃这样尽心尽力，也让自己的身体变得更差了。

◆ 此生悲喜难决

顺治十七年，董鄂妃的身体在日常点滴消耗中，终于支撑不下去了。

这一年的八月十九日，董鄂妃薨，享年二十二岁。董鄂妃的死，在宫中掀起的波澜比当年入宫的时候还要激烈。顺治帝在董鄂妃死后，情绪失控，寻死觅活，不顾一切，人们不得不昼夜看守着他，使他不得自杀。顺治要追封董鄂妃为皇后，但是按照先例，妃嫔一般只有在所生的儿子继承了大统之后，才能被追封为皇后。孝庄皇太后担心受到刺激的顺治做出一些过激的事情，于是就同意了顺治将董鄂妃追封为“孝献庄和至德宣仁温惠端敬皇后”。

在董鄂妃病逝后，顺治情绪的失控比他的父亲有过之而无不及。

他在怀念董鄂妃的文章中也表露过自己的心酸：“自后崩后，内政从集，待命于朕，用事愈念后，悲哀不能自止。”（自从皇后逝世后，宫里的内务堆积如山，都等着朕去解决，在这样的情况下，就越发思念皇后之前的陪伴，停止不了悲伤的情绪。）

万念俱灰的顺治帝看破红尘，想要抛弃江山，剃度出家为僧。顺治帝出家一事曾在京城中闹得沸沸扬扬，但是顺治究竟有没有出家为僧，已经变成了一个疑案。

顺治从很早之前就开始礼佛，他和当时许多著名的僧人都保持着来往，顺治自己也有一个法号“行痴”。当人在现实生活中郁郁不得志时，就需要一个信仰来当自己的精神寄托。佛教就是顺治的精神寄托。在董鄂妃死后，万念俱灰的顺治开始想到要遁入空门。在这一段时间里，顺治写了一首著名的《西山天太山慈善寺题壁诗》：

天下丛林饭似山，钵盂到处任君餐，黄金白玉非为贵，唯有袈裟披肩难。朕为大地山河主，忧国忧民事转烦，百年三万六千日，不及僧家半日闲。来时糊涂去时迷，空在人间走这回，未曾生我谁是我？生我之时我是谁？长大成人方是我，合眼朦胧又是谁？不如不来又不去，来时欢喜去时悲。悲欢离合多劳虑，何日清闲谁得知？若能了达僧家事，从此回头不算迟。世间难比出家人，无忧无虑得安宜，口中吃得清和味，身上常穿百衲衣。五湖四海为上客，皆因夙世种菩提，个个都是真罗汉，披搭如来三等衣。金乌玉兔东复西，为人切莫用心机，百年世事三更梦，万里乾坤一局棋。禹开九州汤放桀，秦吞六国汉登基，古来多少英雄汉，南北山头卧土泥。黄袍换得紫袈裟，只为当年一念差，我本西方一衲子，为何生在帝王家？十八年来不自由，南征北讨几时休？我今撒手西方去，不管千秋与万秋。

在这首诗中，处处透露着顺治对于现在生活的无奈和对归隐的渴望，“为何生在帝王家”，“百年世事三更梦”，“不及僧家半日闲”，顺治也许本该是行吟在山中，闲看花落的诗人，却无奈生在了帝王家。二十多年的时间都被束缚着，没有一丝的自由。顺治的心，在封建礼教的桎梏下，已经疲惫不堪。

但是顺治终究没有出家。在充满理性的孝庄皇太后以及传教士汤若望的劝阻下，顺治想要出家的心总算是平息了下来。

在平息下出家的心之后没有多久，顺治十八年到来了。这一年，是可以给很多故事划上句点的一年。

顺治十八年的正月初三，顺治帝感到身体有些不适，到了正月初七，竟然就“龙驭上宾”，也就是说，驾崩了。顺治帝在年少的时候，因为太监的误导，曾有过一段纵欲的日子。后来亲政后，顺治帝想要做出一番事业来，于是勤于朝政，兢兢业业，日理万机，有过呕血的经历。身体一直比较虚弱。加上董鄂妃死后，精神上受到打击，出现了神经衰弱的现象。

根据记载，顺治是因为染了天花而死。天花对于古代人来说，是死亡率很高的一种疾病。因为满族人一直生活在关外，关外天气寒冷，天花不易传播，因而满族人对于天花没有什么免疫力。成年人染上天花，更是凶险万分。何况顺治帝的身体一直不太好，面对突如其来的天花，就没能熬过去。

顺治驾崩后，遗体被火化，葬在了孝陵内。康熙二年，将董鄂妃和顺治帝葬在了一起。这一对被死亡隔开的恋人，终于又可以睡在同一个地方，并且，一直相伴。

问世间、情是何物，直教生死相许？天南地北双飞客，老翅几回寒暑。欢乐趣，离别苦，就中更有痴儿女。君应有语，渺万里层云，千山暮雪，只影向谁去？

横汾路，寂寞当年箫鼓，荒烟依旧平楚。招魂楚些何嗟及，山鬼暗啼风雨。天也妒，未信与，莺儿燕子俱黄土。千秋万古，为留待骚人，狂歌痛饮，来访雁丘处。

元好问的这一首《摸鱼儿》，是太多太多爱情故事的真实写照。顺治和董鄂妃的爱情，无疑是这首诗的又一个完美的注脚。即使顺治的后宫里不止董鄂妃一个人，但是在顺治的眼中，就只有她一个人存在，其他的人,不过是皇宫里的摆设而已。在他们的爱情里,从来没有别人的参与，也没有别人的干扰。

董鄂妃命若浮萍，第一次婚姻给她带来了太多的痛苦，她虽然得到了顺治的爱，却也失去了太多。在她只有二十二年的人生里，为这个世界带来了太多的故事和传奇。而顺治帝二十四年的人生，也像一本等待世人去挖掘的书。他们是幸运的，因为他们曾经相遇，灵魂相通；他们也是不幸的，有太多的东西阻碍着他们，束缚中的爱情始终无法绽放出它本来的色彩，以至于两个本来多情的人，在皇宫中渐渐失去了光芒，失去了自己的颜色。

在电视剧《少年天子顺治篇》中，结尾的这首歌来表达他们的爱情再合适不过：

西风烈，残阳斜，生与死永相别。来去之间，重重叠叠，云中梦中不见天阶。苍茫人生，古来阴晴圆缺。爱过恨过，临行依然不觉。笑声伴泪水，奔流年年月月，此生悲喜难决。但愿风雨路上独行夜，你如花，我如叶，如泣如诉。我是飘零叶，此去永相别，来生相逢处，泪难歇。

卷七 卢氏：纳兰词中永恒的怀念

相比于丈夫纳兰容若，历史给予卢氏的笔墨很少，在这寥寥无几的语句中，只能勾勒出无比单薄的身影。但是纳兰词，却赋予了这个单薄的身影以灵魂。让后人得以在这些或悲怆或怀念或深情的长短句中，窥见这个女人短暂但幸福的一生。在那些或哀婉或凄凉的词句中，她的灵魂永远存在。

关联人物：纳兰容若。

◆ 红药栏边携素手

纳兰容若被后人称为“满清第一词手”，在他的词作中，爱情是他重要的创作源泉。他一生多情而不滥情，伤情而不绝情。他的一生中出现过几个女子，青梅竹马的表妹，鹣鲽情深的夫人卢氏，最后互相慰藉的小妾沈琬，她们都被后人一再书写，即使这些女人已经散落在历史的尘埃里，但是她们的形象，却永远鲜活在后人的笔下。

有人说，相比于只能怀念不能见面的表妹，卢氏是幸运的，她和纳兰毕竟度过了几年情深的岁月，在人生中最美丽的年华离开这人世，没有经历过女人最害怕的苍老，也没有被岁月无情地打磨与摧残。也有人说，卢氏是不幸的，她花了很长的时间让纳兰从失意中走出，却在情浓的时候撒手人寰，最后只能活在纳兰的悼亡诗中，回忆再美，也比不上现实生活中的相知相伴。

然而卢氏的幸运与否只有她自己知道，我们已经无从考证，但是我们可以知道的是，在卢氏与纳兰相守的岁月里，她是幸福的。

纳兰在十八岁时中了举人。中举是很多参加科举的考生一辈子没有做到的事情，纳兰在十八岁的年华就做到了。但是他春风得意的日子没有过多久，就得了一场病。那是在十九岁的殿试之前，准备充分、自信满满的纳兰被可怕的寒疾不容分说地击倒在床。在当时落后的医学环境里，寒疾并不是十分容易医治的一种病，在纳兰之后的岁月里，可怕的寒疾一直伴随着他，直到夺去了他的生命。

十九岁的纳兰躺在病床上，眼睁睁地看着黄历翻过一天又一天，眼睁睁地看着自己多年的努力就要付诸东流。科举考试中，殿试在春闱之后举行，每三年才会举行一次，错过这次，意味着又要重新等待三年。他的心里无比焦急，迫切地想要好起来，但是纳兰拼尽努力也仍然没有在殿试之前好起来。

这个打击对纳兰来说十分巨大，他感到命运的造化弄人，命运太强大了，自己的努力在命运面前是如此的不值一提，厄运降临的时候，自己是那么束手无策，于是他整个人陷入了一种失意的困境。

就是在这时，卢氏走进了他的生命。

卢氏嫁给纳兰容若时是十八岁，她是汉族旗人，父亲是两广总督、兵部尚书卢兴祖，卢兴祖从顺治年间就开始做官，在顺治年间曾经做过工部郎中、大理寺少卿、广东巡抚，到了康熙五年，已经官至两广总督，家境十分殷实显赫。后来，卢兴祖被革职，从广州回到北京，卢氏一家也就跟着卢兴祖回到了北京。卢兴祖为官多年，十分重视子女的教育，对自己子女的教育花费了很多心血，所以在卢兴祖的熏陶培养下，卢氏受到了很好的教育，知书达理，娴静明慧，十分有大家闺秀之风仪。

她生于北京，长于广州，十余岁时又回到了北京。北京的传统，广州的开放，在她的生命里形成了一种新鲜的血液。她受到南北文化共同的熏陶，才藻艳逸是可以想见的。成婚那天，在一片红色之下，新娘清丽妩媚，像一朵刚出水的芙蓉，双眸如一泓秋水，含情脉脉；新郎虽然还带着病中的苍白清瘦，但是不能掩盖他的高雅气质，这对新婚夫妻，便一见钟情了。

于是二十岁的纳兰，迎来了生命中又一个关键的转折点。

新婚的日子如诗如梦一样美丽，卢氏婉约美丽又端庄，有着似水的深情，纳兰的寒疾还没有痊愈，卢氏每天都不辞辛劳地为丈夫端汤送药，将纳兰照顾得无微不至。纳兰和卢氏的兴趣相投，两人举案齐眉，琴瑟和鸣。在当时清朝封建婚姻制度的桎梏下，盲婚哑嫁所造成的悲剧并不鲜见。纳兰能够找到一位心意相通的红颜知己，不得不说是非常幸运的。

新婚中的纳兰很少填词，跟后来凄婉的词风相比，这段时间内所填出来的词都是明朗欢快的，它们将纳兰新婚后的甜蜜和满足体现得一览无余：

水榭同携唤莫愁，一天凉雨晚来收。
戏将莲菂抛池里，种出莲花是并头。

——《四时无题》

洛神风格丽娟肌，不见卢郎少年时。
无限深情为郎尽，一身才易数篇诗。

——《艳歌》

这个时候的卢氏，乘着爱情的扁舟轻轻摇荡，爱情让她焕发出新的容光，使她原本美丽的容颜变得更加动人；而纳兰，虽然还在病中，但是爱情带来的人生体验是他这辈子也没有体会过的，那种新鲜的感觉，让他整个人散发出一种神奇的光芒，那光芒，即使是隔着历史，我们也能从那些字句中体会到。有卢氏无微不至的照顾的他，渐渐走出失意，开始意气风发地寻找人生新的方向。

◆知己之恨尤多

两人的婚后生活令许多人都羡慕，丈夫勤于王室，忠心耿耿，深得皇帝的赏识，有抱负有理想有才华，妻子抚操闺中，对丈夫全心支持，和丈夫心意相通互相理解，夫妻之间彼此关怀，彼此体贴，很少产生龃龉，生活十分惬意，是中国传统婚姻之间十分难能可贵的相处模式。

纳兰是御前一等侍卫，常年随侍在皇帝身边，夫妻之间有不少聚少离多的生活。但是即便是这样，夫妻之间也还是有着浓浓的情意：

微云一抹遥峰。冷溶溶，恰与个人清晓画眉同。

红蜡泪，青绫被，水沉浓，却与黄茅野店听西风。

——《寄调相见欢》

远游的丈夫，身在他乡，心却回到了妻子的身边；而身在闺阁的妻子，对看红烛，心却飘到了黄茅野店，与丈夫一同听那西风的怒吼。这样浓情蜜意的生活，无论是在哪个年代，都是十分令人羡慕的存在。

很快他们迎来了更快乐的日子——卢氏有了身孕。纳兰对这个生命十分期待，他总是想象着，以后生命中多了一个至亲，生活会发生怎样的变化。也许是个和他一样会骑马射箭，意气风发的男孩，也许是个和卢氏一样会绣花弹琴，温柔可人的女孩，无论是男是女，这样的美好想象，都让纳兰从心中溢出笑来。随着孩子一天天的长大，纳兰心中的期待也一天胜过一天。

然而幸福总是太短暂了，平静是命运给予纳兰片刻的喘息，不容他陶醉，细细品味爱情带来的滋味，更大的悲剧就降临在他的身上。

卢氏在一个寒更雨歇的日子里，因难产而撒手人寰。古人云韶华易逝，所有的女人都担心年华老去的那一天，而卢氏的韶华却永远不会逝去了，她死在了最美的年纪。

卢氏的离开给纳兰带来了巨大的打击，他怎么也不敢相信，这样年轻的生命，就这样离开了这个人世，他们原本是满怀喜悦地想要迎接一个小生命的到来，没想到小生命没有到来，却带走了妻子的性命，他们甚至还来不及感谢命运让他们相遇，就被匆匆地拆散了。

卢氏的离开，给纳兰带来的，是绵延一生的伤悲。他仿佛看见生命的潮水，正在向下退去，退去。

据清人叶崇舒为卢氏所撰的墓志铭云："卢氏卒于康熙十六年五月三十日，春秋二十有一……于其殁也。悼亡之吟不少，知己之恨尤多。"卢氏死后，纳兰的词风大变，由原先的明快变成了凄婉，那些满含思念的悼亡，带着杜鹃啼血般的悲痛。

纳兰容若一生多愁善感，具有非常典型的纯真敏感、多情忧郁的诗人气质。卢氏成为他的朋友知己，当他从明争暗斗的官场回到家中之时，只有妻子一人是他倾诉的对象和心灵的慰藉，对纳兰容若而言卢氏不单是妻子更是知情解意的伴侣。卢氏的离开对他来说是一种比立刻死去更可怕的痛苦，它时时刻刻折磨着他，销蚀他，任何一件日常的小事，都能令他回忆起曾经的幸福时光。

谁念西风独自凉。萧萧黄叶闭疏窗。沉思往事立斜阳。
被酒莫惊春睡重，赌书消得泼茶香。当时只道是寻常。

这首《浣溪沙》是纳兰词中十分脍炙人口的一首。纳兰的悲哀，正如后人解读的那般："酒中茶半，前事伶俜，皆梦痕尔。"原本以为是非常寻常的小事，却在失去之后变得弥足珍贵起来。纳兰独自承担了对卢氏的思念和对命运的怨怼，柔肠百结的他刚从上一场的失意中走出来没有多久，就又陷入了新的低谷。他的倜傥和神采飞扬，都渐渐消失了，他仿佛又回到了那个清瘦的忧郁的纳兰，独自体会着这人间百味，心酸惆怅。

◆ 人生一世，情之一字

卢氏曾经问纳兰 :“在所有的字中，最悲伤的字是哪个？”

纳兰不解。

卢氏说 :“是‘若’。凡‘若’出现，皆是因为对某人某事无能为力。”

所以不难想见，当纳兰试图以“若卢氏还在”这样的念头来宽慰自己时，需要承受多么大的悲伤。

因着平日的职责所在，纳兰需终日随侍在皇帝身边，因此真正和卢氏相处的时间并不很多，这种遗憾，在卢氏尚在时并不容易被察觉，但是卢氏走后，这样的遗憾便蚀骨般地折磨着纳兰。回忆起夫妻间的美好生活，对比现实的身不由已，纳兰就只能把孤独无力之感化作深沉的悼念，托付给一首首泣血的词作了。

悼亡诗自古有之，唐代元稹便有“诚知此恨人人有，贫贱夫妻百事哀”，宋代的苏轼有著名的“十年生死两茫茫”，在古代封建社会轻视爱情重婚姻的文化背景下，这样饱含人世沧桑的悼亡诗，无疑是爱情的完美注脚。

我们会为一份诚挚、深沉的情感而感动，会为一个痛苦、压抑的生命而思考，还会为那些清丽缠绵的意象而吸引。在这些词作中，我们能读懂孤独的纳兰，也能读懂他和卢氏之间短暂却永恒的爱情。

卢氏离开后的日子，任何小事都能勾起纳兰的回忆。在灯下夜读时，能想起妻子的红袖添香，想起妻子在灯影下的美丽身影，又想起卢氏为自己搔背，用凤仙花染红指甲，用花灯小盏捕捉萤火虫的细节，仿佛还能听到她做女工时拿起剪刀又放下的声音，那声音在无尽的黑夜里，听起来那么遥远。

这样的小事，当时并不放在心上，于是只能在被思念折磨的夜晚，低叹一声“当时只道是寻常”。

他从不吝于表达自己对妻子感情的炽热，也从不吝于表达自己被折磨的痛苦，因此卢氏的身影才能在词作中显得丰富。他就这样陷入了一种无法挣脱的死结。那些词作，连友人读起来都落泪了，太哀伤了，人如果总是处在这样哀伤的心境里，怎么可能会对这个人世有所留恋。可是劝慰无济于事，友人们只能选择相信时间可以治愈一切。

终于有一天，他苦苦寻觅的爱人与他在梦里相会了。那是一年重阳节的前三天，这是卢氏去世后，第一次出现在纳兰的梦中。他悲喜交加，百感交集，那身着素色衣服的妻子，和他双手紧握，淡淡的音容笑貌仿佛是鲜活的一个人。梦里的妻子离开时，甚至还吟了一句诗，醒来后，悲痛的纳兰才发现，那只是做梦的人心中所想的结果。

可是一切尘梦终将醒来。康熙十七年七月二十八日，那是卢氏去世后的第二年，她被葬在了京西玉河皂荚屯纳兰明珠家的祖坟。词人叶舒崇为她的墓志铭写道：“抗情尘表，则视若浮云，抚操闺中，则志存流水。”

这是对一个女人极高的评价，在才情上，她有着很多人没有的细腻，在生活上，有着很多人没有的勤劳。

看着卢氏被下葬，纳兰才终于相信，这一切都不是幻境，卢氏的确是已经不在人世了。所有的希冀和幻想化为了泡影。

悲恸欲绝的纳兰在给友人的信中这样写道：“亡妇柩决于十二日行矣，生死殊途，一别如雨，此后但以浊酒浇坟土，洒酸泪以当一面耳。嗟夫悲矣。”纳兰的人生中，再也不会出现这样一位红颜知已，懂得他的心酸，安慰他的失落。这是永远的丧失，在那以后，再也不会有这样的幸福降临在他的身上。

一首接着一首的悼亡词，是对死去的妻子的永远的祭奠。而后虽然纳兰还碰到了温婉的情人，却再也没有享受到这样纯真无邪的爱情。

爱情、理想、青春，都已经消逝在最美的那几年。

卷八 孝圣宪皇后钮祜禄氏：大美者无言

她从历史的画卷里施施然走出，带着一抹深入骨髓的温和。她的一生很是漫长，漫长到所有的画面都开始泛黄，但是谁都羡慕她的幸运——一直到死去，都被爱包围着的一生。

关联人物：乾隆、雍正、康熙等。

◆ 雍王府的平淡时光

关于人生的长度和深度，很多人曾对此有过激烈的讨论。有的人认为，人生的深度更重要，在有限的生命里活出惊心动魄，活出该有的颜色，即使生命会短暂，但只要在短暂的生命中盛开过绚烂过，就足够了；但有的人认为，人生的长度比深度更重要，在短暂的生命里，即使体会到的情感很浓烈，但那并不是生命所有的颜色，要尽量延长生命，体会不同的情感，感受不同的生活，才是生命最本质的意义。

对于这个问题，每个人在心里都有自己的答案，也有自己的选择。

纵观整个中国历史，能够在历史上留下名字的，大多有自己的选择。一生太过于漫长，要努力过好每一天，才不至于失去生命的意义。或许日子平淡，但是将这些平淡的日子叠加起来，也是十分不平淡的人生。生命的意义，也就在这些平淡的日子里渐渐凸显出来了。而在经历了那些平淡的人生之后，会等到心中的美好的生活。

孝圣宪皇后度过的就是这样的人生，那是经历了康熙、雍正、乾隆三朝的漫长的人生，经历了平淡，在平淡中用自己的智慧换来了一个美好的结尾。

孝圣宪皇后来自于钮钴禄家族，具体的名字已经不可考，史书上都以“钮钴禄氏”来称呼这位皇后。钮钴禄氏一族居住在长白山、英额等地方。钮钴禄原是钮钴禄一族祖先居住地方的地名，后将这个地名当作自己的姓氏。钮钴禄一族在清朝，曾经出过很多的后妃，也出过很多著名的大臣。康熙的第二任皇后孝昭仁皇后，和同她一起进宫的妹妹，就来自钮钴禄家族；清仁宗嘉庆的孝和睿皇后，和清仁宗嘉庆的恭顺皇贵妃，清宣宗道光帝的成贵妃和孝全成皇后，清文宗咸丰帝的孝贞显皇后，都是来自于钮钴禄家族。清朝著名的奸臣和珅，全名是钮钴禄·和珅，也是出自钮钴禄家族。

孝圣宪皇后钮钴禄氏生于康熙三十一年十一月二十五日，父亲是镶黄旗人四品典仪官钮钴禄·凌柱，典仪是个不大不小的官，康熙四十三年，钮钴禄氏十三岁时，进入了当时还是贝勒的四阿哥胤禛的府中，一开始的称号是“格格”。“格格”这个称号,在满族的体制中,一般是皇帝、贝勒、亲王的女儿的称号，这是一个正式的称呼。而在非正式的情况里，“格格”可以用来称呼地位比较尊贵的女性，例如在康熙年间，从小在孝庄皇太后身边伺候的苏麻喇姑就被尊称为“格格”，除此之外，亲王的品级比较低的妾，也可以称为格格。

刚进入贝勒府时，钮钴禄氏的地位并不高，府中有嫡福晋乌拉那拉氏，有侧福晋和庶福晋数位，还有比她早进府的格格和侍妾，在她进府不久之后，年氏也进府了，年氏一进府，就夺走了雍正所有的关注和宠爱。所以，钮钴禄氏从一进府开始，就没有受到过太多的关注。“格格”这一称号，一直保持到四阿哥胤禛登基为皇帝才改变。

这位钮钴禄格格受到胤禛的喜爱是在一次时疫中。那一次胤禛染了时疫，病情十分严重。在当时的医疗水平下，时疫是十分危险的，一不小心就会丧命。患上时疫的人，需得十分小心才不至于丧命。胤禛染上时疫后，几乎已经要丧命了。当时的钮钴禄氏，面对病重的胤禛并不感到害怕，虽然可能会因此丧命但是钮钴禄氏还是煎汤熬药，十分周到。病中的胤禛看到一直在病床边忙碌的钮钴禄氏十分感动。在钮钴禄氏无微不至的照顾下，胤禛终于摆脱了时疫，身体迅速恢复起来。恢复健康的胤禛对这位原本毫不起眼的钮钴禄格格另眼相看，十分宠爱。

康熙五十年时，也就是钮钴禄氏进入贝勒府七年后，钮钴禄氏生下胤禛的四子弘历。弘历也就是后来推动了康乾盛世的乾隆皇帝。刚生下弘历的钮钴禄氏并没有想到，这个儿子会为自己的人生带来多么大的转变，会让自己成为世界上最有福的女人。

◆ 人生的转折

每个人的一生，都有很多的转折点，这个点，或许会成为一段故事的开端，也或许会成为一段新的人生的起点。我们不知道这个转折点什么时候到来，也不知道它是否引向更幸福美好的人生。

康熙五十年，除了弘历降生这件大事以外，还有一件重要的事情是，年羹尧的妹妹年氏进入了贝勒府。年羹尧是极其受雍正重用的一个大臣，他的妹妹年氏于康熙五十年进入四贝勒府。年氏的进府，在很大程度上是一种政治的联姻，胤禛为了重用年羹尧，年羹尧也为了得到胤禛的信任，于是将年氏送入了府中。虽然年氏的入府带了政治的意味，但是自从年氏入府后，在之后的数年中，因为“秉性柔嘉，持躬淑慎”而备受胤禛的喜爱。她嫁给胤禛之后，先后产下了第七子福宜、第八子福惠、第九子福沛、和胤禛的第四个女儿。在此期间，胤禛并没有别的妻妾生下任何的儿子或者女儿，可见在年氏入府后，受到了胤禛的专宠。

在这样的背景下，钮钴禄氏在府中的生活大约可以想象出来。地位不高，也没有宠爱，唯独有个儿子可以寄托自己的心情。古代的女人，若是没有丈夫的宠爱也没有子女，日子都是十分难熬的。尤其是大户人家的妻妾，因为贵族家庭的规矩比平常人家的规矩更加严格，一般女人的活动范围就只有自己的府中，甚至不能踏出自己所在的小院，每日所看到的都是同一片天空，同一样的景色，生活单调乏味。

钮钴禄氏相比于这些女人，要更幸运一些。因为她生了一个儿子，同一个品级的侍妾，有没有儿子所受到的待遇有着很大的差别。钮钴禄氏因为有个儿子，在府里更加受到重视，日子也过得滋润一些。

弘历自幼聪明，五岁就学，过目成诵，给钮钴禄氏带来了极大的欣慰。在康熙六十年的一天，这一年弘历十岁。康熙来到雍亲王府，第一次见到了自己的孙子弘历。康熙对这个聪慧的孩子产生了极大的好感。自那之后，弘历就被康熙接到了宫中，亲自教授课程。康熙有几十个儿子，孙子更是数不清，日理万机的康熙只能对几个孙子有印象，能够得到康熙如此的重视，是在孙子辈中很少有的待遇。

根据史书记载，在康熙六十年，康熙到达热河避暑山庄，安排弘历住在皇帝寝宫旁边的宫殿，这是皇子都不曾享受到过的待遇。因为弘历的原因，康熙曾不止一次在钮钴禄氏面前称她为“有福之人”。

母凭子贵，在弘历得到恩宠之后，连着胤禛在康熙面前也有了面子，康熙和胤禛父子之间的感情日益变深，胤禛对于这位格格则更加眷顾。在平淡中多了一个儿子之后，可以操心的东西更多了，人一旦不那么闲了，就会发现时间过得特别快。

康熙六十年，大清朝迎来了一个转折点，钮钴禄氏也迎来了人生的一个转折点。

康熙皇帝一共有二十四个儿子（不包括夭折没有起名的），是清代皇帝中儿子最多的一位，这些儿子当中，其中大部分都文韬武略，能文能武。到了康熙帝晚年的时候，身体越来越不济。面对这样的情况，康熙帝的儿子们都开始蠢蠢欲动，纷纷加入到皇位之争中去，形成了清朝著名的“九龙夺嫡”的局面。这九龙分别指的是：大阿哥胤禔、二阿哥胤礽（原太子）、三阿哥胤祉、四阿哥胤禛、八阿哥胤禩、九阿哥胤禟、十阿哥胤䄉、十三阿哥胤祥、十四阿哥胤祯。这几个阿哥各有各的势力，拉帮结伙，勾心斗角，对于皇位都有种势在必得的决心。

在这其中，康熙帝一开始最属意的是皇后赫舍里氏所生的二阿哥胤礽。胤礽在生下来的第二年，也就是康熙十四年就被册封为皇太子。因为皇后赫舍里氏在生下胤礽后就去世了，因此康熙对于这位皇太子很是溺爱，经历了两废两立。在废除了皇太子之后，康熙一直没有再立太子，这也就更让众阿哥们蠢蠢欲动。

在皇太子被废除后，最有可能继位的人选就是八阿哥胤禩，这位八阿哥，在京城中口碑很好，他七岁的时候就随着康熙巡幸各地，十八岁被封为贝勒，是所有受封者中最年轻的一位。胤禩聪敏能干，有计谋有才略，善于笼络人心，也善于为自己制造舆论，在京城中，人人都认为八阿哥十分之“贤”。胤禩在满族和汉族中都有很多的拥护者，同时，在皇子中也是拥护者最多的一个，九阿哥胤禟、十阿哥胤䄉、十四阿哥胤祯都是八阿哥的支持者。

胤禩在朝廷中也拥有很多的拥护者，其拥护者之多，一度令康熙感到意外。在第二次太子被废之后，胤禩更是觉得皇位已经是囊中之物，于是在行动中迫切起来。胤禩的党派声势浩大，让康熙对此非常痛恨，因为康熙是个“独揽大权”的人，他不能容忍自己还在位时，就有人对自己的皇位虎视眈眈。胤禩这样高调，无疑让康熙对他心存芥蒂。随着时间的推移，胤禩越来越不得康熙的心，离皇位也就越来越远。

在经历了第二次废太子之后，皇帝开始渐渐重视起三阿哥胤祉、四阿哥胤禛、十四阿哥胤祯，从历史的记载中可以看出，在废太子之后皇帝将许多重要的事情都指派给这三位阿哥去做。这其中三阿哥是个文人，身边能用的也都是一些文人，四阿哥和十四阿哥相比，竞争力非常之小。这样看来，在康熙的心中，也就只剩四阿哥和十四阿哥两个人选。

四阿哥和十四阿哥都是德妃所出，是一母同胞的兄弟，但是这两个兄弟却站在不同的立场上。四阿哥胤禛，在当时所有想争夺皇位的人中，是最低调的一个。他信奉佛教，经常和高僧一起礼佛，还自诩是“天下第一闲人”，对皇位没有表达出一丝的兴趣。也没有拉帮结派，但是胤禛是真的不想当皇帝吗？事实并非如此。

胤禛在皇位之争中的蛰伏，是因为看清了当时的形势。在康熙第一次废除太子之后，康熙十分难过，大病了一场，于是胤禛就发现了康熙对于太子并没有放弃，与其出头争夺太子之位，不如就超脱一点让康熙放心。胤禛的拥护者并没有八阿哥那么多，但是他的拥护者，都在关键时刻发挥了作用。到了康熙的最后几年，胤禛的最大竞争者就是自己的胞弟十四阿哥胤禵。

胤禵当时是抚远大将军，拥有很大的权力，所有人都认为皇位一定是非他莫属。但是，在康熙的眼里，培养胤禵只不过是培养将帅才能，胤禵有大将之才，却不是治理国家的合适人选，没有处理过政务，也没有经历过大事，无法成为一个合格的君王。

在康熙六十一年，已经快七十岁的康熙倒下了，当时的皇太子之争还没有结束，为了让皇位的交接更加稳定一些，不至于出现混乱的现象，康熙当机立断，将皇位传给了四阿哥胤禛。至此， 场激烈的战斗接近了尾声。

胤禛的继位让很多人都感到意外，人们本以为十四阿哥继位是众望所归的事情，却没想到胤禛如一匹黑马一般，夺去了所有人的眼球。

胤禛继位后，改国号为雍正。将嫡福晋乌拉那拉氏册封为皇后，将年羹尧的妹妹年氏册封为贵妃，钮钴禄氏册封为熹妃，又册封了齐妃、宁嫔、懋嫔。

被册封之初，钮钴禄氏在雍正后宫的女人中位居第三，仅次于皇后和年贵妃。没过多久，熹妃就被晋封为熹贵妃。

雍正三年十一月，因为康熙帝驾崩三年，雍正需到康熙陵祭拜。年贵妃在早年生孩子的时候，留下了许多病根，于是这次没有能随行，在遵化（康熙陵所在地）的雍正，对年贵妃甚是想念，将她特封为皇贵妃。随后，病重的年贵妃病逝。

在所有清朝的帝王中，雍正是后妃数量少的一个，在所有的嫔以上的后妃中，除了生育了雍正最小儿子的谦妃刘氏，其余的都是在雍亲王府时候的旧人。年贵妃病逝后，钮钴禄氏的地位更高了一步，成了宫里地位仅次于皇后的妃子。雍正九年，皇后乌拉那拉氏也病逝了。乌拉那拉氏为人温和恭敬，在府邸和宫中生活了近四十年，却没有发生过任何大事。经历了夺嫡的大风大浪，却得到了善终，实属不易。

乌拉那拉氏病逝后，钮钴禄氏成为雍正后宫中地位最高的一个。在皇后病逝后，也没有再立皇后，只是命令钮钴禄氏代理六宫之事。钮钴禄氏成了后宫中最尊贵的女人。她用无数个平凡的日日夜夜，换来了自己想要的生活。

雍正在位的这些年，一直励精图治，在政事上勤勤恳恳，为盛世打下了一个坚实的基础。

雍正十三年，雍正帝驾崩，葬于清西陵之泰陵，庙号世宗，谥号敬天昌运建中表正文武英明宽仁信毅睿圣大孝至诚宪皇帝。在雍正登基之初，已经将弘历秘密立为太子，雍正驾崩之后，弘历登基，改年号为乾隆。弘历登基后，将生母钮钴禄氏册封为皇太后，移居慈宁宫，其外祖父凌柱也被追封为一等承恩公。

◆ 母凭子贵

康熙皇帝十分看重的是孝道，他对孝庄太皇太后一直十分孝顺，经常端茶送水，嘘寒问暖。他在教育儿子孙子之时，也十分注重孝道。将弘历带入宫中抚养时，他对弘历不仅有学问上的要求，也有道德上的要求，最重要的是，他将注重孝道这个优点传给了弘历。

钮钴禄氏出生在康熙朝，享受着父亲带来的幸福；成长在雍正朝，享受着雍正带来的幸福；在乾隆朝享受着儿子带来的幸福，康熙称钮钴禄氏为“有福之人”，果然没有说错。

乾隆是个十分孝顺的儿子，根据《清史稿·后妃传》中的记载：“高宗即位，以世宗遗命，尊为皇太后，居慈宁宫。高宗事太后孝，以天下养，惟亦兢兢守家法，重国体。太后偶言顺天府东有废寺当重修，上从之。即召宫监，谕：‘汝等尝侍圣祖，几曾见昭圣太后当日令圣祖修盖庙宇？嗣后当奏止！’宫监引悟真庵尼入内，导太后弟入苍震门谢恩，上屡诫之。”乾隆继位后，对钮钴禄氏十分孝顺，让天下的人都把钮钴禄氏当成母亲一般对待，自己也十分守规矩，对于钮钴禄氏所提出的事情，都十分重视。在一次的闲谈中，钮钴禄氏提到顺天府的东面有废弃的寺庙，应当重新修整，乾隆听说后，就派人将寺庙进行了修整，可见对于自己母亲的话，乾隆是十分重视的。

除此之外，乾隆每次巡幸各地，都带着皇太后一起。古代的女人一般没有出门的机会，更别说是横穿半个中国，见识更多的风景。于是乾隆皇帝一生中六下江南，其中三次都是带着皇太后（最后两次巡幸江南时，钮钴禄氏已经逝世），乾隆皇帝每次下江南都开支巨大，浩浩荡荡的队伍有一千多人，带着太后并不是一件方便的事情，但是乾隆却带着钮钴禄氏，去山东拜谒孔庙登泰山之时，也带着皇太后一起。

满族人有信教的传统，钮钴禄氏在平淡的生活中，在雍正的影响下，渐渐也信奉喇嘛教。五台山是佛教圣地，每次乾隆巡幸五台山之时，都将信奉佛教的钮钴禄氏带在身边。

《清史稿》中还记载道："乾隆十六年，六十寿；二十六年，七十寿；三十六年,八十寿:庆典以次加隆。先期,日进寿礼九九。先以上亲制诗文、书画，次则如意、佛像、冠服、簪饰、金玉、犀象、玛瑙、水晶、玻璃、珐琅、彝鼎、瓷器、书画、绮绣、币帛、花果，诸外国珍品，靡不具备。"钮钴禄氏得亨高寿，在乾隆登基后直到逝世的四十二年的时间里，一共过了三次寿，分别是六十大寿、七十大寿和八十大寿。庆典一次比一次隆重，为了表达自已的重视，乾隆通常会自已为钮钴禄氏写祝寿诗，做书画，或者送一些珍贵的礼物。

在春秋时期，有一个叫老莱子的人，对父母十分孝顺，七十多岁的时候，为了逗父母开心，还常常穿着彩色的衣服，做一些滑稽的表情、夸张的动作来引父母发笑，后来就有了"彩衣娱亲"这个成语。在钮钴禄氏八十岁寿辰时，乾隆也已经是个六十多岁的老头了，但是为了让钮钴禄氏开心，还常常穿着奇装异服，在钮钴禄氏身边逗趣。

乾隆的孝心，感动了当时很多的百姓，为整个清朝做出了一个榜样。

乾隆四十二年，已经有八十五岁高龄的钮钴禄氏，在圆明园过冬时偶感风寒。对于老人来说，一次小小的风寒，也许会夺去生命。因此乾隆立即从繁亢的政务中抽出身来直奔圆明园看望钮钴禄氏。但是年老体衰的钮钴禄氏没能撑过这一次病，于乾隆四十二年的正月二十五日，在圆明园逝世。

已经六十多岁的乾隆皇帝嚎啕大哭，悲伤的情绪无法抑制。在钮钴禄氏去世后的第二天，乾隆追封她为"孝圣宪皇后"。在故宫博物馆内，藏有一个乾隆为钮钴禄氏所建造的“金发塔”，塔由下盘、塔斗、塔肚、塔颈、塔伞及日月六个部分组成，是乾隆在钮钴禄氏逝世一个月后，建造起来存放钮钴禄氏生前掉下的头发的。这个金发塔共用了三千多两黄金，设计的样式是由乾隆亲自决定的。

钮钴禄氏在乾隆朝四十二年，见证了清朝最辉煌的时代，是整个清朝最长寿的皇太后。她所在这几十年里，还是蒸蒸日上的王朝，在她死后，晚年的乾隆朝因为过度奢华而已经渐渐呈现衰败的趋势，走了下坡路。

在钮钴禄氏流传下来的画像中，我们可以看到这样一个形象：一个瘦瘦的女人，表情看起来十分温和，带有一种想让人亲近的亲和感，眉宇之间一派安详，仿佛世界上所有的烦心事都离她很远很远。这样漫长的一生，需要很平和的心态，在即使平淡到无味的生活中，也不放弃对生活的希望，努力延长生命以体会世间更多的精彩。

也许在别人的眼里，平平淡淡的人生没有轰轰烈烈的人生来得值得，平平淡淡的人生，不过是在漫长的平凡中消耗生命，但是只要耐得住生活的寂寞，命运就一定会给予回报。

卷九 香妃：老去的传说

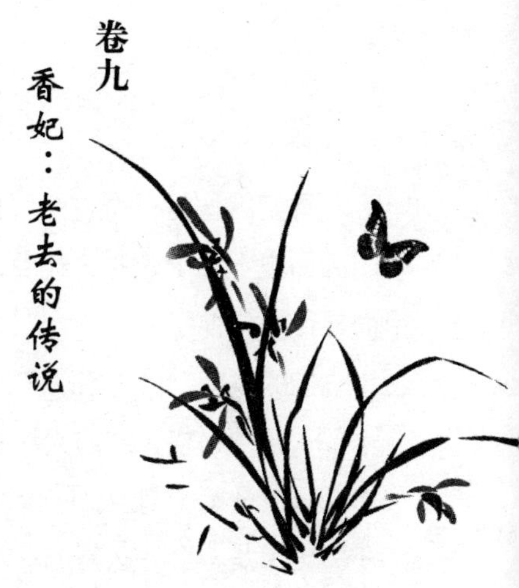

清东陵中出土的香妃的花白发辫击碎了很多的幻想，传说中的香妃，该是一个来自异域的不老的神话。但是人们忘了，无论传说再如何美丽动人，现实中的香妃，也是一个会愁会怨、会喜会嗔的普通女子。

关联人物：乾隆、孝圣宪皇后。

◆ 玉容未近，芳香袭人

时间可以消磨一切，也可以成就一切。在时间的凝视中，一切原本平常的事情，也会变得神秘起来。时间让一切都消隐在历史中，让一切都变得遥远。因为遥远，人们只能在那模糊不清的轮廓中，寻找那些让他们好奇的东西。

香妃就像是一个谜一样的存在。她的出身，她的画像，她的墓地，因为历史上关于她的记载少之又少，于是她的这些存在都因为众说纷纭而显得十分神秘。

她的故事，自清朝以来，一直在被人们反复传唱。上个世纪的末尾，一部《还珠格格》红遍大江南北，剧中那个来自新疆，体有异香可以吸引蝴蝶的香妃（剧中名叫含香），更是成了家喻户晓的人物。那么究竟她在历史上是一个什么样的存在？为什么过去了这么多年，还是有人对她的传说津津乐道？

自清朝建立以来，后宫之中的女人多得不可计数。为什么香妃会是其中特殊的那一个？清朝时期，香妃作为一个普通的后宫女人，只是默默无名，清朝灭亡之后，香妃的各种传说才在各处兴起。被写进戏剧，被写进演义，被编成电视剧，很多不了解历史的人，也对这个名字十分熟悉。

在1914年，故宫陈列所从沈阳故宫和承德避暑山庄调来一批文物，准备在北京举办展览。在这些文物里面，有一幅年轻女子的戎妆像。这幅年轻女子的戎装像因为有如下的记载而变得特殊起来：“香妃者，回部王妃也。美姿色，生而体有异香，不假熏沐，国人号之曰香妃。”短短几句话，就让一个香妃的形象跃然纸上，也让这个本来不为人知的后妃名声大振。

根据记载，香妃在乾隆时期并不叫香妃，而是容妃。香妃是后人根据记载中的“体有异香”而给予香妃的一个美称。历史上的香妃是否真的是“体有异香”已经无从考证，不过可以知道的是，在乾隆帝的四十多位后妃中，的确有一位来自新疆的维吾尔族妃子，那就是容妃。

香妃于雍正十二年出生在新疆和卓族的一个大家庭里。香妃成长的那几年，正值准噶尔内部分裂的势力大涨。准噶尔的叛乱问题从康熙朝就已经开始，康熙皇帝甚至还为了准噶尔分裂问题亲自去平定叛乱。但是叛乱还没有来得及彻底平定，康熙帝就驾崩了。于是他制定的政策，由雍正帝和乾隆帝继续贯彻。

这一在历史上鼎鼎有名的准噶尔叛乱事件，给香妃这个传奇女子也带去了巨大的影响，改变了她的一生。

乾隆二十五年，在平定准噶尔中助战有功的图尔都等五户及霍集斯等三户南疆维吾尔上层人士接到乾隆帝的旨意陆续来到北京，拜见乾隆皇帝。就是在这一年，香妃第一次来到北京城，这一年香妃二十七岁。

清朝时期，女子一般到十五岁就已经出嫁了。晚一些的留到十七岁左右，到了二十岁还没有嫁出去的十分少见。因此，人们纷纷猜测，当时二十七岁的香妃，可能是再嫁之身。

香妃在回族部落时，属于贵族，而且容貌出众，应该是很多人爱慕的对象，求娶之人不在少数，却以这么大的年龄入宫，不得不说有很大的想象空间。不过当时关于香妃的记载非常之少，她在之前是否已经嫁过人，嫁给了谁，又为什么改嫁这些问题都已经无从得知。历史上已经不能找到这个神秘的女人在进宫之前的诸多事迹，所以关于她在来北京之前的生活，几乎是一片空白。

香妃入宫，是在封建社会十分常见的政治联姻。香妃立了战功的哥哥和叔叔们被封官之后，香妃的哥哥图尔都就将香妃送进宫里伺候乾隆皇帝，以表达自己的立场和忠心。刚一进宫，香妃就被封为贵人，乾隆皇帝和太后都赏赐了很多的银子和珠宝给她和她的亲人，可见皇室对于这次的联姻，也是十分重视的。

乾隆皇帝对这个充满异域风情的女子十分喜爱。在当时美人如云的宫中，香妃的容貌仍然是十分出众的。香妃的美貌是毋庸置疑的，那么她究竟美到什么程度呢，有一些画像很能说明问题。

目前，有几幅被称为香妃的画像流传于世。

第一幅就是在1914年让香妃名声大噪的香妃戎装像。画像中的香妃穿着女式盔甲，戴着头盔，表情严肃，有一股十分英武的气势。不过这幅画像上画的人到底是谁，还是有待考证的。更广为流传的一幅画是身穿红色旗装的半身像。这幅画上面的香妃额头高挺，鹅蛋脸，樱桃嘴，穿着暗红色的旗装，仪态端庄。这幅画是最被人们承认的一幅，也是最被广为传播的一幅画。这两幅画上的香妃，在神色之间还是存在一些相似之处的。也可以看出，香妃是一个比较温柔端庄的女人。

香妃的美貌，加上她的异域风情，让乾隆很是喜欢。乾隆为刚进宫的香妃在南海南岸、瀛台的正对面建造了一座宝月楼，里面是各种各样的充满新疆风情的装饰物，让离开故土的香妃能够缓解自己的思乡之情。

乾隆在《御制宝月楼记》中有这样一段话："宝月楼者，介于瀛台南岸适中，北对迎薰亭，亭台皆胜园遗址，岁时修葺增减，无大营造。顾掖池南岸，逼近皇城，长以二百丈计，阔以四丈计，地既狭，前朝未置宫室，每临台南望，嫌其直长鲜屏蔽，则命奉宸，既景既珥，约之椓椓。鸠土戊寅之春，落成是岁之秋。楼之义无穷，而独名之曰宝月者，池与月适当其前，抑亦有乎广寒之亭也。”宝月楼是给香妃的住所，四周皆是风景秀丽的景物。

乾隆皇帝不约束香妃住在宫中，而是特别为她建造了一处金屋藏娇之所，还在附近为她建造了回教礼拜堂，周围安排了许多回民居住。宝月楼也是参照回民房屋的建筑风格来建造的，很是花了一番心血，对于香妃的喜爱之情可见一斑。

香妃是回族人，生活作风和生活习惯与中原不同。刚进宫的香妃很是不习惯宫中的食物。宝月楼建造之前，乾隆为了尊重香妃的生活习惯，在宫中给香妃特别安排了一个回民厨师，令香妃可以吃到和家乡比较相近的菜肴。也特别允许香妃可以在宫中穿维吾尔族的服装，可以不必像其他的妃嫔那样穿满人的旗装。这对香妃来说，确实是一个莫大的恩宠。

◆ 神秘的传说

进宫一年后，在太后的授意下，乾隆将本来为和贵人的香妃晋封为容嫔。过了一年，又将香妃的哥哥图尔都加封为辅国公。

乾隆三十年，乾隆开始他人生中的第四次南巡。

乾隆帝一生六次南巡，他把南巡看作是生平最重要的事情之一。为了“眺览山川之佳秀，民物之丰美”的南巡，每次都花费巨大的开支。每次南巡大概都会有一千多人随行，但是后宫佳丽能随行的在少数。第四次南巡时，正是香妃进宫后的第五年。

对于一个长年在宫中无法出去的人来说，南巡无疑是十分令人激动的。很多后宫中的妃子，在皇帝南巡之际，都会使尽各种方法争取一个伴驾的机会。原因无他，因为古代交通不便，有的人一辈子只能待在同一个地方，能够出去饱览祖国大好河山的机会十分之少，尤其是对足不出户的女人来说。

在这一点上，香妃是极其幸运的。除了随着乾隆帝第四次南巡，去了南京、苏州、杭州、海宁等地以外。后来乾隆三十六年，又随着乾隆一起东巡，去了山东拜谒孔庙，登上泰山。乾隆四十三年，香妃又随着乾隆一起拜谒了盛京。在乾隆的后妃中，香妃是少数几个能有这么多次伴驾出行机会的后妃之一。

第四次南巡回来之后，过了没有多久，也就是乾隆三十三年，在皇太后的授意下，香妃被晋升为了容妃。在清朝，妃在后宫中的地位仅次于皇后、皇贵妃、贵妃，是很多后宫中的女人努力了一生也没有到达的高度。

在之后的几十年人生里，香妃虽然没有再晋升，但是稳稳地坐在妃子的宝座上，直到成了后宫中最为尊贵的女人之一。这期间，她并没有失去乾隆皇帝的宠爱，根据历史上的记载，这几十年的时间里，乾隆一直赏赐东西给她，说明并没有将这个年华不再的异域美人遗忘。

乾隆五十三年，香妃在圆明园溘然长逝，终年五十五岁，没有给乾隆皇帝留下一儿半女。关于香妃的死，一直有许多种说法，其中最广为流传的一种是被当时的太后毒死，另一说是病死。被太后毒死这种说法在戏文和电影里最为流行。根据戏文里的说法，香妃在宫里特立独行，穿着回人的衣服，吃着回人食物，这引起了注重礼仪规矩的太后的强烈不满。又因为乾隆帝对于香妃过于喜爱，以至于冷落了宫里的其他妃嫔，也在宫里引起了不小的风波，于是太后就趁着皇帝出宫的日子，用毒药将香妃毒死了。

但是这一说法很显然是后人杜撰的。根据记载，太后对这个来自异域的女孩很是喜爱，第一次香妃被晋升为嫔就是经过太后的授意，第二次被晋升为妃也是太后建议的。何况，香妃死时，是乾隆五十三年，这个时候距离皇太后的逝世已经过去了十一年。因此，这个说法，只能认为是后人编造出来吸引人们眼球的故事，并没有历史依据。

这个带着神秘传说的女人，在后宫中平平淡淡地走完了自己的一生。没有太多的起伏，也没有太多的波澜，在《清史稿·后妃传》中，关于这个神秘的女人，只有一句话的记载:“容妃，和卓氏，回部台吉和札赉女。初入宫，号贵人。累进为妃。薨。”这句没有任何感情色彩的话，概括了一个女人的一生，将她一生的喜怒哀乐都隐去，隐在那不被人所知的历史里。

香妃死的时候五十五岁，而乾隆已经有八十岁了，面对香妃的死，历经了人世沧桑的乾隆还是抑制不住内心的情绪，哭得老泪纵横。因为香妃是回人，在她生前，自从来到京城之后，就再也没有机会回到家乡。乾隆深知香妃生前对故乡的思念，于是在香妃死后，想要将她的遗体送回喀什。

但是按照清朝的规定，后宫妃子死后，不能送回家乡安葬，只能安葬在皇家陵园中。乾隆帝陷入了两难之中。忽然有一天，乾隆帝茅塞顿开，想到一个两全的方法。

他命令当时国内最优秀的雕刻工匠，仿照香妃生前的体型相貌加工了一个与真香妃一模一样的“香妃”。全身裹以白布，只留出面部以便香妃家人吊唁。这居然蒙过了一大家族人。此时被册封为辅国公的香妃的哥哥已去世，乾隆便传旨将其兄妹俩一真一假的遗体同时迁葬喀什，由香妃的家人护送灵柩回新疆。所以在现在的新疆喀什，还保留有香妃的墓地。

香妃的一生，虽然幸福，却也有不被人们所了解的烦恼。在乾隆帝的后宫中，有过五个皇贵妃，五个贵妃，六个妃子，嫔、贵人以及其他等级不高的女子更是数不胜数，虽然乾隆帝对香妃有所偏爱，但香妃也必须得和这么多女子共享一个丈夫。在大多数的日子里，还是需要一个人来面对着深宫中的寂寞，比其他人更难熬的是，香妃在宫中，还需要忍受思乡之情。

但是日子是自己过的，究竟是痛苦多于幸福，还是幸福大于痛苦，也只有死去的香妃自己知道了。

卷十　慈安太后：大音希声

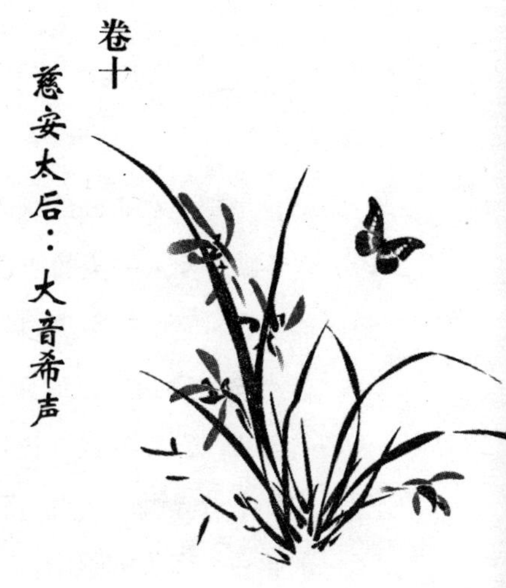

并不是所有的女人，都有能力拒绝诱惑力很大的东西，也并不是所有的女人，都有胸襟去容纳比欲望更重要的东西。在那些沉默的不被历史所铭记的岁月里，有太多太多值得学习的东西。如何在乱世中活得更好更幸福，是一门很深的学问，有的人一生都没有能够学到。每个人的一生都是一个传奇，而慈安的传奇在于，如何在被比较、被掩盖的人生中，安然自处，在经受岁月的洗礼后散发出更大的光芒。

关联人物：咸丰、慈禧、同治、光绪、阿鲁特氏等。

◆ 默默无闻的前半生

在很多人的眼中，站在历史前面的女人并不是最厉害的，而最有大智慧的，是那些在幕后的女人。这些女人，并不缺少男人有的智慧与手段，也不缺少女人的美丽与心机，却甘心在背后默默地支持着幕前的人，这是需要一种宽阔的胸襟的。

在人的生命当中，放弃具有诱惑力的东西，是需要很大的勇气的。外表看着忠厚沉默的人，也许在他的心中充满一个不为人知的强大的世界，在那个世界里，权力、欲望、金钱都不能让他的信念产生动摇。

因此在很多人的眼中，晚清几十年中，最厉害的女人并非是手段严厉的慈禧，而是始终在慈禧身后，被大多数历史忽视的慈安太后。那个默默无闻的身影，和慈禧比起来，从来没有被很多人记住，甚至很少有人知道她的存在。慈安这个名字，似乎已经快要从历史中渐渐淡去。

慈安姓钮钴禄，是满族的镶黄旗人。父亲是广西右江道三等承恩公穆扬阿。钮钴禄氏于道光十七年出生在广西，在广西出生的她，于选秀前回到京城。

在咸丰还是皇子时，钮钴禄氏就进入了咸丰的府邸。在咸丰登基后，于咸丰二年被封为贞嫔，同年五月，又被册封为皇贵妃，十月，又被册封为皇后。在整个清朝的历史上，钮钴禄氏这样的晋封速度是前所未有的。并且，在咸丰帝的一生中，钮钴禄氏一直安稳地坐在宝座之上，得到了风流多情的咸丰帝从始至终的尊敬和爱。

正史中并没有关于钮钴禄氏的容貌记载，但是，在流传下来的慈安太后的画像中，我们可以看到，慈安的容貌，处处充满着柔和，嘴角带着的一抹淡淡的笑，让她看起来并不像是属于乱世中的人，而是出在一个没有烦恼的世界里，任何烦心的事情都不能打扰到她内心的世界。

所谓相由心生，慈安安静的样子，正是她内心世界的一个很好的反映。在利欲熏心的宫中，这样的心态是十分少见的存在。所以人们不难想象，慈安太后钮钴禄氏，在后宫中那么多年，虽然从来不是最得宠的那个，但是咸丰帝却也从来没有冷落她。

咸丰十年，八国联军攻入北京，咸丰带着钮钴禄氏和其他后妃一起逃到了热河。在热河时期的咸丰，身体变得越来越差，又因为内忧外患的国家情况，在心里也总是感到憋屈，那种眼睁睁看着国家沦陷的感觉，没有人能和一个帝王感同身受。在热河时期，最受宠的懿贵妃和丽妃总是争风吃醋，让夹在中间的咸丰帝时常感到心累，那无休止的勾心斗角，让他在厌烦之外，还有深深的疲倦。然而这个时候，也幸好有温厚善解人意的钮钴禄氏陪在身边，咸丰帝的憋闷的心情才可以得到缓解。

然而慈安的温柔和体贴，并不能挽救咸丰帝的命运。身体虚弱的咸丰帝，在经历了漫长的痛苦之后，于咸丰十一年病逝在热河的行宫。咸丰帝病逝后，谥号为协天翊运执中垂谟懋德振武圣孝渊恭端仁宽敏显皇帝，庙号文宗，他和慈禧所生的儿子载淳被立为皇帝。载淳登基后，将皇后钮钴禄氏尊为母后皇太后，上徽号曰慈安皇太后，又称东太后；慈禧被尊为圣母皇太后，上徽号曰慈禧皇太后，又称西太后。两宫并称，地位相等。

在咸丰帝病逝前，慈禧一直帮着咸丰处理朝政，在这期间，她将自己对权力的欲望，毫不掩饰地表达了出来，因而咸丰帝一直对慈禧十分忌惮，他看清了慈禧的野心，对于未来权力的归属十分担心。后宫干政，是很多朝代衰败乃至毁灭的原因。相比于心机重有手段的慈禧，咸丰对于一直与世无争的慈安更加信任。于是咸丰帝死之前安排了八位辅佐大臣，还安排两宫皇太后互相制约的场面。但是咸丰帝没有想到，他的这一决定，也造成了一场政治上的腥风血雨——那就是后来被史家反复提及的“辛酉政变”。

◆ 辛酉政变

辛酉政变又被称为北京政变，是慈安太后人生中的一个重大转折点。

咸丰帝临死前，因为害怕将来出现后宫干政的现象，也为了权力的制衡，下了一道遗旨，将怡亲王载垣、郑亲王端华、大学士肃顺、驸马景寿，还有原来的五个军机大臣中的穆荫、匡源、杜翰、焦佑瀛八人封为“赞襄政务大臣”，辅佐年幼的载淳，制约两宫太后。

而为了防止出现大臣独揽大权的现象，又将自己刻有“御赏”和“同道堂”的两枚御印，分别赐给了慈安和慈禧，并下令所有的圣旨中都必须印有这两枚御印。咸丰的目的，是不想让其中任何一方的权力过大，从而形成专制的局面。

从表面上看起来，咸丰帝死前留下的这一旨意，使八大臣和两宫太后的权力相当。但是实际上并非如此。权力实在是一个巨大的诱惑，面对这样的诱惑，不管是八大臣还是慈禧，都无法安于相互制衡的现状。尤其是慈禧，她为了权力做了太多的准备，她心中所想的，并不是这样的尴尬局面，而是想让权力掌握在自己的手中。

咸丰帝病逝后，所有的后妃和大臣都还留在热河，而在热河行宫中，到处都是八大臣的势力，八大臣完全不将两宫太后放在眼里，两宫太后的行动处处受到限制。这对于想独揽大权的慈禧来说，是十分不能接受的。

慈禧刚当上太后，就迫不及待地想要将权力握到手中，慈禧想到了“垂帘听政”。但是，在清朝入关以来，并没有出现过太后垂帘的现象，即使是清初时期的孝庄太后，辅佐年幼的皇帝时，也没有垂帘过。慈禧虽然想要垂帘听政，但是这件事情，必须不能是自己提出来，而需要借助他人的力量，达到一种名正言顺的效果。在热河的慈禧势单力薄，一切的计划都没有施展的空间。一个人的力量实在是太弱小，若是没有帮手，那么很难和力量强大的八大臣对抗。

八大臣在热河权势滔天，完全不将两宫太后放在眼里，这让一向心平气和的慈安太后也十分不满。于是两宫太后在这件事关自身利益的事情上，达成了共识。两人在商讨之后，商定了一条计谋，那就是联合在京城中的恭亲王奕䜣。在热河行宫，慈禧受到了八大臣严密的监视，没有办法直接和远在京城的恭亲王取得联系。在这样危难的情况下，慈禧发挥了自己的聪明才智，用苦肉计将自己的心腹送到了北京，秘密联系恭亲王奕䜣。

不久之后，得到了慈禧秘信的奕䜣，将自己打扮成萨满，秘密到热河行宫同两宫太后见面。这一次见面，虽然没有持续多长时间，却是一次十分宝贵的机会，成为三个人人生中最重要的转折点。两宫太后和奕䜣在很多方面都达成了共识。随后，奕䜣回到了北京，为即将到来的风暴做好部署。

在咸丰帝驾崩一个月后，八大臣和两宫太后决定将咸丰帝的灵柩送回北京安葬。两宫太后和刚登基不久的同治皇帝只陪了灵驾一天，就以皇帝年龄小、两宫太后为年轻妇道人家为借口，从小道赶回北京。比灵柩到达北京早了四天。

回到北京后的两宫太后，立刻召见了恭亲王奕䜣，并在第二天发动了政变。陈述了八大臣的种种罪状，并将八大臣的大部分权力都夺回了手中。八大臣之首的肃顺，被斩首于菜市口，肃顺的死，意味着曾经权势滔天的八大臣集团的垮台。

同治元年，也就是在咸丰帝逝世后三个月，慈安皇太后、慈禧皇太后在养心殿垂帘听政。垂帘听政的地方设在大内养心殿东间。至此，辛酉政变以两宫太后和恭亲王奕䜣的获胜而告终。这是一场贵族之间因为权力而进行的厮杀，取得胜利的人，获得了在今后几十年中的统治权，而失败者，不是走上了死路，就是成了阶下囚。成王败寇，是谁也无法改变的历史规律。

大清朝揭开了由两个女人当权的时代。

◆ 两个女人

虽然有着两宫太后，但是历史上，却总是只看到慈禧的身影。慈禧的光芒太过于强大，以至于人们总是忽视了那个没有太多政治才能，也没有太多野心和欲望的慈安太后。很多人认为慈安太后在政治方面完全没有作用，在她垂帘期间，没有做过几件可以被历史铭记的大事，没有建树，却也不会遭人唾弃。

慈安没有慈禧那样的政治才能，但是在整个统治时期发挥的作用，却是谁也不能否认的。根据历史的记载，日常的朝政，都是由两宫太后一起处理的。在处理朝政方面，慈安“优于德”，慈禧“优于才”。两个人互相弥补，互相制衡，在慈安的心中，慈禧是同治皇帝的生母，因而遇到事情也就主动让给慈禧处理；在慈禧的心中，从咸丰时代开始，慈安的身份就一直高于自己，多年的习惯让她不会在慈安面前过于放肆。在共同垂帘听政的初期，两宫太后相处得十分和谐融洽。

从性格上来说，慈禧是一个敏捷果断的人，在很多事情上不容许有反对的声音，永远将自己的利益放在第一位，而慈安是个性格软绵的人，对政事也毫无兴趣，不喜欢做无谓的争执，因而两个人，也就很少能产生冲突。

但这只是一开始的情况。有人将这称为两宫太后统治的第一个阶段，也就是和睦的阶段。这一阶段跨度从同治元年到同治四年。一个好的开头，并不一定会有一个好的结局。

慈禧是个对权力有着强烈占有欲的人，自从接触到权力之后，就越发对权力感到迷恋。尝到了权力带来的荣耀，就不再想把手中的权力交给别人，也不希望别人来染指她手中的权力。在同治四年，也就是1865年，慈禧罢免了曾经的盟友恭亲王奕䜣的一切职务，将恭亲王手中的权力收回，让他彻底变成了一个闲散王爷。自此，慈禧、慈安、恭亲王三方制衡的局面被打破，慈禧和慈安站到了一个对立的立场。两宫太后开始渐渐产生了矛盾，一向被认为没有能力的慈安，做了两件让慈禧耿耿于怀的事情。

首先，是慈安杀死了慈禧的宠臣安德海。

安德海原先是咸丰帝身边的太监，在咸丰帝死后，由于他办事机敏，也懂得察言观色，很快成为慈禧的心腹太监。成为慈禧的心腹之后，安德海为慈禧做了很多重要的事情，也在慈禧做决定的时候为她出谋划策，参与政治。在辛酉政变中，安德海一直充当慈禧的信使往返于热河和北京之间，为辛酉政变的成果做出了巨大的贡献。因为他在辛酉政变中发挥的作用，慈禧在掌权后为了奖励他，将他提拔为总管太监。成为总管太监后的安德海，仗着自己所立下的功劳，不仅打压恭亲王，还挑拨两宫太后之间的关系，在宫里树了很多敌人。同治帝和慈安太后对他都很是不喜。

同治八年七月，安德海奉了慈禧的命令，到南方采办服饰。按照清朝的祖制，太监不得私自离开京城。安德海的离开京城，无疑是对祖制的一种违背。并且，安德海借着慈禧的名号，一路招摇，所到必会扰民，许多官员都对他暗中表示了不满。所过顺天府衙门、直隶总督衙门，都隐忍不发。在山东时候被山东巡抚丁宝桢拿下。丁宝桢拿下了安德海之后，以太监出京违背祖制写了奏折请求处置，奏折到达宫里时，正值慈禧太后生病不能理朝，并且慈安太后又对安德海不满已久，和众大臣商议之后，得出了结论："祖制不得出都门，犯者杀无赦，当就地正法。"于是慈安表明了自己的态度，命令丁宝桢将安德海就地正法。

安德海是慈禧的心腹太监，他的死，像是卸去了慈禧的左臂右膀。并且，慈禧大丢颜面，作为心腹，在很多时候，安德海代表的就是慈禧，安德海在宫中肆无忌惮，也是因为有慈禧在背后撑腰的原因。安德海的被杀，给了慈禧很大的刺激。

慈安和慈禧，是两种完全不同的性格。在咸丰帝还在时，因为慈禧已经开始帮助咸丰帝处理一些政事，开始接触朝政，因而对于幼子载淳的关注十分少。再加上清朝有祖制规定，生母和皇子并不能经常见面，反而是当时还是皇后的慈安，给予了载淳很多关注，慈安温厚的性格，给了载淳更多母爱的感觉。

在载淳成长的人生道路中，和慈安的关系一直比和慈禧的关系要融洽。在同治帝的心中，慈安比慈禧更像是自己的母亲，在他成长的岁月里，慈安给了他更多的爱和关注。对于这一点，慈禧心中也是明白的。她选择了权力这条路，就注定要牺牲可贵的亲情。

同治登基时，因为年纪小，所以两宫太后垂帘听政。慈禧对于权力的恋栈，使得同治帝到了十五岁仍没有亲政的机会。到了同治帝十七岁，慈禧再也没有理由拖延归政的时间，于是在这一年，慈安和慈禧太后开始着手给同治筹办大婚。当时已经确定了几个皇后的人选，这几个人分别是阿鲁特氏、富察氏、赫舍里氏，这几个人不管才情和容貌，都是千里挑一的贵族女子。

在这几个人中，慈安属意阿鲁特氏，在看中女子德行的古代，阿鲁特氏是所有女子中名声最好的。而慈禧属意的是富察氏，首先是因为阿鲁特氏已经有十九岁，比同治还大两岁，两个人在年龄上并不般配，而富察氏年方十四，和十七岁的同治帝更加般配。

两宫太后在选择皇后这一事情上，出现了分歧。于是两宫太后想到让恭亲王奕䜣来为这件事做定夺。奕䜣不愿意得罪两位太后中的任意一个，于是便提出了，让皇帝自己来选择。对于这个提议，两宫太后没有提出异议，毕竟婚姻是人生大事，可以听一听同治帝本人的选择。同治帝最后选择了慈安中意的阿鲁特氏。关于同治帝为何选择了比自己大的阿鲁特氏，大部分人认为，同治帝从小和慈安的关系比较亲密，因而同治帝在这样的人生大事上，对慈安比较信赖，也不愿违背慈安的意愿。面对亲生儿子的选择，慈禧忽然觉得自己的人生十分失败。为了权力，忽视了太多的东西，连亲生儿子都和自己渐行渐远。从此以后，她见到慈安，心里都像有一个大石头，但是她的不满，不能直接对慈安表现出来，于是她就将所有的气，都出在新皇后阿鲁特氏的身上。

阿鲁特氏出生于显贵的蒙古世家，她的父亲崇绮，是清朝两百多年的统治中唯一一位蒙古族状元。阿鲁特氏出生在这样的一个贵族家庭中，从小受到了良好的教育，精通诗书，通情达理，且性格有着蒙古族人的豪爽。

同治十一年，同治帝颁布了册封皇后的上谕，并定在九月举行大婚的典礼。大婚之后的同治帝，虽然名义上得到了亲政的机会，但是在生活中还处处是慈禧的影子，受到慈禧很深的影响。阿鲁特氏从小生活在一个有教养的家庭，是个十分独立有见解的女性。对于慈禧处处干涉同治帝的行为，她感到十分不赞同。慈禧因为阿鲁特氏并不是自己喜欢的皇后人选，所以对阿鲁特氏也并非十分喜爱。夹在中间的同治帝，时常感到十分为难。

同治在历史上出现的时间并不长。十七岁亲政之后，政务上还是由慈禧在一旁干预，然而同治帝在政治上也确实辜负了朝廷上下对他的期待。同治帝是一个比他的父亲咸丰还要荒淫无度的人，他在后宫中有许多个美貌的后妃，但是这些后妃并不能满足他。根据历史记载，同治帝经常换上平民的衣服，带着两个太监去寻花问柳。时间一长，染上了重病，病倒了。太医根据症状，以前以为只是普通的小病，治疗了一段时间之后，发现病情加剧。同治十三年的十一月，他头部、脸面上都出现紫色发亮的斑块，到了这一年年底，同治因为病重逝世。

同治帝逝世时只有十九岁，他所有的后妃都没有生育，他还没有给这个世界留下一个子嗣。同治死后，日子最为难熬的莫过于皇后阿鲁特氏。阿鲁特氏自进宫以来，一直小心谨慎，懂得进退，毫无失礼的地方，但是慈禧对她，依旧是十分讨厌，经常左右为难，做什么事情都被慈禧挑出错误。人一旦有了自己的偏见，无论对方做了什么事情，都会挑出错误。更何况是慈禧这样偏执的人，她心中的想法是很难被旁人动摇的。

关于阿鲁特氏的处境，在末代皇帝溥仪的回忆录《我的前半生》中有过这样的记载："有一天皇后去看同治帝，说起慈禧太后因为一件小事而骂她，皇后说着，竟失声痛哭起来，同治听了也很是同情，就劝她暂且忍耐，将来会有出头的日子。没想到这些话被太后听见了，太后非常愤怒。冲进皇帝居住的西暖阁，一把抓住皇后的头发，举起手来就痛打，还命令太监准备棍杖，非要把皇后打死不可。"从记载中可以看出，因为一件小事，慈禧就可以让阿鲁特氏在整个皇宫都没有面子，像个下人一样被打被骂。

同治帝死后，宫里除了慈安太后，再也没有可以帮助阿鲁特氏的人了，但是慈安太后与世无争的性格，并不能帮助阿鲁特氏多少。阿鲁特氏对自己的前程感到十分绝望，同治帝没有留下子嗣，继承大统的是和同治相同辈分的载湉，阿鲁特氏以长嫂的身份居住在宫中十分尴尬，同时，慈禧的专制和暴虐又让阿鲁特氏十分难熬，于是她想到了死亡——追随死去的同治帝。

阿鲁特氏作为一个年轻的女子，脑海中对于"死"这个概念，还是有着畏惧的。在准备自杀之前，她给自己的父亲写过一封信，信中问自己这样的情况该如何处理。崇琦虽然很爱这个女儿，但是在官场中打滚多年的崇琦知道，唯有“死”才是阿鲁特氏最好的归宿。于是阿鲁特氏在自己的宫中准备吞金自杀，被宫人发现，经过抢救之后，性命被救了过来，但她还没有放弃死亡，她在被救活之后进行绝食。在同治帝死后75日，阿鲁特氏绝食自尽，年仅二十二岁。这位年轻的皇后追随了同治而去，死后被追封为孝哲嘉顺淑慎贤明宪天彰圣毅皇后。

阿鲁特氏和慈禧之间的矛盾，也加深了慈安和慈禧之间的矛盾。慈安和慈禧，虽然表面上看起来相安无事，但是实际上，在两人的关系中有暗潮汹涌。

同治帝死后，年仅四岁的载湉作为继承人被接到了宫中，也就是后来的光绪皇帝。光绪皇帝被抱进皇宫之时，还在熟睡之中，这个年幼的小男孩，并不知道在醒过来之后自己的命运会发生翻天覆地的变化。进宫之后，载湉的日子并不好过，慈禧对于这个未来要掌管国家的孩子十分严厉，常常因为行为不符合她的要求而进行责骂。年幼的载湉，在四岁之前还幸福地生活在王府当中，被接入宫之后，开始了悲剧的人生。

在慈禧的眼中，载湉只不过是她用来夺权的工具，像个任意被玩弄的木偶一样。慈禧一味地对载湉要求严格，并没有给予他男孩子在这个年纪最需要的母爱和温暖。相反是一向与世无争又温柔宽厚的慈安，成了载湉在宫中最大的安慰。慈安和慈禧不同，对于载湉并没有太多政治上的要求，只是在做人方面会对载湉进行教育。载湉在和慈禧太后关系越来越紧张的同时，和慈安太后的关系则越来越密切。

然而光绪七年，也就是 1881 年，慈安太后逝世。慈安是在宫中少数几个能给载湉温暖的人之一，她的逝世，让载湉的生活再度陷入黑暗。

◆死亡的秘密

慈安比慈禧还小两岁，且在逝世之前一直身体健康，没有传出生病的消息，突然的暴病死亡，让她的死变得疑团重重。

在光绪七年的三月初九，也就是慈安死前的一天。慈安突然感到身体不适，于是召集了太医进宫给她医治。但是当时太医诊断出来的结果，只不过是轻微的感冒，并没有其他的症状。于是第二天，慈安照例上了早朝，恢复了正常的生活，接见军机大臣时，也没有出现什么和平时不一样的地方，唯一的特殊之处就是面色一直潮红。

反倒是慈禧，在那几个月身体一直不太好，过分劳累和忧思压垮了她的身体，她夜不能寐，即使睡着了，也会出现盗汗的现象。面色蜡黄，眼窝深陷，没有精神，任何珠宝头饰都无法掩盖她的病容。对于慈禧的病，当时宫中的太医轮番进行了诊治之后，都感到束手无策，于是慈禧要在全国范围内求医。慈禧的病一直拖着得不到医治，在这一段时间里，朝廷上的事情都交给了一向不太理会政治的慈安。虽然慈禧不愿意看到权力就这样落到了别人的手中，但是身体迟迟不好起来，让慈禧束手无策。

当光绪七年三月十日深夜，宫里传出太后逝世的消息时，人们都以为是久病的慈禧太后不治身亡。而当宫里传出确切的消息说逝世的是慈安时，人们都感到难以置信。慈安只不过是在前一天患了感冒，却没有想到在一天之内就逝世了，于是朝廷上下关于慈安之死的种种猜测不胫而走。

在所有的猜测中，大概可以分为两类。一类认为慈安的死是官方所记载的“正常病死”，另外一类则认为慈安是被“慈禧毒死（逼死）”。这两种说法都有大量的支持者，那么慈安究竟是怎么死的呢？

根据《清德宗实录》记载：“（慈安）初九日偶染微疴，初十日病势陡重，延至戌时，神思渐散，遂至弥留。”也就是说，慈安确实是因为初九那日小病而引发的死亡。但是人们都知道，小小的感冒并不会让一个健康的人在二十四小时内就暴病身亡，于是对慈安的病史进行了追问，发现慈安的两次病史。这两次病史是记载在当时的礼部尚书翁同龢的日记当中，一次是同治二年十月九日，当时的慈安才二十六岁，这次的生病根据“有类肝厥，不能言语”来判断，属于中风先兆，但由于当时的症状较轻，也因为慈安的身体健康，因此很快就恢复了。另一次出现在同治八年十二月四日，当时慈安三十三岁，距离第一次记载的时间已经过去七年，再次病倒，在翁同龢的日记中把这次病记载为“厥逆”，所谓的“厥逆”是脑供血不足而再次发作，但这次由于慈安得到了及时的救治，并没有造成遗留病症。

这些记载，说明了慈安的身体并不是没有任何毛病的。从现代医学的角度来说，慈安患有比较常见的血管疾病，虽然没有造成过致命的伤害，但是在慈安的身体里也存在着潜在的危险因素。这些危险因素就像沉睡的巨龙一般，在沉睡的时候，不能对身体造成任何危险，或许它一辈子也不会从沉睡中醒过来，但是一旦这条巨龙醒来，就会对身体造成致命的伤害。所以慈安的死，或许就是这条沉睡的巨龙突然醒来所造成的。

慈安死后，慈禧立马召集大臣进宫，商量慈安的后事问题，并安排王公大臣瞻仰慈安的遗容。这些做法，都显得慈禧在这件事情上面没有一点心虚，也没有任何私心。

另外一部分人认为慈安是被慈禧毒害而死的。根据恽毓鼎的《崇陵传言录》记载，在咸丰皇帝死前的一段日子，因为当时唯一的继承人载淳的年纪尚小，载淳的生母慈禧又是一个十分有野心的女人，咸丰皇帝对于清朝的未来十分不放心。因此，他在死前留下了一份遗诏给慈安，这份遗诏让慈安监视慈禧，若是慈禧安分守己，那么这份遗诏就不必公诸于世，若是慈禧不安分守己，那么根据这份遗诏将慈禧除去。

老实宽厚的慈安，将这份遗诏的事情告诉了慈禧。慈禧感到了空前的威胁，虽然她知道咸丰帝对自己不信任，还想过要将她除去，但是对于这份遗诏的存在，她还是感到十分惶恐。慈禧用了计谋让慈安秘密地烧掉了这份遗诏，并且，慈禧对于知道这件事情的慈安，也起了杀机。

这一说法得到了很多人的支持。慈禧是个有野心有占有欲的女人，她对权力的欲望，让她绝对不会容许这样的隐患存在。要将这个隐患消除的唯一办法就是，让知道这件事情的人，在这个世界上消失。

慈安和慈禧两宫太后，并不像表面上看起来的那么和谐。在平静的外表之下，两人的关系其实十分紧张。因为慈安将安德海杀害，又在同治的婚姻大事上和慈禧站在不同立场，慈禧对慈安一直有着很深的偏见。就像一山容不下二虎，在后宫中也容不下两个地位相当的女人。有慈安的存在，慈禧做事情总是束手束脚，感到十分约束。唯有慈安死去，才能让慈禧真正地掌握这个国家的大权，成为这个国家真正的主人。慈禧的目的，从来都不是和别人共享。

在慈安死之前的一段时间里，慈禧也处于病重状态，慈禧因为无法上朝和处理政事，所有的事情都是慈安在打理。权力的旁落，像是从慈禧的身体中抽走了大部分的血液，令慈禧感到了前所未有的危机。慈禧将慈安当作是独揽大权道路上的一个重大的障碍物，只有将这个障碍物除去，权力才是真正属于她自已的。

在史书的记载中，慈禧是一个十分懂得养生之道的人。从少女时代调养身体开始，慈禧就接触了许多医学方面的知识，也精通食物相克之道，人们猜测，慈禧是在当时慈安的饮食中下了手脚，使得慈安暴病而死。

然而慈安是被毒死的这个说法，虽然被很多人所认同，但仔细推敲，仍然可以发现存在许多漏洞。首先，若是咸丰帝留下遗诏，遗诏又被慈安秘密地烧掉，那么这件事情怎么会有外人知晓。这件事情的两个当事人，一个已经死去，而另一个的声誉也和这件事情紧密地联系在一起，根本不会说出去，那么这件事情，如何会流传开来。并且，在慈安死后，慈禧下令王公大臣瞻仰慈安的遗体，若慈安是被毒死的，那么在遗体上一定可以看出蛛丝马迹。

还有一种说法，认为慈安是被慈禧逼死。《清稗类钞》记载："慈安与慈禧共同垂帘听政。慈禧权欲极重，慈安却倦怠少闻外事，并不与之争权，因此倒也相安无事。光绪七年初，慈禧患血崩剧疾，不能视事，慈安有一段时间独视朝政，致使慈禧大为不悦，'诬以贿卖嘱托，干预朝政，语颇激'，以致慈安气愤异常，又木讷不能与之辩，恼恨之下，'吞鼻烟壶自尽'。"也就是说，慈安是因为无法忍受慈禧安在她头上的莫须有的罪名，才吞鼻烟壶自尽，以示清白。这个说法，其实更加站不住脚。慈安这样与世无争的人，没有几件事情能够让她真正地往心里去，更不用说是让她生一场以生命为代价的气了。

关于慈禧和慈安两个人的关系，徐广源在《清朝十二后妃》中，有过这样的概括："第一个阶段，从咸丰二年至咸丰十一年。在这一阶段里由于两人宫中位阶差异太大，似乎无法构成恩怨。""第二个阶段，从咸丰十一年咸丰帝死至光绪七年慈安去世。在这一阶段里虽然两宫垂帘，但慈安优于德，慈禧优于才，一退一进，相得益彰，似乎也不构成对彼此的威胁。"从这个角度来说，慈禧和慈安之间相安无事，恩怨并没有大到需要用死亡来释解。

慈安的死，因而成为晚清的一桩疑案。两种说法都有自己的支持者，经过分析也都存在合理性和不合理性，其中任何一种都不能轻易地被否定。人们只能根据留存下来的资料，来做出最贴近真相的猜测。

◆历史的尘埃

在《清史稿》中，关于慈安太后的记载仅仅有几句话：

> 孝贞显皇后，钮祜禄氏，广西右江道穆扬阿女。事文宗潜邸。咸丰二年，封贞嫔，进贞贵妃。立为皇后。十年，从幸热河。十一年七月，文宗崩，穆宗即位，尊为皇太后。是时，孝钦、孝贞两宫并尊,诏旨称‘母后皇太后’、‘圣母皇太后’以别之。十一月乙酉朔，上奉两太后御养心殿，垂帘听政。同治八年，内监安德海出京，山东巡抚丁宝桢以闻，太后立命诛之。十二年，归政于穆宗。十三年，穆宗崩，德宗即位，复听政。光绪七年三月壬申，崩，年四十五，葬定陵东普祥峪，曰定东陵。初尊为皇太后，上徽号。国有庆，累加上，曰慈安端康裕庆昭和庄敬皇太后。及崩，上谥。宣统加谥，曰孝贞慈安裕庆和敬诚靖仪天祚圣显皇后。

这短短的几句话，将慈安人生中发生的几件大事都概括在其中。和慈禧相比，历史给她的关注实在是太少太少。

在后世的小说、演义、影视作品中，慈安的形象也被一而再地淡化，她成了慈禧身边毫无存在感的一个女人，而不是那个和慈禧地位相等的东太后。那个在各种作品中可有可无的形象，其实是对慈安的一个误读。

她并不是人们所以为的，是慈禧垂帘听政的工具，在政治的道路上处处被慈禧所利用,显得可怜又可悲。那并不是真正的慈安,真正的慈安，是一个拥有大智慧的女人，她的智慧，埋藏在她日常生活中最常见的沉默当中，那些不言不语，并不意味着她不理解这个世界，而只是她不愿意面对这个世界。

慈安进宫最初，以难以想象的速度从一个嫔，登上了皇后的宝座，从那以后，开始统领咸丰帝的后宫。后宫是属于女人的最残酷的战场，在这个没有硝烟的战场中，不知道牺牲了多少女人和埋葬了多少人的青春。能在后宫中生存的女人，都是在某些方面有着过人之处。要管理这样一群女人并不是一件易事。从古至今，很多皇后都摆脱不了被废黜的命运，能够善始善终的实在是少之又少，而慈安能够在这群女人中脱颖而出成为皇后，又能够在这个位置上待到生命的尽头，是十分不容易的事情。

咸丰帝是一个风流多情的皇帝，他的目光不会在同一个女人身上停留太久。慈禧年轻的时候，费尽心思，也没能让咸丰帝专注她一个人。慈安虽然没有得到过咸丰帝轰轰烈烈的爱情，但是在咸丰帝的有生之年，一直对慈安十分重视，在很多事情上，常常只能听进去慈安一个人的劝告。连锋芒毕露的慈禧，也和慈安相处得十分融洽，两个人相安无事地度过了咸丰时期。

慈安对权力并不热衷，做皇后时就一直做好自己的本分，做好母仪天下的表率，从来没有出现逾矩的事情。在咸丰帝死前，为年幼的同治帝安排了辅佐的八大臣和两个太后，这就让一直不想参与政治的慈安卷入了政治当中。八大臣对权力的把持，严重威胁到了两宫太后的地位，这迫使慈安不得不和慈禧站成一条战线来对付他们。两宫太后和恭亲王奕䜣所在的阵营很快取得了胜利。这次的胜利，直接导致了两宫太后垂帘听政的结果，也让一直超脱娴静的慈安，走到了政治的最前端。

名义上是两宫太后的垂帘听政，但是因为两个太后性格差异的原因，慈禧一直比慈安更加活跃，慈安就放手，将处理政事的机会都给了慈禧。一强一弱，一刚一柔，两宫太后的第一次垂帘听政期间，两人配合得十分完美。

慈安在政事上甩手给慈禧，但是在培养同治帝方面，却比慈禧这个亲生母亲要好很多。慈安因为自己没有儿子，因而对同治帝载淳十分喜爱，对他关心呵护得无微不至，比慈禧更加尽心尽力。载淳对于慈安这个没有血缘关系的母亲，比对自己的亲生母亲慈禧更加尊重，更加孝顺。根据记载，咸丰帝刚逝世时，在热河的太后和皇帝三人，处在八大臣的严密控制之下，八大臣因为手握重权，对太后和小皇帝十分不尊敬，常常和两个太后发生争执，常常把年幼的载淳吓哭，而被吓哭了的载淳，通常会躲到慈安的怀里去。

人在危机的时刻，能做出最回归本质的决定。受到了八大臣的惊吓的同治帝载淳，本能上已经将慈安当作他真正意义上的母亲。慈安比慈禧更注重德行，这是朝廷上下都认可的事情。光绪七年，慈安猝死，在朝廷上引起了轩然大波。她的死，对晚清的走向发生了重大的影响。慈禧大权在握，将整个清朝的命运都紧紧地握在了手中。没有慈安的约束，慈禧做起事情来更加肆无忌惮，按照自己的意愿将这个衰败中的国家任意拿捏。

很多人认为慈安生前，并没有多大的政治才能，也没有做过几件有意义的事情，但是她的存在，是权力制衡的一个关键所在。

慈安的一生，可以用“大音希声”来概括。大音希声，出自老子的《道德经》：“大方无隅，大器晚成。大音希声，大象无形。”王弼对这段话做了一个注解：“听之不闻名曰希，不可得闻之音也。有声则有分，有分则不宫而商矣。分则不能统众，故有声者非大音也。”也就是说，世界上最大最美的声音乃是无声之音。虽然慈安一直躲在慈禧的背后默默无闻，也没有做出什么让历史铭记的事情，但是她的美，就在于沉默不言，在于她的默默无闻。若没有她，历史将会是另外一个非常不同的样子。

她从艰难的后宫斗争中走了出来，却不急于走到前面，而是甘愿站在别人的身后，站在慈禧的光芒下。她有一个强大的内心世界，知道这个世界上，还有比权力更重要的东西。那些东西，在乱世中其实很难做到，但只要自己坚持，依旧能够看到美好的希望和未来。

在慈安太后的身上，我们可以学到太多的生存哲学。在物质欲望越来越强大的今天，慈安身上那种淡泊的气息，正是现代人越来越缺少的。

卷十一 西太后慈禧：红妆照汗青

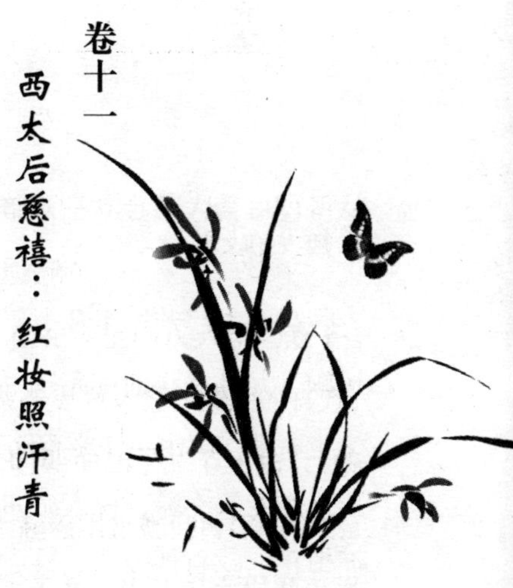

慈禧太后的名字几乎贯穿了整个清朝后期，她以一个女人的身份，在晚清的政坛中掀起了一阵腥风血雨，为了自己的利益，她给晚清带来了太多的灾难。现在已经很难说清，是历史推动了慈禧太后的脚步，还是慈禧太后推动了历史的进程。但无可否认的是，慈禧太后的名字，是和整个清朝紧紧联系在一起的。无论是谁写就的历史，慈禧都是上面浓墨重彩的一笔，无法被抹去。

关联人物：咸丰帝、同治帝、光绪帝、恭亲王奕䜣、慈安、珍妃等。

◆ 接触政治

慈禧太后若早生几十年，凭借她的聪明才智，大抵能在盛世中一帆风顺，儿孙绕膝地过完一生。然而偏偏成长在最乱的时期，这短暂的一生也就被涂抹上了不幸福的色彩。

她专权弄爵，视人命如草芥，唯有在自己的利益面前，才显得专注而慎重。这样的女人，注定不会被很多人喜欢，也不会被很多人明白。她晚年回忆生活的时候，也许也有过后悔，有过反思，会想起年幼时候无忧无虑的时光。也许她也只是想做一个躲在男人背后的女人，也埋怨过命运，将她推到风口浪尖的位置。

然而，历史早就被写就了。她一生的传奇，或许早已经在那个选秀时抬头的瞬间被注定了。

清朝时期，皇宫每隔三年就会从八旗女子中挑选出一批十三岁到十六岁的女子，这些女子或成为嫔妃留在宫中，或被指婚给宗室王公大臣子弟。选秀分为初选和复选，通过初选的女子，会被记下名字，在指定的日子参加复选。只有通过复选，才能进入宫中，或者被指婚给皇子、亲王、郡王等宗室子弟。选秀对于女人来说，并不公平。很多在初选中被淘汰下来的女子，回到家中后重新议亲时也会遇到种种的阻碍，而那些被选上的，也并不一定是幸运的，谁也不知道，在路的尽头等待着你的是什么，也许是一个病入膏肓的王公，也许是一个行将就木的老头，更多的则是漫长无止境的寂寞岁月。

咸丰帝初登基，后宫乏人，为了填充后宫在咸丰元年举行了选秀。慈禧姓那拉氏，在载淳继位后，才被尊为慈禧太后。那拉氏，也就是叶赫那拉氏，早在努尔哈赤建立后金政权时，曾和叶赫那拉的祖先叶赫部结下了不小的仇怨，因此两姓之间，总是充满了一股火药味。民间曾经流传着这样的说法，叶赫那拉氏的后代，将不会被挑选到后宫之中。正因为叶赫那拉和皇室之间有着这样的渊源，才有了后来史学家对慈禧真实身份的怀疑。

从慈禧现在留存下来的照片看，有人指出慈禧是小脚，也就是说，慈禧应该是汉人的女子。因为在清朝时，几乎所有汉族的女人从小要裹脚，到成年的时候，脚都非常小，也就是人们通常说的“三寸金莲”。而满族姑娘，因为风气的原因，就全部是天足，所以脚也比较大。因而有人从慈禧的照片中得出了慈禧是汉人的结论。但是，这一说法，基本是站不住脚的。因为清朝时期，无论是选秀还是其他方面，都十分注重祖上留下的规矩和传统。

从清朝入关以来，就有“汉不选妃”“满不点元”的传统，也就是说，汉人的女子不能被选为妃子，而科举中的状元、榜眼、探花，却只能在汉族人中选出。清朝的统治者一直对汉人的女子不甚喜欢，甚至在顺治初期，还在宫里大门上写过“有以缠足妇女进宫者斩”，也就是说，不允许汉人的女子进入宫廷。到了清朝晚期，汉人女子虽然可以进入宫廷，但是“汉不选妃”的规定，还是存在的。如果慈禧是汉族人，那么她就不可能通过选秀而进入宫中。因此,也就可以肯定,慈禧的身份是在旗的。

慈禧那拉氏的出身并不高。关于她的出身，民间有着好几个不同版本的说法，在恽毓鼎所撰写的《崇陵传信录》中，对于慈禧的出身做了这样的记载：

> 孝钦(也就是慈禧太后)父任江南副将,卒于官,姊妹归丧,贫甚,几不能办装。舟过清江浦，时吴勤惠公棠宰清江，适有故人官副将者,丧舟亦舣河畔,棠致赙三百两,将命者误送孝钦舟。复命,棠怒,欲返璧。一幕客曰:“闻舟中为满洲闺秀,入京选秀女,安知非贵人?姑结好焉，于公或有利。”棠从之，且登舟行吊。孝钦感之甚，以名刺置奁具中，语妹曰：“吾姐妹他日若得志，无忘此令也。”

根据这个记载，慈禧的父亲时任江南的副官，在任上逝世后，慈禧姐妹两个扶棺回乡。当时的慈禧家中十分贫寒，父亲没有给两个女儿留下银两。慈禧姐妹在路上时，身上的钱几乎用尽。到了清江的码头，当时吴棠是清江的县令，恰逢吴棠有个故交逝世，也将丧舟停在河边。于是吴棠命令手下去给故交送银两，手下的人弄错了，将银两送到了慈禧所在的船上。一开始吴棠十分愤怒，要将银两要回。但是当时吴棠的一个幕僚对吴棠说：“船上坐着的是满洲的秀女，进京去参加选秀，你怎么知道这个姑娘以后不会富贵？与她结交说不定对你有好处。”吴棠听从了幕僚的建议，并且还去慈禧的船上行吊。慈禧非常感动，将吴棠的名片随身携带。

到了京中之后，两姐妹果然变得富贵，在慈禧掌握大权之后，对吴棠一路提拔，让他官至总督。

这个说法在民间十分流行，各种版本都被描述得有声有色。在影视剧中也有对这个版本的描述。但是,正史中并没有这样的记载。根据《清史稿》记载：

> 孝钦显皇后，叶赫那拉氏，安徽徽宁池广太道惠徵女。咸丰元年,后被选入宫,号懿贵人。四年,封懿嫔。六年三月庚辰,穆宗生,进懿妃。七年，进懿贵妃。十年，从幸热河。十一年七月，文宗崩，穆宗即位，与孝贞皇后并尊为皇太后。

这个记载更得史家的认可。慈禧的父亲惠徵，一直做着不大不小的官,在慈禧选秀之前,一直在山西做官,后来按照规定,满籍道员的女儿,需参加选秀，于是惠徵才带着全家回到了京城。

当年还是少女的那拉氏，在选秀时因为她“方额广颐，明眸隆准，眉目如画，樱口又适其鼻”，很快被年轻的咸丰帝选中，封为兰贵人，进入了后宫。那个时候的那拉氏，并没有预料到自己之后的人生会如此与众不同，也没有预料到自己的命运，将和整个清朝一起浮沉。

在很多民间的演义和后来的影视作品中，一直称慈禧为兰儿或者玉兰,这大概也和她入宫时候被封为“兰贵人”有关系。当时的官方玉牒中，并没有关于那拉氏的名字记载，但是根据慈禧的后人回忆，那拉氏在家中被称为“杏儿姑”，“姑”是满人对未成年女子的通常称呼，而“杏儿”的名字则是因为当时家中庭院种有几棵白杏树，由此，慈禧的爷爷给她起了个大名叫“杏贞”，小名“杏儿”，而将那拉氏封为兰贵人，主要原因可能在于咸丰帝对玉兰花有一种特殊的感情。

咸丰帝在当皇子时，仅有一位侍妾，这位侍妾后来在咸丰帝登基后封为了云嫔。在当时选秀结束后，咸丰帝下过一道谕旨：“咸丰二年二月十一日，由敬事房口传，奉旨：贞嫔、云嫔于四月二十七日进内；兰贵人、丽贵人于五月初九进内。”除了云嫔，其余的都是通过选秀而进宫的。与云嫔同一天入宫的贞嫔，刚入宫就由贞嫔晋升为贞贵妃，一个月后被立为皇后；在咸丰帝驾崩后，与慈禧太后两宫并尊，成为垂帘听政的东太后。

贞嫔入宫一个月就被封为皇后，她的经历在整个清朝十分少见。这位经历传奇的女人，在所有记载中都看得出是一个忠厚又循规蹈矩的女人，性格温和，能与人和谐相处。

和兰贵人同一天入宫的丽贵人，容貌美艳，性格活泼，有一段时间很受咸丰帝的喜爱，也因为和那拉氏的性格一样，是比较好强的女人，和那拉氏总是有很大的矛盾。在咸丰帝驾崩之后，慈禧掌权，这位丽贵人也就香消玉殒了。

清朝的后妃制度规定，在同一时期，后宫中只允许有一位皇后，一位皇贵妃，两位贵妃，四个妃子，六位嫔，这些级别的妃子都是有定数的，而其他地位较低的诸如贵人、常在等，则没有数量规定。又根据清宫内务府的档案记载，当时宫中有称号的妃嫔就十个人。当时身为兰贵人的那拉氏，除却皇后，只有一个云嫔地位比她高。

在后宫中生存的女子，没有家族的支持，是很难爬到很高的位置的。可是那拉氏没有雄厚的家庭背景，她的父亲，只不过是京城一个八品的官，那么那拉氏能在宫中获得咸丰帝的喜爱，站稳脚跟，一步一步地成为皇宫中最尊贵的女人，靠的是什么呢？

首先当然是容貌。对于那拉氏的容貌，除了选秀时期的“方额广颐，明眸隆准，眉目如画，樱口又适其鼻”，似乎并没有更多的记载。但是从一些侧面，我们可以窥到那拉氏是十分美丽的。那拉氏对于自己的容貌是十分自信的，她曾自己形容过“宫人以我为美，咸妒我”，也就是说，当时宫中的人，都认可那拉氏的容貌，并且对她的容貌感到嫉妒。

在那拉氏年老之时，曾让一位美国女画家进宫为她作画，这位女画家在后来的回忆录中写道：“看眼前这位皇太后，乃是一位极美丽极和善的妇人，猜度其年龄，至多不过四十岁，而且其性情佳丽娇好，使人一见便生喜悦之情。”而当时的慈禧太后那拉氏，已经是七十多岁的高龄了，可见她年轻时长得十分好看，又十分注意保养，所以才会被误以为是四十岁的人。清代末期，已经有照相技术传入中国，已经成为慈禧太后的那拉氏有很多照片流传下来，虽然都是年老时候的照片，却仍能依稀在那些泛黄的照片里看出年轻时候的美丽动人。

然而，皇宫有佳丽三千人，几乎每一个都是百里挑一的容貌，那拉氏想要在这争奇斗艳的后宫中生存，仅靠容貌是不够的。那拉氏深得咸丰帝喜爱的原因，也许还跟她能够作画赋诗，和咸丰帝志趣相投有关。她从小喜欢读书作画，也学过一些汉文，虽然水平没有风流儒雅的咸丰帝高，但是能够和咸丰帝进行探讨，较之那些一窍不通的宫妃，足以让咸丰帝对她刮目相看了。而且她聪慧机敏，很多不会的东西，在咸丰的点拨下，很快就会学会，因而咸丰帝和她相处起来十分轻松愉快。

除此之外，想要在后宫中站稳脚跟，还需要足够的心机。后宫是皇帝的乐园，却并非后妃的乐土，这并不是一个适合女人生存的地方，女人们为了争夺皇帝的宠爱而拼杀，一不留神就会坠入万劫不复的深渊，成为斗争中的牺牲品。无论多么善良的女人，一旦进入后宫，就必须学会勾心斗角，就算不是为了去争取什么，也要防止自己在别的女人的斗争中成为牺牲品。因而想要在后宫中生存下去，没有足够的心机是万万不能的。

那拉氏靠着自己的容貌、心机和才华在后宫中度过了最初的几年。

那拉氏清楚地知道自己要的是什么，也清楚地知道，若是没有子嗣，在宫中的生存会随着年纪的增长而变得越来越困难。但是，史书上记载，那拉氏的身体，月经不调气血不通，并不适合怀孕，那拉氏对自己的身体十分了解，这样的身体若是想要怀孕，必须经过长期有效的调理。

在怀孕生子这一点上，是那拉氏和命运抗争的巨大成果。

兰贵人进宫后的两年多时间，一直受咸丰帝的恩宠，但是没有子嗣却是她心头最大的担忧。那拉氏从少女时代开始，就有一种病，每到经期，就会“腰腹胀痛，胸满呕逆”，入宫两年后，这样的症状仍然没有改变。

那拉氏想要找个御医来帮助自己调理身体。但是当时那拉氏的身份地位较低，在宫中并没有资格直接传太医看病，必须得先通报皇后，由皇后宣召。那拉氏一直是个心高气傲、自尊心很强的女人，对于身体有疾病这件事，她羞于让任何人知道。

于是那拉氏想到了另外一个办法。在某次侍寝时，她趁着咸丰帝心情愉悦，以胃疼为由，让咸丰帝请御医给她看治。趁着这个机会，那拉氏让御医开出了调理经期的药方。在服用了几个月之后，那拉氏的身体开始逐渐转好，困扰多年的月经不调的症状也消失了。

经过调理后的身体终于让那拉氏怀上了身孕。怀孕后的那拉氏成了整个皇宫关注的焦点。当时的咸丰帝已经二十六岁，后宫中却没有一个人为他生儿子。于是对于那拉氏有了身孕的消息，咸丰感到十分高兴，在那拉氏怀孕后不久就将她册封为懿嫔，若是懿嫔能够生下儿子，那么这将会是咸丰帝的长子，也会使那拉氏在宫中的地位得到提升。

在咸丰五年的三月二十三日，在宫里所有人的关注中，那拉氏生下了咸丰帝的第一个孩子载淳（也是咸丰帝唯一一个孩子）。虽然是那拉氏的第一次分娩，却十分顺利，母子平安。《清皇室四谱》载：“（那拉氏）六年三月生皇子，是为穆宗（同治帝）。旋诏晋懿妃，十二月行册封礼。七年十二月晋懿贵妃。”从记载中可以看出，当时已经是懿妃的那拉氏，在生下皇子之后，在同一年又被晋升为懿贵妃。在短短五年的时间里，那拉氏连升三级，在后宫中也实属罕见，可见那拉氏有着不同常人的天赋。

尽管那拉氏所生的这个皇子后来当上了皇帝，但是在他短暂的人生中，留给后人的印象完全没有他的母亲多。那拉氏凭借这个孩子成为后宫中第二尊贵的女人。子嗣为那拉氏带来的，不仅是自己的地位，还有家族的荣耀。咸丰帝在那拉氏生出儿子后，将那拉氏的娘家由原来的下五旗抬到了更为尊贵的“上三旗”。

八旗制度是清太祖努尔哈赤正式创立的，分为正黄、正红、正蓝、正白、镶黄、镶白、镶红、镶蓝八旗，其中正黄旗、镶黄旗、正白旗属于上三旗，由皇帝亲自统帅，地位比下五旗更高。慈禧在生了载淳后，由镶蓝旗被抬到镶黄旗，也就是从下五旗被抬到了上三旗，地位上有了很大的提高。同时，咸丰帝还命内务府赏了一座官房给那拉氏的母家，共计六十二间房子。

这一切，都是那拉氏不甘心随波逐流、接受命运的捉弄，而与命运抗争的结果。

她深知，一个普通的女人，没有家族的支撑，只有靠自己，才能改变命运。

那拉氏儿子的出生受到了所有人的关注，但是她自己的出生并没有得到太多的关注，历史上也并没有具体的记载，因为当时谁也不会想到，这个出生在一个普通家族的普通的女婴，在几十年后竟会成为大清朝最尊贵的女人。但可以知道的是，那拉氏从小就表现出了和一般传统女性不同的方面。她对女工针线不甚注意，平时只读书、写字，在这方面，也表现出了很大的天赋，闲暇时候与父亲谈论，父亲尚被她难倒，足可见在这方面禀赋过人。

但是对女人来说，这种禀赋是幸或不幸，是很难说清的。

似乎是命运的刻意安排，如若咸丰帝是个励精图治心系天下的皇帝，那么那拉氏也只能是后宫中一个平凡的女子。然而事实并非如此。咸丰帝被后人戏称为“四无”皇帝——无远见、无胆识、无才能、无作为，在国家大事上，咸丰帝并不上心，他那优柔寡断的性格，注定了他不能够很好地治理这个国家。咸丰帝登基时二十岁，正是初生牛犊不怕虎的年纪，因而在最初登基时，面对每天都要批阅的大量奏章，他很是无奈，他甚至怀疑，这样大量的工作，他的先祖们是如何几十年如一日地坚持下来的。那批阅奏章的任务，在他看来，不是一种责任，而是一种苦刑。因而也不难想见，在发现那拉氏的才能时，他是如何的雀跃。最开始的时候，咸丰帝只是让那拉氏帮着读奏折，到后来，渐渐也让那拉氏代笔写一些朱批。

那拉氏阅奏章十分有条理，先将不同类型的奏章分门别类，这样对于事情的轻重缓急总有非常清晰的概念。她批阅奏章，往往并不需要许多时间。这段期间的那拉氏，与其说是干预政事，不如说是在学习政事。在批阅奏章的过程中，对于朝政的把握，对于机密事件的了解，都膨胀了她的政治野心，那些在后宫生存中学会的勾心斗角的生存手段，也被她逐渐渗透到朝廷的斗争中去。

然而中国自古以来都认为“后宫不得干政”，那拉氏帮助咸丰帝批阅奏章一事，在男权的社会中是对男性主权的一种挑战，引起了众多大臣的不满。并且，在批阅奏折一事上，那拉氏或多或少地影响到了咸丰帝的决策。在清朝社会，男权向来是不容许女性来侵犯的，来自男性主体的反对，是那拉氏在走向权力巅峰路上的巨大的障碍。同时，把握着朝政的那拉氏，也成了当时朝中很多重要大臣的挡路石，那拉氏想要在斗争中取得胜利，就必须要比对手更为机智更为狡猾。

那拉氏在为自己的政治野心，等待一个更好的时机。

大清朝在经历了康乾盛世后，在乾隆统治后期，就已经渐渐显示出衰败的迹象。当时闭关锁国的中国人并不知道，一直被他们所看不起的西方，已经进入了工业文明的时代，发展的步伐之快，将还在坚持农耕文明的中国远远抛在了身后。道光帝时，就爆发了第一次鸦片战争，签订了第一个丧权辱国的条约《南京条约》，为列强进入中国打开了一道门。

咸丰帝继位时，正是二十岁的年纪。血气方刚的咸丰帝在初登基时，带着一腔雄心壮志，想到道光帝时留下的耻辱，他感到非常痛心，因此也想要有一番作为，振兴国政。在登基时他就提出了要拒绝侵略者任何和约的要求。

但是那时候的清朝，内有四起的农民起义，太平天国占据了江南地区，洪秀全在南京称帝，北方有捻军活跃，不停地打击清兵，大江南北硝烟四起;外有夷人进犯,西方列强对大清虎视眈眈。咸丰帝自从一登基，就处于清朝政治的动荡之中。在面对这样的内忧外患时，没有力挽狂澜能力的咸丰帝，只能眼睁睁地看着清朝走向一条他不愿见到的路。

于是他放弃了曾经想励精图治拯救国家于水深火热之中的宏愿，转而沉迷于女色来排解自己的烦恼。咸丰帝原本身体就孱弱，而后又被酒色渐渐掏空了身体，在治国上愈发力不从心。

咸丰八年，英法联军向北京逼近。七月，天津沦陷，整个清政府陷入了恐慌之中。本就胆小的咸丰帝，眼看侵略者即将兵临城下，遂听取了大臣的建议，以“巡行木兰”为由，想要逃到承德避暑山庄去避难。这一想法遭到了大部分大臣的反对，一个国家的帝王的出逃，对所有人来说，都是一种深深的屈辱。

很多大臣反对的原因，还因为清代历史上并没有皇帝逃离京城的先例，北京城有坚固的城墙和严谨的守卫，如果北京城都被攻陷，那么离整个清朝沦陷也不远了。那拉氏也对咸丰进行了劝阻，在她看来，皇上作为朝廷的主心骨,在京城可以震慑一切,若皇上都离开,那么朝廷无主,恐怕清政府很快会被夷人践踏。

可是当通州传来了和谈失败的消息，京郊的八里桥之战以清兵的失败告终，京城的东边防线彻底瓦解时，咸丰帝逃跑的决心终于坚定。咸丰十年的八月，咸丰帝在圆明园召见了几位亲王和军机大臣，随后带着嫔妃逃到了承德，将京城的烂摊子丢给恭亲王奕䜣。

咸丰帝带着妃嫔仓皇出逃，一路上因为计划的仓促而十分狼狈。他的软弱无能，在此时显露无遗。作为整个国家的主人，在面对外夷侵犯时，没有选择迎难而上，而是将百姓置于水深火热之中，我们不难想见，在这样的帝王统治下，清朝会一步步走向衰败。

此时的承德，正是山清水秀风景宜人之时，不过当时随着咸丰帝出逃的人，都背负着深深的屈辱，面对如此美景也无心欣赏了。

在热河的咸丰帝，身体每况愈下，对国事越发觉得心灰意冷，于是变本加厉地沉迷于女色，不仅如此，还嗜酒如命。根据清人笔记记载，咸丰帝每次醉酒后都会盛怒。原本身体差，加之坏脾气对身体的影响，咸丰帝渐渐出现咳血的状况，这对那拉氏来说是一个机会，那拉氏清楚地知道，这样的生活状态加上这样的身体，咸丰帝的生命并不会维持更多的时间，只是缺少一根导火线。

导火线很快就到来了，在咸丰十一年的五月，咸丰帝开始筹备“万寿”之庆，“万寿”之庆筹备得十分热闹，但就在这个时候，咸丰帝病倒了，像一场等待已久的烟花，在空中绽放的时候很美，开过之后就凋零了。

这一场病延续了很久。直到七月，开始有所转机，但是并没有维持多久，到十一月间，咸丰帝病入膏肓，弥留人间。

病中的他对未来权力的归属有着自己的担忧，当时咸丰帝唯一的儿子载淳还小，那拉氏也只有不到三十的年纪，咸丰帝担心在不久的将来，权力会落在那拉氏的手中，因此在他生命的最后时期，他想过要效仿汉武帝将那拉氏除去，以保证王权不会旁落到外姓人的手中。

汉武帝时期的钩弋夫人赵氏，是汉昭帝刘弗陵的生母。刘弗陵是汉武帝最年幼的儿子，汉武帝弥留之际，刘弗陵不过五六岁的年纪，但是聪慧灵敏，是当时汉武帝心中的继位人选。汉武帝有心立刘弗陵为太子，却因为子稚母少，害怕将来钩弋夫人会乱了朝纲，犹豫不决。后来，汉武帝寻了个错处，将钩弋夫人处死。在弥留之际终于将太子之位留给了刘弗陵，随后刘弗陵以八岁的稚龄登上了皇位。

弥留之际的咸丰帝，也起了这样的念头。在他心目中，对朝政已经了解的那拉氏，必定会引起皇权问题上不必要的麻烦。此时的热河行宫，对于那拉氏来说，危机四伏。一方面咸丰帝心里有“去母留子”的念头，另一方面有外臣对权力的归属虎视眈眈。因此这一段时间，那拉氏可谓活得十分小心翼翼，害怕自己一步走错，就被咸丰帝以“莫须有”的罪名除去。

英国蒲兰德在他的《慈禧外传》中有过这样的记载：

> 先是，怡亲王等见慈禧为皇上所亲信……遂日夜谗于上，云："慈禧与侍卫荣禄阴怀诡计。"其意欲废慈禧，或贬之冷宫。

那拉氏被咸丰帝信任，在无形中也为自己树立了很多的敌人。

尽管那拉氏为皇帝和诸多大臣所不容，然而，经过步步为营的谋划，她终于看到了野心得以实现的曙光。

咸丰帝二十岁登基，在位十一年，是大清朝最后一位掌握实际统治权的皇帝。在他之后登基的皇帝，都是当了傀儡皇帝。纵观咸丰帝一生，他奢侈无度，纵情声色，朝政十分腐败，致使清朝病入膏肓，无可救药。他在位期间，爆发了太平天国运动及第二次鸦片战争，让整个清朝面临亡国的危机；内外交困，太平天国起义如火如荼之际，又遭遇英法联军侵略中国。他依靠湘军，抑制住了太平天国起义进一步的扩张。对英法联军，咸丰也派兵抵抗了，但是缺乏精力，最后失败，以签订丧权辱国的《北京条约》告终。

他也为清朝付出过自己的努力，只不过力不从心，就从此走上了逃避堕落的道路。驾崩后，他被安葬在定陵，享年三十一岁，庙号文宗，谥号协天翊运执中垂谟懋德振武圣孝渊恭端仁宽敏庄俭显皇帝。

此时的那拉氏想要走向权力的巅峰，仅靠自己的力量是不够的。这是一场不同利益阵营之间的博弈，于是在这条充满血腥的夺权之路上，不得不提到咸丰帝的弟弟恭亲王奕䜣。奕䜣是道光皇帝的第六子，咸丰帝的弟弟。咸丰帝的母亲孝全贵妃驾崩后，咸丰帝就被交给静皇贵妃抚养，静皇贵妃也就是奕䜣的母亲，所以从小奕䜣和咸丰帝生活在一起，感情十分深厚。道光皇帝死时，下旨封奕䜣为亲王。咸丰帝登基后，封奕䜣为恭亲王，这个“恭”字，寄予了“兄友弟恭”的美好意愿在里面。

奕䜣原本是道光皇帝心目中皇位的继承人，因为他在政治上的天赋比咸丰帝要高出许多。在咸丰帝出逃之际，奕䜣负责北京城内的大小事宜，除此之外，咸丰帝还将与英法联军签订《北京条约》的事宜也交给了奕䜣。另外，咸丰帝根据奕䜣的请求成立了“总理各国事务衙门”，这是近代中国第一个外交机构。奕䜣代理衙门的总领事，从此在政治上迅速崛起。在与外国人接触的过程中，奕䜣结识了许多洋人，受其影响，开始涉足洋务，成了近代中国洋务集团的领袖。

可以说，整个晚清的政局中，奕䜣是一个举足轻重的人物。

在那拉氏夺权的路上，奕䜣也发挥了巨大的作用。

◆ 女人的野心

咸丰帝死前，将权力分为两部分，一部分在年幼的皇帝和那拉氏以及皇后的手中，一部分在以肃顺为代表的八大臣手中。咸丰帝的这一将权力分散开来的做法可谓用心良苦。不仅可以避免权力落在那拉氏和皇后手中，也或多或少避免了像清初康熙时期鳌拜专权的现象出现。

这是那拉氏等待的一个好时机。后宫中的女人，如果不想在勾心斗角中走向生命的尽头，那么最好的归宿是生一个孩子，等待出头之日。那些没有孩子的后妃，在咸丰帝死后，都只能在宫中的角落里，在难以避免的寂寞中，走向死亡。那拉氏成功地躲避了这一悲惨的结局，并且终于等来了咸丰帝驾崩的这一天。咸丰帝死了，那拉氏的儿子是唯一的继承人，通往权力巅峰的道路也就渐渐明朗了起来。她自始至终都明白自己的目标。

咸丰帝驾崩后，载淳继位。将咸丰帝的皇后钮钴禄氏尊为慈安太后，时人称之为“东太后”，将生母那拉氏尊为慈禧太后，时人称为“西太后”。

成为太后的那拉氏明白，作为辅国大臣存在的八大臣是权力路上最大的阻碍。在这场与八大臣旗鼓相当的竞争中，若想要赢得最终的胜利，那么就必须要争取到更多的支持力量。这个时候，慈禧将目标锁定到了恭亲王奕䜣的身上。

恭亲王奕䜣有卓越的政治才华，却苦于没有更好的平台，在咸丰帝时期，他处处被压制。载淳登基后，他不愿意处于在朝廷上处处受八大臣制衡的局面中，他才刚过而立，在权力的路上还想走更远的路，于是在利益的追求上与慈禧的谋划一拍即合。

咸丰帝刚死后的热河，正处在肃顺等人的严密监控之中，慈禧想要和恭亲王密谋，却也不是一件易事。但是，慈禧从来不是那种会向命运屈服的人，没有机会，也要努力创造出机会。在慈禧和恭亲王双方的努力下，这两个晚清帝国最重要的首脑人物终于找到了机会，秘密在热河行宫进行了长达几个小时的见面。

一场野心的战争在拉开序幕，在这没有硝烟的战场上，不是你死，就是我亡，权力的欲望面前没有和局。

朝廷上的战争，面对更大的欲望的驱使，比后宫中的斗争更加耗费心力。在与八大臣阵营唇枪舌剑的日子，慈禧常常在朔风凛冽的日子里汗湿内裳，情绪难以稳定。而八大臣面对的虽然是女人，却从不留情面，常把两宫太后气得眼泪直流，把小皇帝吓得尿了裤子。甚至有时候不等太后和皇帝的宣召就径自进入皇宫，与太后吵架。

但无论在多么紧要的关头，慈禧在权力的路上都是深思熟虑的，因而当时人们称慈禧为“聪慧机敏”，是对她的性格的高度概括。慈禧从小就担得起“聪慧机敏”这四个字，在接触和学习了更多的东西之后，更将这“聪慧机敏”发挥到了极致。

身在热河的慈禧，在一次次的斗争中渐渐明白过来，热河处在八大臣的严密控制之下，自己空有一身的才智也无处发挥，回到北京这个更广阔的政治舞台迫在眉睫。在一番严密的计划之后，慈禧和慈安太后连同年幼的皇帝一起，从热河出发回到北京。

在这样的关头，慈禧的聪敏再次令人折服。回到北京的两宫太后，先不着急回宫，在北京的德胜门处，同前来迎驾的恭亲王见面，公开向民众控诉了八大臣在热河时对孤儿寡母的欺凌，在恭亲王的煽动下，两宫太后很快获得了舆论的支持，将八大臣推向了舆论的风口浪尖。无论在哪个时代，舆论都是不容忽视的致命武器，掌握了这门武器，无疑是一个赢得战争的莫大助力。

在这一场战争之中，慈禧充分借助了舆论的力量。在历史上，“垂帘听政”和“后宫干政”一直为人们所诟病，慈禧想要成功地手握权力，那么必须要制造一个能被大家所认可的理由。在慈禧的授意下，文武大臣分别上了两道奏折，希望两宫太后垂帘听政并由恭亲王辅政。由此，得到了文武大臣支持的慈禧，在这场和八大臣的斗争中，大获全胜，迈出了权力路上成功的一步。在战争中失败的八大臣，逃脱不了被抄家和革职的命运，这个时候慈禧更感庆幸，若失败的是自己，大概也只能等到这样一个结局。

然而权力的路并没有想象中的好走。

清代自嘉庆、道光以来，政治越来越腐败，内忧外患也与日俱增，面对一个千疮百孔、瞬息万变的清朝，慈禧面对的压力远比想象中的要大。虽然之前帮助咸丰帝批阅奏章时已经接触过政治，对朝中的大事也有了解，但是直到亲手接管了这个国家，才深刻体会到了日理万机的艰辛。那个时候，慈禧似乎能够了解到咸丰帝生前的逃避心理。但是，慈禧和咸丰帝的不同之处在于，在面对危机的时候选择了迎难而上。

清朝的政治腐败，绝对不是一天完成的，想要根除这样的腐败，也绝对无法一蹴而就，需要长久有力的整饬。

掌握了权力，也就背负了这个国家的生死荣辱。

这个时候的慈禧，才仅仅二十七岁，毕竟还太年轻，缺乏治理国家的经验，因此在很多方面，都需要仰仗经验更丰富、对国家更了解的恭亲王。需要靠他来取得文武百官的支持，打通与西方人打交道的路径。或许在之前，慈禧对于权力的渴望，只是一种臆想，权力像是漂浮在空中的海市蜃楼，虽然渴望，但是遥不可及。但是在发动政变之后，权力真正掌握在手里，她才感受到了实实在在的由权力带来的巨大的满足感。

慈禧太后想要力挽狂澜，拯救千疮百孔的清朝于水深火热之中，首先她想到的是改革，将存在无数弊端的体制进行改革。同时，慈禧将与太平天国对战的前线的权力大部分交给曾国藩，并且开始重用左宗棠、李鸿章等汉臣。

后来的事实证明，慈禧的这一决策是正确无比的。在和太平天国的对战中，曾国藩取得了振奋人心的胜利。慈禧对这些汉臣进行了封赏，而当时最引人注目的，却是议政王奕䜣。奕䜣获得了人们的高度肯定，在当时一度甚至形成了“只知有恭亲王，不知有大清朝”的局面，虽然这一说法略带夸张，但是足可以看出奕䜣当时在朝中的声望与地位。

光芒四射的奕䜣让慈禧感到了不安。一个对于权力有足够占有欲的女人，似乎看到了自己的光芒被掩盖，那种权力被分享的感觉，令慈禧难以忍受，她无法坐视奕䜣的力量日益变大。所以，慈禧开始对在政变中居功甚伟的议政王奕䜣进行了罢黜。

她在等待一个发难的机会。只要机会到来，甚至不需要确凿的证据，就能将奕䜣的权力剥夺。为了向奕䜣发难，慈禧甚至亲自用汉文写了手谕，可见其心情之迫切。慈禧借助他人之手，对奕䜣的罪行进行了陈述，于是在短短的几个月内，奕䜣被慈禧革去了一切职务，只剩一个皇子的身份。

这不禁让人想到了当初慈禧与奕䜣关系密切时，一日之内封了议政王多项职位，并且赏赐了恭亲王的母亲和子女，君臣之间的关系一度成为佳话。然而仅仅过了三年,奕䜣就成了慈禧的眼中钉,欲将他置于死地，可见权力已经使得慈禧变得越来越冷漠无情，那些原本就不多的与人之间的感情，也在日复一日与权力相处的过程中被磨灭干净了。在权力的路上，只有永远的利益，没有永远的盟友。

慈禧对于恭亲王奕䜣的“欲加之罪”，令满朝哗然。谁也没有想到，昔日的盟友，竟然这么快就反目成仇。恭亲王在身处光芒的中心时，被人安上了莫须有的罪名，引起了人们的注目。舆论仍然是站在口碑甚好的恭亲王这一边，慈禧感受到了来自舆论的莫大压力，舆论虽大，却没有把慈禧压垮，她仍然坚持自己在权力路上的独尊地位。

仅凭借一纸奏章，慈禧就和多年的盟友撕破脸，从此，清朝的大权就牢牢掌握在这个女人的手里了。

◆无冕女皇

权力是一条不归路，走上权力之路的慈禧，很难再从那条欲望的道路上走下来。此后的几十年，掌握着最高统治权的慈禧，在很大程度上改变了大清的命运走向，也改变了整个中国历史的走向。

在任何时刻，慈禧做的任何决定，出发点都是为了维护自己在大清朝的最高统治地位。在垂帘听政不久后，在恭亲王奕䜣的奏请下，创办了京师大学堂，后来在第二次鸦片战争的刺激下，又开始在大清朝兴起洋务运动，这些对后世产生了巨大影响的举措，实际都是从她自身利益出发的。

支持洋务运动，使慈禧知道，在西方列强的炮轰下，自己的统治地位岌岌可危，必须要振兴中国，才能更好地统治中国。若不及时兴洋务，就会被洋人压得抬不起头来，这个国家的真正主人，就会受到洋人极大的牵制。而后来在面对洋务派的改革动摇到她的权力时，慈禧就对洋务运动进行了制止。

不得不说，这是中国的一大遗憾。在面临巨大的动荡之时，慈禧没有拿出足够的远见来认识到世界的发展，没有看到工业文明的强大，没有顺应潮流来改造中国，没有努力使得中国加入现代文明的大潮，而仍旧闭关自守，将权力放在最重要的位置，顽固地坚持一些老旧的东西，让整个中国止步于现代化的大门前。

不仅在政治方面如此，在权力面前，连骨肉亲情都只能排在后面。

小皇子载淳在出生后就交给乳母抚养，作为生母的慈禧，按照祖制，并不能随时见到皇子，并且，当时的慈禧在咸丰帝身边努力学习朝政，放在皇子身上的精力并不多。皇后钮钴禄氏，膝下没有子女，她常常以中宫皇后的身份关心皇子，因此皇后与皇子在一起的时间远比慈禧与皇子在一起的时间要多得多，所以不难理解，在小皇子载淳的成长过程中，与皇后钮钴禄氏的关系更为密切。

在慈禧的心里，一直想要把载淳培养成康熙帝那样成功的帝王，因此对他的功课要求十分严格。慈禧对载淳的严格要求，并没有使他充分理解母亲的良苦用心，反而使他性格中形成了对母亲的反叛心理，对慈禧打从心里感到不满，母子俩渐行渐远。不能享受到天伦乐趣是慈禧的一大遗憾，那份望子成龙的强烈渴望，最终导致了母子失和，令人不胜唏嘘。

也似乎就是一眨眼的工夫，这个曾经叛逆的小皇子，长成了一个少年。

同治十二年，也就是慈禧垂帘听政的十二年后，载淳大婚，这一年载淳十七岁。十七岁结婚在满族人中属于晚婚，一般的满人会在十三四岁时就大婚。十二年的垂帘听政，给慈禧带来了无限的满足和快感，使得她对权力留恋不已，一再推迟归政的时间。载淳的大婚意味着他从一个少年变成了一个男人，也意味着，一直拖着不肯放权的慈禧，再也没有垂帘听政的借口，于是两宫太后在这一年撤帘归政，这一年，慈禧三十九岁。

然而，载淳亲政总共不到两年时间。同治十三年，一场天花夺去了年轻的同治帝的生命。不到二十岁的同治帝，成了大清朝十一个皇帝中除了末代皇帝溥仪外最短命的一个皇帝，亲政时间也最短。

同治十三年十二月初五日傍晚，悲哀的气氛笼罩了整个皇宫，在经历了三十多天的病痛折磨后，同治帝载淳带着满身疮痍，匆匆离开了这个世界，还来不及为这个世界留下一个子嗣。

在死亡面前，所有努力都显得如此苍白。

没有子嗣的同治帝驾崩之后，谁来继承大统又是一个难题，一个至关重要的难题。继承人的选择，会对权力的归属产生巨大的影响。慈禧不会放过这个机会。在慈禧太后的努力下，年仅四岁的载湉继承了皇位。载湉是醇亲王之子，其母是慈禧太后的亲妹妹，也就是说，继承皇位的是慈禧太后的嫡亲侄子。这个看起来陌生的皇位继承人，就是后来在宫中受尽屈辱的光绪皇帝。

慈禧将年仅四岁的载湉扶上皇位，并不是觉得他是一个可造之才，而是在所有有希望继承大统的人中，载湉是最方便慈禧自己继续操纵权力的一个。载湉的年幼，给慈禧又一个垂帘听政的借口。对于载湉来说，被选中成为皇位继承人，并不是一件值得开心的事情，年幼的他并不能预料到，他一生中最开心的日子，已经留在宫外了。在紫禁城中的他并没有多少快乐的日子，他悲剧的一生，才刚刚开始。

载湉入宫之后，慈禧强行切断了载湉与亲生母亲之间的一切联系，完全不顾骨肉之情，将原先与载湉有关的一切人事都切断了联系。在切断这些联系之后，慈禧开始树立自己的威严，通过严格的教育来让载湉产生一种畏惧的心理。同时，向载湉灌输传统孝道的观念，为了加强效果，慈禧吩咐当时的帝师翁同龢侧重关于孝道方面的培育。

慈禧的目的不难看出，将载湉培育成一个傀儡皇帝，好让权力永远掌握在自己的手中。

载湉入宫之前，一直体弱多病，这个年纪的小孩，正是最需要关怀之时，然而关怀和温暖，慈禧都给不了他。慈禧并没有时间来考虑一个孩子的感情需要，也无法给予一个孩子该有的关怀，无论是对之前的载淳，还是对现在的载湉，慈禧都称不上一个好母亲，她给不了一个孩子在成长过程中最需要的“母爱”。她的严厉，她的威严，让载湉和她渐行渐远。

这一段时期的生活，对载湉后来的人生产生了巨大的影响。他一直处于压力和孤独之中，没有属于自己的自由，也没有人为他开解，以至于从小心情抑郁，影响了之后几十年的精神状态。

不受慈禧关注的载湉，连照顾起居的太监也时常怠慢他，在这样不受关注的环境中，他对帝师翁同龢有着深深的依赖。因为翁同龢时常为了维护载湉与太监理论，给载湉幼小的心灵留下了十分深刻的印象。翁同龢以一个保护者的形象出现，给载湉黑暗的生活带来了少有的光明。为了让师傅感到满意，载湉在学习上十分肯下功夫，把学习当作是一件十分快乐的事情。

随着在宫中的时间增长，载湉也渐渐习惯了宫里的生活，就这样到了光绪七年。

这一年，年仅四十五岁的慈安太后崩逝，这在宫中又掀起了一阵舆论的浪潮。

光绪七年初，慈禧忽然身染重病，久治不愈。于是召集天下名医进宫医治，这一病就是几个月。慈禧病重期间，无法理朝，将朝廷里一应大小事务都交给了慈安太后。慈禧的这一次重病，由慈安太后独自理朝，由于慈安当时身体颇为健康，所以后来宫里传出消息太后驾崩，人们一时都以为是久病的慈禧太后，却没想到是一向身体健康的慈安太后。这也就给慈安的病逝留下了许多的想象空间。

人们纷纷猜测是慈禧为了独揽大权而陷害慈安。人们认为，慈禧在生病的这段期间，慈安掌握政权，致使慈禧大为不悦，因而起了杀心。还有一种说法是，根据当时清人留下的笔记，认为咸丰帝在死前给慈安留下了遗诏，遗诏是用来制衡慈禧，遗诏上说若慈禧不能安分守己那么可以除掉她。可是老实又无争的慈安将这件事情告诉了慈禧，又将遗诏在慈禧面前烧毁，却不知这正让慈禧起了杀心。

但是有更多的人反对这两个观点，认为慈安就是官方记载的那样，是暴病而死。因为慈安性格温和，和慈禧的刚强完全不同，两个人和风细雨地度过了二十多年，并没有出现过难以调解的矛盾，慈禧完全没有必要陷害。这样说来，慈禧毒害慈安的说法欠缺了足够的说服力。众说纷纭，但终究历史已如散尘，当时的事情究竟是如何发生的，已经无从考证，只能在现存的历史资料里，捕捉到一些蛛丝马迹。

后宫中的女人，大多有自己的故事和传奇，慈安太后也不例外。慈安太后钮钴禄氏，出生在道光十七年，是满洲镶黄旗人，父亲是广西右江道三等承恩公穆扬阿。慈安太后于咸丰二年入宫，初入宫时被封为贞嫔，一个月内被升为贞贵妃，后又被立为皇后。咸丰帝驾崩之后，被载淳尊为皇太后。随后和慈禧太后在养心殿垂帘训政，时年二十五岁。世人提起慈安太后，都会觉得慈安过于忠厚老实，不关心政治也缺乏政治才干，事事依赖慈禧，不与慈禧争执。但是慈安并不是一个没有智慧的女性，在美女如云的后宫中，面对好色的咸丰帝，慈安能够保持十一年都得到咸丰帝的信任和喜爱，并且能和后宫中的女子和谐相处，连慈禧这样好强的人都和慈安相安无事地过了几十年。在政事上虽然慈安不是很用心，但也并不是一无是处。遇到朝政大事，慈禧不敢擅做主张，仍要征询慈安的意见。

从表面上看，慈安的死，并没有给朝廷带来多大的影响，因为还有一位西太后慈禧可以垂帘听政，但是事实上，慈安的死，给慈禧的专权铺了一条道路。在慈安生前，虽然她清心寡欲，在政治上没有很多的参与，但是慈安的存在，是对慈禧的一种牵绊，可以不让慈禧在权力之前得意忘形而有所顾忌。慈安的死，意味着朝廷的权力都到了慈禧一个人的手中，朝廷中唯慈禧独尊，真正的独揽大权，慈禧也就更加专制了起来。

于是慈禧成了真正意义上的无冕女皇。为晚清政局的腥风血雨打开了一个新的局面。

◆什么都有，就是没有人情味

独揽大权的慈禧，对权力恋栈不已，按照祖训，太后垂帘一般到皇帝满十五岁，就撤帘把权力还给长大成人的皇帝。但是对权力迷恋不已的慈禧，和第一次垂帘时一样，以各种理由推拒，迟迟不将权力归给载湉。直到光绪十五年，这时候载湉已经十九岁，慈禧一拖再拖，终于拖不下去了，于是在光绪十五年的一月给载湉筹备了大婚。二月份给载湉举办了亲政大典，慈禧退居颐和园颐养。从小生活在慈禧威严下的光绪帝载湉，养成了懦弱没有主见的性格，于是朝廷内的大小事务，他还是得向慈禧请示。慈禧在颐和园,光绪帝在紫禁城,清朝形成了“一国两府”的局面。

光绪帝载湉的婚姻，和同治帝一样悲剧，在慈禧的操控下，与一个利益阵营绑定在一起，使得这条婚姻之线牵着的两个人，都陷入了悲惨的命运之中。但是光绪帝比同治帝更悲剧的是，同治帝是慈禧的亲生儿子，在与慈禧的据理力争下，为自己的婚姻争得了自主权，但光绪帝不同，他从小被抱进皇宫，与亲生父母都断了联系，在慈禧的威势下从小性子就比较懦弱，于是在自己的婚姻上，完全没有自己做主的自由。

在选了慈禧胞弟的女儿为皇后后，慈禧又做主将他他拉氏的一对姐妹册封为珍嫔和谨嫔。光绪帝的皇后叶赫那拉氏，比光绪帝年长三岁。且因从小成长的家庭原因，与中国传统的三从四德式女子有较远的差距，十分强势，又生得不甚好看，因此不被光绪帝所喜爱。光绪帝更为喜爱的是他他拉氏姐妹珍嫔和谨嫔，又尤爱珍嫔，长年和珍嫔待在一起。因为光绪帝的宠爱，珍嫔在宫中也有了自己的地位。但是，随即就招来了慈禧的不满，而天真倔强的珍嫔并不知道，自己身处如何的险境。

光绪二十年，光绪帝刚要册封珍嫔和谨嫔为妃，却在册封前被拦了下来，被降为了贵人。理由是珍嫔“弄权”“卖爵”，有老宫女的回忆录里记载珍嫔的“弄权卖爵”并非是莫须有的罪名，这事情确有发生。但这件事并不是珍嫔一个人在犯错，在宫内，慈禧身边的得宠太监，甚至慈禧本人，都有着“弄权”的现象，珍嫔在皇宫这个大染缸一般的环境中待了这几年，发生这样的事情也是不足为怪的。慈禧对珍嫔和谨嫔进行了责罚，对珍嫔进行了杖责，又降了珍嫔和谨嫔的等级。

在被责罚的一年后，在光绪帝的努力下，被降为贵人的两人又被晋升为“嫔”，接着又很快被晋升为“妃”。“弄权”这件事，似乎并没有给珍妃和光绪帝的感情带来多大的影响。

慈禧的一生，一直被权力的欲望围绕，对于人与人之间的感情，也是怀着一种强烈的嫉妒心理的。珍嫔与光绪帝感情一日好过一日，又因为光绪帝长年冷落自己的皇后，让慈禧的心里有着一根很深的刺。这根刺一直让慈禧隐隐作痛，但是慈禧并没有着急把它拔出，而是等待一个合适的时机，将它连根拔起。

相比于后宫中的事，光绪二十年还有更值得被历史记载的事情发生。这一年七月，中日双方正式交战，爆发了晚清历史上著名的甲午中日战争。甲午中日战争给清朝带来了重创。在主战还是主和这一问题上朝廷意见不一，守旧派认为应该和平处理，而改革派认为和平处理并不能解决根本问题。因而在《马关条约》是否签订这一问题上，朝廷中的意见也不统一。光绪帝的主张是不签，他认为，割了台湾岛，那么天下的民心就都散了，这一主张受到了守旧派的一致反对，于是光绪帝前往颐和园请慈禧定夺。慈禧给出的答复是，让光绪帝自行裁夺。说来有点可笑，这是光绪帝亲政以来，第一次在这样的国家大事上得到主动权。几日后，满怀悲愤的光绪帝，在守旧派的坚持下，含着泪水签订了最丧权辱国的《马关条约》。

《马关条约》的签订，又给了慈禧太后和整个大清朝重重的一击，人们似乎都明白过来，大清朝已经走到了穷途末路的境地。

在末路中的光绪帝想到了学习西方，让清朝的制度从腐败和残破中走出来。一直抑郁懦弱的光绪帝一反常态，开始进行他政治生涯中的最大举动，大刀阔斧地进行了改革。列了诸多改革的项目，却遭到了慈禧和守旧派一致反对。改革给慈禧的独裁带来了威胁，慈禧迅速发动了政变，给出了快速而又迅猛的反击，将光绪帝的老师，也是光绪帝的左臂右膀翁同龢革职，又收回了重要的人事权。

翁同龢离开京城，让光绪帝的愤怒到达了顶点。

光绪帝与生俱来的温柔和懦弱，在翁同龢离开之后瞬间变成了怒气。他从没有像这个时刻这样深切地明白，自己是一个傀儡，作为一国之君，竟然连自己的老师也无法保护。

光绪帝于是将愤怒化为改革的动力，重用康有为、谭嗣同等新派大臣进行改革，然而著名的“戊戌变法”才维持了一百零三天，就被慈禧破坏了。在慈禧看来，光绪帝发动的改革，无疑是想夺权的一种表现。对于这个掌握了多年权力的女人来说，这是无法容忍的。她展开了更加疯狂的报复。

改革没有给清朝带来希望的曙光，反而令光绪帝付出了沉重的代价，改革失败后，谭嗣同等六人被杀头，康有为、梁启超等人逃到了日本，光绪帝被慈禧囚禁到了北海的孤岛瀛台，改革派四分五裂。光绪帝被囚禁在岛上，由慈禧的宠臣李莲英监管，岛的四周都是水，没有任何办法可以逃走，没有问候，没有眷顾，和囚徒没有任何区别。

从此以后，又回到了慈禧亲政的日子，光绪帝彻底变成了一个傀儡皇帝，失去了亲政的机会，慈禧又以“训政”的方式让大权掌握在自己的手中。怒气未消的慈禧仍然没有就此放过光绪帝，回到紫禁城中的她，常常将被囚禁的光绪帝召进宫内，让他跪在一旁，加以训责。从清代人的笔记中可以看出，在戊戌变法的后期，慈禧心里感觉到了光绪帝对她权力的威胁，于是萌生了将光绪帝废除，新立一个皇帝的念头。这一想法一直都存在于慈禧的脑海里，直到戊戌变法失败以后，慈禧将这一想法提上了日程，她要在皇家的子弟里面挑选一个合适的继承人。

戊戌变法失败之后，朝廷上传出了“皇帝病重”的消息，为废除光绪帝而做准备。然而慈禧想要挑选继承人的这一决定受到了国内外的一致否定，受挫的慈禧并没有因此放弃。慈禧很快想到了另一条路，为没有子嗣的光绪帝立嗣。这一说法看起来更加合情合理，光绪帝一直体弱多病，年过三十仍然没有子嗣，为光绪帝立嗣这一说法，看起来很说得通。在皇室的近支中，经过慈禧的精挑细选，最后选定了端郡王的二儿子溥儁，这一年溥儁十四岁。

光绪二十五年，慈禧不顾朝廷大臣的反对，强制立溥儁为大阿哥。溥儁就这样成了光绪帝的法定继承人。随即就被接入了皇宫，渐渐开始代替光绪帝处理一些朝政。但是溥儁的性格和同治帝、光绪帝相去甚远，这位十四岁的阿哥，性格顽劣，他的父亲对他的教育也不甚重视，于是他整天和太监侍卫厮混在一起，没有一点贵族的气质。目中无人，没有长幼尊卑的概念，毫无教养。

一次，溥儁在光绪帝的宫中大闹了一场，大闹之后被慈禧责罚。慈禧的责罚让溥儁的父亲怀恨在心，在义和团大闹期间，溥儁的父亲竟然闯入皇宫，意图谋杀光绪帝。慈禧知道后，深觉自己的地位受到了威胁，深怕不知道什么时候会被同样渴望权欲的人杀掉。

光绪二十五年前后，在甲午中日战争失败后，西方列强对中国的侵略越来越严重。欧洲瓜分中国的野心也越来越大，欧洲各国对清政府提出了一系列无理的要求，并开始占据中国的国土（例如青岛）。外国人的侵占，引起了中国人民的强烈不满，随着民愤的日益高涨，当时在山东一带成立了“义和团”。义和团举着“扶清灭洋”的口号起义，起初遭到清兵的镇压。义和团四处烧教会、杀教士；抵制所有外国事物和之前失败的“洋务运动”。在义和团的积极排外下，外国人被称为“大毛子”，无论是什么身份的外国人一律杀无赦。外国人在中国的生存因为义和团运动而受到了极大的威胁。

光绪二十六年六月，义和团运动进入北京。在第一天就放火烧掉教堂和一切与西洋有关的事物。据统计，当天共有孝顺胡同亚斯立堂、双旗竿伦敦会、八面槽天主教东堂、灯市口公理会、东四五条西口的美国福音堂、交道口二条长老会、鼓楼西鸦儿胡同长老会、西直门内天主教西堂、西四羊肉胡同基督教堂、石驸马桥安立甘会、宣武门内天主教南堂共十一所教堂被烧毁，也有许多西洋商铺被烧毁，各国的驻华使馆也受到了威胁。

各国人民在中国的生存十分艰难，大使馆的使者纷纷向清政府上书要求镇压义和团。

慈禧原本也对义和团深恶痛绝，认为义和团对自己的权力构成了威胁，要求镇压义和团。但是到了六月十七日，八国联军攻占大沽口炮台，慈禧得到了虚假消息，以为八国联军是想让她归政给光绪，于是慈禧对义和团的态度来了个大转弯，转而支持义和团向洋人开战。

六月二十一日，清政府以光绪的名义，向英国、美国、法国、德国、意大利、日本、俄国、西班牙、比利时、荷兰、奥地利十一国同时宣战，当时中国已经闭关自守了几千年，没有强大的军事力量，也没有发达的技术，因而在和洋人交战时，处处落于下风。激战了两个月，八月十四日，联军来到北京城外，经过两天的激战，十五日攻占了各个城门。一日后，也就是十六日晚，联军全面占领北京城。

北京城里烽烟四起，慈禧身着民服，退去首饰，带着皇帝和宫里的妃嫔乘着民车离开京城，逃往西安。这是慈禧第二次逃离京城，距离第一次和咸丰帝逃到热河，已经过去了几十年。

逃跑前，在光绪帝被囚禁后就在冷宫中度过的珍妃，向慈禧进言，认为作为皇帝的光绪帝应该留在京城。这次进言触怒了慈禧，慈禧于是命令身边宦官将珍妃推入井中。珍妃进言这事情原本并不大，但是慈禧带着光绪帝一起逃跑的决心已经很明确，珍妃的这一进言，令慈禧太后想起了戊戌变法改革带来的怨恨，新仇旧恨都堆在了一起，就在逃跑之前赐死了珍妃。

赐死珍妃，最痛苦的莫过于光绪帝，死者已经没有感知，痛苦只有活着的人才能体会。在逃亡的路上，光绪帝一直面如死灰，没有任何光彩，正如他的心一般，他最后的感情，已经在珍妃被推入井中的那一刻，消失了。

慈禧将珍妃推入井中一事，说出来并不光彩。这是一桩谋杀，一个太后，谋杀皇帝的后妃，这样的事情难免遭到别人的诟病。后来慈禧因为时常要和洋人打交道，将这些事情就推给了太监崔玉贵。慈禧强辩说，当时并没有杀死珍妃的心，是崔玉贵硬将珍妃强行推入了井中，并且在回到紫禁城之后，就下了旨将崔玉贵撵到宫外去了。这样的说法其实并没有说服力，崔玉贵不过是个太监，纵然有再大的权力，也不敢公然违背慈禧太后的意思，更何况，要推入井中的，是光绪帝最爱的珍妃，而并非一个可以随意打杀的宫女。因而虽然慈禧把罪名都推给了崔玉贵，但是上至皇宫大臣，下到太监宫女，大多是清楚明白事情真相的。而当时的慈禧，已经没有最开始面对洋人时候的气势了，她学会了洋人的礼仪，不再要求洋人见她时行跪礼。从这些细节上也可以看出,大清朝的国力是在一日一日地衰退。慈禧在洋人面前的地位，也是一日不如一日。

到了光绪二十七年，和八国联军的战争以清朝的失败暂时告一段落。此时的清朝已经到了末路，没有镇压住义和团的运动，也没能阻挡外国人的入侵。在这一年,清政府和八国联军签订了又一个条约《辛丑条约》。

八国联军野心很大，想要瓜分中国，却因为利益而产生了内部的矛盾，这一条约在八国联军的枪杆子的威逼下签订，又被列国索要了难以计数的白银。

清政府赔给列强的白银都是从百姓的身上压榨而来。终于，这强大的负担把百姓都压垮了，中国当时四亿的人民已经无力负担这天文数字般的银子，于是我们不难想象，一个失去了民心的大清朝，终于要走向灭亡了。

光绪二十八年，也就是 1902 年，逃往西安的慈禧太后和皇室回到了北京。回北京之后不久，慈禧太后就举办了一次宴会。这次宴会，慈禧太后还邀请了住在北京的各国公使和夫人，操办得十分隆重。即便是战争失败了，慈禧还是保持着她的高傲，对于她来说，对洋人低头只不过是暂时的。根据当时一个参加过这次宴会的公使回忆："我们忘记了几天前聚会时大家义愤填膺的神情，一个个都被慈禧太后威严的仪表和这种庄严的场面深深震慑，都遵照觐见皇后的礼节给她行了三次大礼。这位端坐在朝堂之上的容貌威严的女人，全身都透露着一种帝王之气，全世界三分之一人口的命运都掌握在她一个人的手中。那双睿智的眼睛仿佛把这些公使夫人们的心思一眼看穿。她只需一眼就可以把她眼前的人一一看透，对这一点她自己好像也颇为得意。"（《一个美国人眼中的晚清宫廷》）一个在权力中浸淫了多年的女人，即使地位不如从前了，也还是保有着那一股傲气。

慈禧太后当政期间，成就了很多人的人生，却也毁灭了很多人的人生。光绪帝的悲剧人生，是其中最令人唏嘘的一个。光绪帝于四岁被接入宫，病逝于光绪三十四年，享年三十八岁。在《崇陵传信录》中，有一段话很好地概括了光绪帝悲剧又短暂的一生：

缅维先帝御宇，不为不久，幼而提携，长而禁制，终于阏损其天年。无母子之亲，无夫妇昆季之爱，无臣下侍从燕游暇豫之乐。平世齐民之福，且有胜于一人之尊者！

从他进宫开始，就失去了父母之爱。慈禧对光绪帝，更多的是要求和责骂，而非母亲般的关怀，慈禧为了树立自己的威严，也断了光绪帝和亲生父母的往来，这样一来，光绪帝从小就在慈禧的淫威之下生活，在心理上受到了严重的伤害，加上光绪帝从小身体也不甚健康，因此在成长的过程中，心理和身体都没有得到很好的发展。

在成年之后，光绪帝仍旧没有自己的地位，在婚姻大事上被当成了拉拢党派关系的工具，虽然在后来碰上了自己非常喜欢的珍妃，却又被慈禧推入井中谋害。原本抑郁的光绪帝，更加对人生感到绝望。

在查尔斯·约翰斯顿的《中国的危机》中，对于光绪帝有过这样一段描述："光绪皇帝身材单薄文弱，看上去有几分孩子气。他肤色稍暗，大大的眼睛充满了忧郁。他和善的外表，让人觉得他好像是一个喜欢做梦的孩子，而不是能将梦想变成现实的一国之君。人们感到奇怪的是，蒙古游牧民族的后裔中竟有如此生性空灵之人。然而，在东方的圣人看来，光绪皇帝堪称品德尽善尽美的典范。”在他人的眼里，光绪帝就是这样一个形象，没有什么威严，不像是一个皇帝，而像是一个需要关怀的孩子。

在他一生中，妥协多于反抗，唯一的一次激烈的反抗，大概就是戊戌变法时，表现出了比改革派更大的热情。那个时候的光绪帝，能让我们感觉到，是一个想要突破现实的牢笼，挣脱守旧派的枷锁的鲜活的年轻人，而不是那个在慈禧的操纵下唯唯诺诺的傀儡，虽然这次反抗的持续时间并不长久，仅仅百天，就又回到了那个抑郁、懦弱的旧日形象，但我们仍然看到了光绪帝懦弱的外表下那颗渴望改变的心。

光绪帝自幼身体孱弱，且一生郁郁不得志，在壮年时期离开了人世。在光绪帝驾崩后的第二天，慈禧也离开了人世。慈禧的身体一直在保养，靠着吃太医开的药维持着身体，光绪帝驾崩时，她已经有七十三岁的高龄，这在当时医学并不发达的年代，实属高寿。自从十年前光绪改革新政以来，慈禧和光绪关系一直处于十分紧张的状态，后来从瀛台出来后，光绪一直对慈禧低眉顺眼，事事顺从，这才得以保住自己的皇位和性命。

孱弱的身体，再加上外界施加的压力，让他整个人一直都处于不健康的生活状态之中。光绪帝和慈禧有着三十多年的恩恩怨怨，并且在光绪帝死后不到一天，慈禧也逝世了。因而，人们对于光绪帝的死因，有很多的猜测。从当时对光绪帝用药的记载来看，光绪帝是正常的病死，没有任何用毒的迹象，但是，当时光绪帝生病，在慈禧太后的严密监控之中。给光绪帝就诊的御医，也是由慈禧太后选定的，慈禧想要伪造光绪的医案，是很容易的。在末代皇帝溥仪的回忆录《我的前半生》中，也肯定了慈禧害死光绪的可能性的存在："西太后自知病将不起，她不甘心死在光绪的前面，所以下了毒手，这也是可能的。"

在戊戌变法之后，侵略中国的各国列强对光绪帝表现出了极大的关心，日本公使甚至还帮助康有为和梁启超逃跑，这让慈禧感到十分担心。在这么多年的恩怨中，慈禧大概已经把光绪当作一个对自己权力存在极大威胁的敌人。慈禧的一生，对光绪做了很多残忍的事情，包括将他囚禁在瀛台，在精神上折磨他，处死珍妃，让光绪最后的希望破灭，慈禧在病重之时，也曾想过自己做的这些对不起光绪的事情，是她造成了光绪帝一生的阴暗和压抑，因此慈禧害怕，若是自己死在光绪帝之前，会遭到光绪帝无情的报复。所以，也就存在可能性，在知道自己将死时，下令将光绪先毒死。

不过这一切，都只是后人的猜测，光绪帝的死，究竟和慈禧有没有关系，已经无从得知了。那些成为疑案的历史，再也无法得到一个确切的答案。

在光绪帝弥留之际，慈禧立刻下诏，将侄儿溥仪立为光绪帝的继承人。溥仪，这位我们并不陌生的末代皇帝，他的继位，也预示着大清朝在历经两百多年的盛衰后，终于走向了穷途末路。

1908年，光绪帝崩逝后，慈禧即日被尊为太皇太后。在当了一天的太皇太后之后，第二天崩逝，葬于定东陵，谥曰孝钦慈禧端佑康颐昭豫庄诚寿恭钦献崇熙配天兴圣显皇后，简称“孝钦显皇后”。

这个大权在握了多年的女人，死后也如同别人一样，化为一抔尘土，除此之外，只不过是留下了一些虚名。

◆ 是非功过留与后人说

慈禧太后的一生，一步一步地向上爬，从一个中级官员家的女儿，到成为大清朝最尊贵的女人。在她并不短暂的一生中，最大的追求和乐趣都是权力，为得到权力而付出的努力，为掌握权力而制造的血腥，为控制权力而策划的阴谋……权力，在她的生命中，高于母子之情，高于夫妻之情，高于君臣之情，权力是她的生命，她享受着权力为她带来的荣誉和快感，她也饱尝权力带来的代价。

她聪敏有手段，在男人掌权的世界里，以一个女性的身份，在最高统治地位上呼风唤雨，像个男人一样弄权。在她的世界里，没有低头这个词语，即使在最后即将灭亡的时刻里，她还是保有最后的高傲。

慈禧的一生，功过相伴。在她掌权的五十多年时间里，大清朝一步一步走向半殖民地半封建社会的深渊，与列强签下一个又一个不平等的丧权辱国条约，在她的带领下，大清朝为自己的闭关锁国付出了沉重的代价。这一切，都是后世人在细读历史时能感受到的深刻的痛。

20 世纪初，在慈禧的关怀下，清朝开始引进一些现代化新事物——修铁路，装电灯，但是慈禧引进现代化的目的，却和我们想象的相去甚远。她的“洋为中用”，为的是在晚上能够更好地在颐和园中享乐，修铁路则是为了恭谒西陵，这些洋化的东西在这些方面体现出了优越性，改善了慈禧的生活质量。注重保养和生活质量的慈禧，在对享乐的追求上，永远走在世人的前面。

在后人的笔下，慈禧获得的多为负面评价。慈禧一生，经历了五次清朝和帝国的战争，第一次鸦片战争，第二次鸦片战争，中法战争，甲午中日战争，八国联军入侵，后三场战争的爆发在慈禧当政期间，这几场战争直接导致《天津条约》、《马关条约》、《辛丑条约》的签订，在这些条约的签订上，慈禧都有不可推卸的责任。慈禧虽然在当时的专制政治体制上非常干练，但其最高目的仍然是维系自身对中国的统治，将自己的享乐放在比清朝的出路更重要的位置，缺乏足够的远见来面对世界的变化。

慈禧在光绪帝驾崩、溥仪继位后，被尊为太皇太后。虽然只当了一天的太皇太后，她也是大清朝仅有的两位太皇太后之一，另一位是大清刚入关时的孝庄皇太后，因为辅佐了福临和康熙两代皇帝，而使得大清走向了康乾盛世的繁荣昌盛；而慈禧，在她的统治下，清朝走向了腐朽的末日。似乎是历史的一种惊人的呼应，大清朝兴于一位太皇太后，亡于另一位太皇太后。

晚清在慈禧的手中过了五十多年，慈禧所做的事情大多为世人所知。她的利欲熏心，她的阴狠，她的绝情，都是无法否认的。很多人认为慈禧是一个卖国者，是一个阴谋家，这也是不可否认的。中国传统里对女性执政的偏见，也导致了慈禧在大多数人心中只留下了负面印象。但是从历史的局限性中走出来，用更加公正的眼光看待慈禧，也可以发现她的很多不为人知的事情，或者值得肯定的事情。

慈禧掌权的这些年，面对内忧外患，虽然没有做到力挽狂澜，但放在历史脉络下做持平之论，并不比中国古代众末代帝王更差。并且，她在危难时刻及时重用李鸿章、张之洞等重要的汉臣，开办洋务运动，在中国发展近现代工业，建设近代化海陆军军备，在她的努力下，造就了“同治中兴”的气象。在慈禧死后的几十年时间里，中国因为军阀割据而陷入了四分五裂的局面，从另一个角度也说明了，慈禧的存在压制住了各路想要分裂的力量，保证了清朝在最后这一段路上的统一。

用更有人情味的眼光来看，在德龄公主的回忆录中也记载过这样的情况，不管怎么说，慈禧也终究是个女人，晚清政治的衰败，不能只归咎给慈禧的当政。清末的历史如此屈辱，作为当时清朝的最高统治者，不想向洋人低头的慈禧，又如何不想兴国呢。

一个女人，撑起一个家庭尚属不易，更何况慈禧在最后的几十年中，撑起了一个国家。她是悲哀的，虽然得到了权力，但是在人生中，没有得到感情上的满足。或许她所希望的，不过是像其他的女人那样，在男人和家庭的庇护中过完一生，然而在宫廷中的生活，让她明白了人生没有别人可以依靠，只能依靠自己。所以才会对权力如此迷恋，没有安全感的她，权力是她最大的避风港。所以即使被推到风口浪尖，被舆论压得喘不过气来，她也始终忠于自己的选择。

慈禧不过是那历史的长河中已经逝去的一颗流星，她的一生，充满跌宕起伏，其中的惊心动魄，远非短短两万字可以说尽，那背后的故事和情感，只能留给世人慢慢品读。

卷十二 珍妃：死神的胭脂

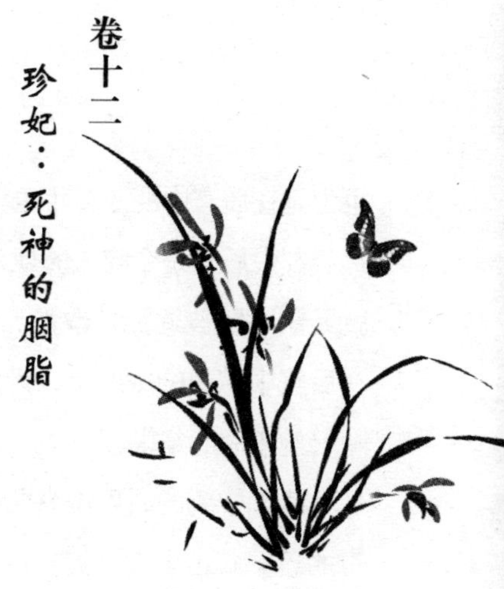

后宫的女子，总是在步步为营的生活中被无情地摧残。多年的后宫生活，没有让珍妃变得圆润，她依旧是带着傲气地存在，但是这股傲气在碰到更为强势的女人时，就变成了一种悲剧。她的傲气，在乱世中连同身体一起，被慈禧推入了井中。那流在井中的血，像是死神为这个并不美好的人间抹上的一抹淡淡的胭脂。

关联人物：光绪帝、慈禧、隆裕皇后。

◆ 有女初长成

提到珍妃，知道她的人一定会唏嘘不已，为她的那份倔强、那份勇敢，也为她在后宫中浸淫多年也没有弯下去的腰。

都说后宫是个吃人的地方，无论多么善良的女人，一旦进入了后宫，就无法不随波逐流地改变自己，变得更世故、更圆滑。可是珍妃没有，在后宫中慈禧的威严下，她的傲气，她的明朗，一直没有消散，一直伴随着她生命的结束。

清代帝王的后妃中有两位女子曾获“珍妃”这一封号，一位是道光帝的珍妃赫舍里氏，另一位是光绪帝的宠妃他他拉氏。这里的珍妃，指的是光绪帝的宠妃他他拉氏。

珍妃出生的这几年，正值清朝最动荡的几年，在大时代背景下，个人的命运往往不由自己做主，有时候对于自己的命运连皇上都无能为力，珍妃就更加只能随波逐流，在动荡的年代里寻一处安身之所。那安身之所最后终于找到了，却是只能永远待在那里，肉体和灵魂一起。

珍妃他他拉氏出生于光绪二年，父亲是礼部左侍郎，于光绪十五年进宫，同年被封为珍嫔。和她一起入宫的还有姐姐他他拉氏，一同被封为瑾嫔。他他拉氏在宫中度过了十一年，于光绪二十六年，慈禧二度逃亡热河前被慈禧推入井中，年仅二十四岁。在这短短的二十四年生命中，她留给历史的并不多，仅有的那一些记载，也因为存在争议，而显得十分神秘。仿佛不欲被这个无情的世界了解太多。

珍妃他他拉氏出生在礼部左侍郎长叙的家庭里。他他拉这个姓氏，是满洲的一个大姓。他他拉这一族的祖先原本生活在寒冷的白山扎库木，后来随着清朝始祖努尔哈赤四处征战，获得战功，被编入满族八旗的镶红旗。入关后的他他拉一族官运并不亨通，家族里的人少有做官，做的官都是一些小官，直到珍妃他他拉氏的祖父一辈，地位才渐渐变得高了起来。

到了他他拉氏的父亲一代，做的官开始渐渐显赫。他他拉氏的伯父，是这一代中官位最高的，从同治年间起，就在广州任将军的要职。这位做着封疆大吏的伯父，膝下没有多少子女，对子女非常渴望，于是他他拉氏有机会和两位哥哥一位姐姐一起，居住在广州的将军府。

在将军府中的生活十分舒心，从小就生活在伯父和哥哥的羽翼下，他他拉氏养成了活泼开朗、倔强敢为又颇为骄傲的性格。

广州这个南方城市，远离了京城的龙争虎斗，没有太多的贵族规矩，又民风开放。因为广州是通商港口，很多西方和别的地方的文化都会随着船只传进来，在近代中国的历史上，革命的第一枪就是在广州响起的。在广州这个“千年商都”，他他拉氏接触了一些新奇的、鲜活的、崭新的文化，和那些传统生活中的大家闺秀不同，这些新鲜的东西，在她的血液里开放出新的花朵，给她的生命注入了完全不同的新色彩。

这样的生活，一直到光绪十年。光绪十年，伯父在广州的任期满了，卸职回到京城。他他拉氏和姐姐、哥哥一起，回到了这个对她来说十分陌生的京城。在京城里的生活远远没有广州的生活自由自在，他他拉氏要像其他的闺阁女子一样，学一些才艺和管家的才能，为今后当家庭主妇做准备。这样的生活也仅仅持续了三年。三年后，也就是光绪十三年，从宫中传出消息：慈禧要开始为光绪帝选后。

选秀是一场激烈的关于美的角逐，也是一场关于命运的角逐，经过这场战争，很多人的命运会发生翻天覆地的变化。虽然竞争十分激烈，但是容貌出众的珍妃并没有在这场角逐中败下阵来。

光绪帝后来的皇后是慈禧的亲侄女，满族的叶赫那拉氏。叶赫那拉属于满洲八旗中的正黄旗，在满族有着较高的地位。叶赫那拉氏是满族的大姓，家族中出过很多有名的女子，但是叶赫那拉氏在后宫中的女人却很少，是因为在清朝建立初期，努尔哈赤统治时期，在女真族内部的统一战争中，因为当时叶赫那拉族最有名的“满蒙第一美女”——叶赫那拉·布喜娅玛拉，爱新觉罗家族和叶赫那拉族之间有着家族仇恨，也因此民间有着这样的传说，叶赫那拉族的女子不得入后宫。虽然叶赫那拉这一姓氏在后宫中并不多见，但并不是没有，在晚清时期更是多了起来，最有名的要属统治了晚清五十多年的慈禧太后。

自从知道自己要娶叶赫那拉氏之后，光绪帝的情绪开始一落千丈。一想到自己的未来夫妻生活并不能美满的光绪帝，心中烦闷且悲痛。光绪帝从小和叶赫那拉氏的性格不合，两人对彼此的印象都很坏。到了后来叶赫那拉氏进宫，两人更是到了水火不容的地步，表面上虽然看不出来，私底下却是彼此一句话也不肯多说。

在上个世纪30年代，《故宫周刊》出版了一期《珍妃专号》，对当时还在人世的清宫中的老太监和老宫女进行了访问，将他们的口述整理发表,因此这里记载的珍妃其人其事,真实性是可以信任的。在这本专号中，记载了珍妃进宫时候的情景，也记载了光绪帝选后时的情景。

光绪帝虽然是一个皇帝，但是在慈禧的威严下，他在婚姻方面也没有自己选择的权利。当时的慈禧，已经决定将自己的侄女叶赫那拉氏指婚给皇帝当皇后。但是叶赫那拉氏在容貌上并不出众，甚至说有点丑陋，她身材短小，皮肤黝黑，容貌平平，不符合任何时代的审美标准。面对这样的一位内定的皇后，光绪帝提不起任何的兴趣。而他他拉氏在美女如云的后宫里，也算是容貌比较出众的一位，且身材婀娜，举手投足中有一种别样的风情，浑身散发着一种质朴而明艳的气质。

选皇后时，按照清朝的规定，五个皇后的候选人站成一排。光绪帝手中拿着玉如意，光绪帝将这玉如意交到谁的手里，那么就意味着选谁当了皇后。选后的那天，光绪帝面对已经内定的皇后，有些心不在焉。面对着已经被安排好的人生大事，也没有表现出更多的在意。

但是，当拿着玉如意走过珍妃面前时，看着明艳动人、带着泉水般笑容的他他拉氏，光绪帝感觉自己的内心重新被点燃了一把火，他的手有些颤抖，有些怔忪地想要把玉如意送出去。但是，专制的慈禧在一旁观察着整个过程，并不会容许这样的事情发生。在慈禧的暗示下，当时慈禧身边最得宠的太监李莲英走到光绪帝的身边，重重地扶了光绪帝一把。这一扶，让光绪帝从愣怔中清醒过来，像是在沙漠中行走的人，如梦初醒般地发现自己眼前的绿洲并不是真的绿洲，只不过是自己因为渴望太久而产生的幻觉，他瞬间明白了自己的处境。继而他越过了他他拉氏，来到叶赫那拉氏的面前，将手中的玉如意交了出去。

这一故事虽然有一些戏剧性，但是也可以从一个侧面看出，光绪帝对珍妃的喜爱，以及对慈禧强行将自己和叶赫那拉氏捆绑在一起的厌憎。

大婚那天的情景颇为有趣。光绪帝的脸上没有什么笑容，而叶赫那拉氏虽然为人比较蛮横，但是在这样的日子里，还是和大部分女子一样，显得十分羞涩。按照宫里的规定，在皇帝大婚的这一晚，宫里并不宴请，一般都会等到大婚的第二日开始宴请。因而那天晚上，光绪帝和成了皇后的叶赫那拉氏两人用过晚饭后，大婚的这一系列礼节才算完成了。

历朝以来，皇后和皇帝都是分居而住的。两人的宫殿虽然离得不太远，但是并不能像普通的夫妻一样经常见面。并且，因为光绪帝对自己的这位皇后很是厌恶，自从大婚晚上之后，光绪帝在一个月内都没有踏入过皇后的寝宫。备受冷落的叶赫那拉氏，在这时候才终于觉醒过来，她少女时代的梦想，关于夫妻美好生活的祈愿，大概都已经无法实现了。那些想象过的温柔缱绻，相敬如宾，在如今看来，只是一个笑话而已。

在进宫后的第二天，就被光绪帝像弃妇一般扔在一边，这当然让她十分怨恨。然而两人在表面上，却都十分有默契地选择了伪装。

直到珍妃和瑾妃进宫，这一情况也仍然没有改变。从小生活环境十分如意的珍妃，养成了乐观开朗的好性格。这对从小生活十分不如意而养成了十分阴郁性格的光绪帝来说，像是上天赐给他的礼物。

珍妃有些调皮，在广州这样的民风比较开放的城市长大，对宫里的规矩也不是很在意。根据清代人的笔记，珍妃时常换装成小太监的模样，陪着光绪帝一起批阅奏折，学习。有时候几天都寸步不离地在一起。自从珍妃进宫以后，光绪帝每天都如沐春风，情绪一天好过一天，连身边的宫人太监都不再受到责罚。珍妃为了让光绪帝开心，经常变着法子地换装，让光绪帝感觉到生活的新鲜。

在广州长大的珍妃见多识广，总有很多新鲜的话题可以和光绪帝一起交流，两人待在一起仿佛有说不完的话。光绪帝从四岁被接入皇宫开始，就再也没有这样畅所欲言地生活了，珍妃的到来，仿佛唤醒了光绪帝原本已经沉寂许久的青春，两人都尝到了平生所没有体会过的爱的甜蜜。

和光绪帝浓情蜜意的珍妃并不能预料到，在清朝这样动荡的时代大背景下，男女情爱是多么的不堪一击，在这样的时代中，想要生存都是十分不易，更不用说在这权力的中心获得长久的爱情。珍妃的真性情，或许改变了光绪帝郁郁不得志的心境，却无法撼动整个清朝变动的狂潮。珍妃和皇帝的爱，在恶势力猖獗的背景下，只能得到一个不幸的结局。

珍妃和光绪帝的如胶似漆，首先引起了皇后叶赫那拉氏的不满。叶赫那拉氏刚进宫就受到了冷落，其貌不扬的她，在心机手段上也没有什么天赋。叶赫那拉氏看着珍妃和光绪帝如此甜蜜，她的心中像是有一团火在燃烧，那原本是她该有的生活，却被人生生地夺走了。但是争强好胜的她，拒绝承认自己是一个情场上的失败者，也不愿意面对自己在容貌上的缺陷，于是就表现为浓浓的嫉妒。

这天底下的人，各有各的不幸。叶赫那拉氏虽然得到了皇后的位置，成了光绪帝名义上的妻子，却没有得到光绪帝的爱。对于一个在后宫中的女人来说，漫长的日日夜夜里，若是没有皇帝的爱，大概也是很难熬过这寂寞的日子的。因此叶赫那拉氏虽然性格不讨人喜欢，但是她的悲剧，也是十分令人唏嘘的。再联想到她后来的悲凉生活，也可以断言，无论皇后的位置为叶赫那拉氏带来了多少风光，她的人生，还是一个悲剧的人生。

◆充满悲情的傲气

珍妃在刚进宫的时候，经过娘家人和教养嬷嬷的反复提醒，在宫里很是拘谨了一段日子。但是在进宫后没有多久，就把那些拘谨收了起来，因为有着光绪帝的宠爱和庇护，她心直口快的小孩子心性，就显露了出来。

因为是刚入宫的妃子，珍妃和姐姐瑾妃，经常受到宫里太监的敲诈。宫里的太监对这一对新人姐妹，并不十分重视，常常进行欺压。面对贪得无厌的太监的勒索，姐姐瑾妃性子柔弱，大多是自己默默忍受，但是倔强的珍妃，就不是如此。不愿任人宰割的珍妃，总是挺身而出。但是珍妃这一不考虑到未来的举动，却是为自己带来伤害。当时的她并不知道，紫禁城这个地方，在慈禧的纵容默许下，宫里的风气早就变得乌烟瘴气。慈禧身边的宫人太监带头收受贿赂，以权谋私的事情多如牛毛。珍妃的年轻不懂事，为她后来的受到伤害埋下了很深的隐患。

珍妃初入宫时，颇受慈禧太后的喜爱。珍妃的样子，总是让慈禧太后想起年轻时候的自己，带着一种初生牛犊不怕虎的味道，在这个宫廷里生活，这样的性子总是十分引人注目的。在最初的时候两人相处得十分融洽，逢年过节，珍妃会同皇后和瑾妃一起去颐和园向慈禧问安，平时也多有走动，慈禧也会在逢年过节赏赐给珍妃不少东西，相处十分和谐。

然而，过了没有多久，随着光绪帝对珍妃的越来越喜爱和重视，慈禧就渐渐对珍妃的印象越来越坏。慈禧这一生，因为对权力太过迷恋，牺牲了太多的东西，爱情就是其中的一样，咸丰帝离开人世的时候她还年轻，还没来得及好好享受爱情。所以在她看到珍妃和光绪帝每天都待在一起，每天不顾旁人的眼光，如此幸福，她十分眼红，她见不得自己身边的人过得如此幸福。况且，慈禧作为皇后叶赫那拉氏的亲姑姑，看到光绪帝如此冷落自己的侄女，在她的眼中，这仿佛是光绪帝公然的一种反抗，反抗她赐予的婚姻。

在《宫女谈往录》一书中，有这样一段关于光绪和珍妃的描写："在甜蜜的日子里，珍妃有一天悄悄地问光绪，'皇上这样加恩于我，不怕旁人嫉恨我吗？'光绪说，'我是皇上，旁人能对我怎么样！'这是宫廷里暗地传出的他们的对话。光绪只知道一味地痴情，天真的珍妃也不知早早地收敛，以致落到一死一囚的地步。"两人都在宫中无所顾忌，无所畏惧，也就导致了后来发生的悲剧。

在慈禧六十大寿这一年，也就是光绪二十年，大清朝在水深火热之中已经快走到尽头了，到处都是一个朝代末路的景象。慈禧在过五十大寿时，正逢中法战争，导致她的五十大寿过得十分仓促，这让慈禧内心十分不满，她认为在过寿这一点上，完全没有体现出自己的地位。因而六十大寿，慈禧决定好好操办一场。虽然这个时候的清朝战乱四起，但是慈禧仍然大肆操办，准备制造出一种普天同庆四海升平的感觉。

这一年，光绪帝和慈禧的矛盾也日益突出。慈禧发现，这个从小生活在自己的威严下，对自己言听计从的小皇帝，在不知不觉中，已经渐渐丰满了羽翼，开始有自己的想法。比如在慈禧六十大寿来临之际，光绪帝更关心的是国家的出路，他深深地忧虑着大清的前程，但是慈禧却一门心思地担心着自己的寿宴，在这一点上，两人之间有着不可调和的矛盾。

这个时候的慈禧住在颐和园，光绪帝住在紫禁城中，没有了慈禧在身后盯着，又有珍妃在一旁鼓励，光绪帝觉得自己可以放开手脚做一些事情。珍妃在这一段时间向光绪帝推荐了自己认识的一些人，其中包括珍妃的兄长和原来的家庭教师，这些人得到了光绪帝的重用。在珍妃的帮助下，光绪帝也开始有了一些自己的心腹，开始有了自己的想法。

在这一年，爆发了甲午中日战争，中日战争的爆发无疑让光绪帝和慈禧的矛盾更为加深，在与日本的战争中，中方节节败退，北洋海军全军覆没，且军资越来越少，于是有人提议，将继续扩建圆明园的钱省下，用来充当军资。这一提议，让想要在圆明园中更好地享乐的慈禧勃然大怒。随着寿宴的临近，慈禧越来越主张求和，不想让战争的阴影一直笼罩着自己的寿宴，像五十大寿那样被战争影响。在这一点上与光绪帝产生了极大的矛盾。光绪帝的心腹，希望光绪帝能够站在主战的这一边，并且通过珍妃对光绪帝进行劝说。在朝廷上，光绪帝一党对慈禧太后一党的主和表达了强烈不满，并且时时进行抨击。

这引起了慈禧的强烈不满。

太后虽然在这次和光绪帝一党的争论中落了下风，但是她终于找到机会抓住了珍妃的小辫子，抓住了珍妃“弄权卖爵”的把柄。

在古代社会中，卖官的现象十分常见。追溯起来，秦始皇时期就已经开了卖官的先河。到了清朝末年，卖官已经是个公开化的十分常见的现象。在当时，只要能够拿出银子，就可以谋求一官半职，最初能谋到的往往只是一些不太重要的小官职，但是随着卖官现象的普遍化，花钱甚至可以买到一些肥差和要职，那些想要当官的有钱人，不再需要经过寒窗苦读来博取功名。在当时的紫禁城中,卖官弄权的事情也不少见。慈禧身边的太监，大多在慈禧的默许下，运用慈禧的权力谋私。甚至，慈禧自己也在卖官这一事情上并不清白。当时的慈禧有着惊人的开销，喜欢享受的她，处处都要求精致，因此她的花销可以说是个天文数字，于是慈禧就通过卖官一事来增加自己的收入。

宫中的妃嫔，生活处处需要打点，却没有自己的收入，仅仅靠着每月固定的银子，生活起来十分捉襟见肘。于是珍妃就想到了卖官来增加收入。虽然慈禧自己并不清白，但是，她却容不得不跟她站在一个阵营中的人做这些事情。珍妃就是在这一点上，被慈禧抓住了把柄。新仇旧怨加在一起，慈禧终于再也无法忍受了，她无法再容忍珍妃犯乱。事情就发生在慈禧的六十大寿前后。

忍受了很久的慈禧太后，终于爆发了。

她先将珍妃身边的宫人带过去问话。但是面对慈禧的威严，战战兢兢的宫人什么都说不出来。慈禧于是将珍妃和瑾妃两姐妹叫了过来。若是珍妃的性格再柔弱一点，在慈禧面前表现得恭顺一点，那么也许就不会有后来的悲剧发生。但是珍妃并没有恭顺，恭顺并不是她的性格。在宫里备受光绪帝宠爱的她，原先倔强不服软的性格更加明显。在慈禧质问她的时候，她选择了为自己辩解，并且也指出了慈禧在这一事件上犯了同样的错误。

看到珍妃如此的胆大妄为，慈禧心中的最后一丝顾忌也烟消云散了，她的尊严是容不得别人侵犯的，即使在这件事上自己并不清白，但是她也绝对不容许被别人当众戳破。珍妃和瑾妃两人都受到了处罚，两人被脱去衣服杖责。这在宫中是相当严厉的处罚，只有犯了错误的宫人才会受到这样的处罚，可见当时的慈禧，有多么的气愤。然而，杖责并不是这件事情的终点。

杖责后的第二天，慈禧细数了珍妃在宫中所犯的各种错误，例如忤逆皇后、目无尊长等等，将珍妃、瑾妃二人降为了贵人。珍妃身边的宫人也没有逃过一罚，心腹太监被关押了起来，珍妃宫里的其他宫人，也都无一幸免，后来都被活活打死。

曾经伺候过慈禧的宫人后来回忆起珍妃被责罚的这一事情，这样说道："提起珍妃来，她并不是一块美玉，更不是出淤泥而不染的人物。她也弄过权，卖过爵，只是在老太后的威严下，哪能容她放肆。"珍妃所犯的最大错误，大概并不是弄权卖爵，而是在宫里生活了这许多年，竟没有意识到慈禧专制的手段。

珍妃受到的处罚让光绪帝十分受伤。他知道这一切处罚都包含了慈禧对自己的迁怒，但是在看到珍妃被责罚和降级之时，他却无能为力。虽然是一国之君，但是光绪帝处处受牵制，在朝廷上的大事无法自己做主，在后宫中也无法保护自己喜欢的女人，这让光绪帝产生了一种深深的自卑感，这种自卑感，从很小就伴随着他，只不过在珍妃进宫后的这一段时间里，自卑感被欢喜掩盖了，如今又再度深深地体会到。

但是更深的痛苦随即就来临了。慈禧通过对珍妃的惩罚，扭转了自己的被动局面。随即她又在朝廷上对光绪帝一党进行报复。她对帮助光绪帝的那批人都下了毒手，砍掉了光绪帝的左臂右膀。失去了支持的光绪帝又变成了孤身一人，那短时间的果决仿佛是过眼云烟，瞬息之间又变成了那个懦弱无能的光绪帝。光绪帝和他的党派们到了山穷水尽的地步，好不容易建立起来的阵营被慈禧一手瓦解。

日子更加难过的是被降为贵人的珍妃，被贬为贵人后，珍妃的生活发生了很大的变化，在宫里的地位变低，每天的饮食变差，手中的银子也少了很多，身边原来的亲信们已经被慈禧太后下令杀死，没有一个可以说话可以排忧解难的人在身边。太监宫人们又都是见风使舵的，于是日子就渐渐难熬了起来。

但是比这些更难熬的是，被降为贵人后，因为身份的低下，珍妃不仅不能随时陪伴光绪帝，甚至连见面都需要很多程序，两人无法再像从前那样每天待在一起。十分相爱的两个人，现在却被遥遥无期的等待所阻隔，有期限的等待可以给人以希望，但是没有期限的等待最是让人感到无奈，珍妃和光绪帝这一次，就是在经历着这样的等待。

过了一年，在光绪帝的努力下，珍贵人和瑾贵人又恢复了珍嫔和谨嫔的称号,随即又被晋升为珍妃和瑾妃。这一次的珍妃,虽然得到了晋升,但是并没有刚进宫时候的兴奋和开心了，在被冷落了的这一年里，珍妃一步一步，从一个小女孩成长为一个女人。都说在底层更能体会到这个世界的辛酸，地位变低的珍妃虽然并不是生活在底层，但是在别人的横眉冷对中，学会了人生的百态。她明白过来，在皇宫里，没有光绪帝的庇护，生活是多么的不容易，尤其是在光绪帝自己也生活在四面楚歌的环境中时，要保护自己更是难上加难。

这次的事情，对两个人来说，都是很大的打击，两个人再次走在一起的心境，已经与开始的时候并不相同。对那些伤口，两个人都选择了沉默。他们想着，或许时间会治愈一切，但是他们没有想到，两个人恢复共同生活并没有多久，更大的人生考验来临了。

甲午中日战争失败之后，清朝整个陷入了动荡之中，投入大量资金建设的北洋军舰全军覆没，清政府签订了丧权辱国的《马关条约》。台湾岛和澎湖列岛从中国的领土上分离出去，日本人在清朝大肆横行，失去了国土、银子和尊严的大清朝，从此也彻底失去了民心。于是末路中的光绪帝想到了改革。他召集了许多新派人士进行改革，维新变法来得十分迅猛。光绪帝一反常态，突然变得十分果决，激烈地采取了各种措施来实施改革，使得原本已经激烈的矛盾更加白热化。

慈禧和守旧派看到维新变法的气势汹汹，并没有从正面去反抗，老奸巨猾的慈禧，选择再一次割去光绪帝的左臂右膀。光绪帝身边的改革派，不是被革职杀头，就是被遣回了老家，光绪帝再一次陷入了孤立无援的境地。而后，慈禧迅速发动了秘密的政变，将支持改革的谭嗣同等人处以死刑，同时也剥夺了光绪帝处理国家大事的权力。

光绪帝为改革付出了沉重的代价。维新变法失败之后，光绪帝被慈禧囚禁在了北海的孤岛瀛台，而珍妃，因为在维新变法的过程中支持了光绪帝的变法，在光绪帝被囚禁到瀛台后，也被打入了冷宫。这一对重逢没有多久的恋人，在短暂的相聚之后，又陷入了分离的状态。他们谁也没有预料到，这一别，竟是生离死别，至死都没能再见面。

被囚禁在瀛台的光绪帝，每日里孤孤单单，只能通过练字来打发时间。在这样寂寞的时刻，光绪帝越发思念起了珍妃。光绪帝内心里有一种奢望，想着虽然变法失败，自己失去了阵营，但是等过了这个风头，自己还能恢复自由。但是光绪帝没有想到的是，恢复自由的这一天，来得太晚。被囚禁在皇宫中的珍妃，受到了十分严格的看管，慈禧太后不准别人去看珍妃，也不准珍妃去看别人，除了送饭的太监和看管的太监之外，珍妃再也见不到任何人，这一切都是冷冰冰的。珍妃生活得战战兢兢，她已经深刻地明白了皇宫内的人事沉浮，一步踏错，就可能会陷入万劫不复的境地，冷宫中的妃子的地位，甚至还不如太监。

珍妃花了许多的时间才认识到，这就是皇宫的生存之道，失败者的代价永远超乎人们的想象。

◆井中岁月长

沉寂了没有多久的死神，开始加快了它的脚步。在光绪二十六年，也就是变法失败两年后，八国联军趁着义和团行动之时，开始进攻北京。这一年的七月二十日，八国联军终于攻破了北京城。慈禧太后感觉到了空前的危机，一天之内五次召见军机大臣，在反复地商定之后，终于决定逃出北京城避难。

年轻的珍妃就死在了慈禧出逃的前一天，关于珍妃的死因，历来众说纷纭。也正因为有各种各样的说法，而使得珍妃的死因显得扑朔迷离。

在《庚子国变记》中，仅仅记载了这样一句话："珍妃有宠于上，太后恶之，临行推堕井死。"这样一句话，将事情的详情都隐去，只是短短一句话，就概括了珍妃之死的悲剧。

在故宫所出的《珍妃专号》中，关于珍妃之死的记载比较详细。讲述这一事情的是当时在宫里的一个侍卫唐冠卿，据他回忆，庚子（光绪二十六年）七月十九日，当时宫里的总管崔玉贵率领快枪队守住了稻和门，唐冠卿也率领了四十人守住乐寿堂，刚过午时，唐冠卿在后门休憩，突然看到慈禧太后从乐寿堂里面走出，身边没有任何随侍的太监，去往颐和轩。当时的唐冠卿感觉十分惊愕，太后出行身边竟然没有一个人跟随，于是便上前去搀扶。问道："老佛爷要去向何处？"慈禧回答道："不需多问，你只要跟着我就可以了。”到了角门转弯的地方，慈禧突然又说：“你在颐和轩的廊上守着，如果有人前来偷看，一定枪击了。”后来崔玉贵前来，扶着慈禧太后出了角门向西而去，过了没有多久，珍妃到了。向慈禧太后请安完了之后，慈禧太后问：“现在还成活么，义和拳捣乱，洋人进京，怎么办呢？……”而后说话声音变得十分细微，让人辨别不清楚。没过多久又大声道：“我们娘俩儿跳井吧！”珍妃于是便哭了起来，开始求起情来。慈禧太后厉声说：“不管有没有罪名，难道留下来遭洋人毒手吗？你先下去，我也下去。”珍妃频频磕头，哀求，然后听到慈禧太后喊崔玉贵。崔玉贵对珍妃说：“请主儿遵旨吧！”珍妃绝望地问道：“你们为什么要逼迫我到这个地步。”而后又是一番纠缠，慈禧太后生气道：“把她扔下去吧。”然后唐冠卿就听到了挣扭的声音，一番纠缠之后，砰的一声巨响，那是珍妃坠井发出的声音。就在这短短的时间里，一条年轻的生命就这样逝去了，而这个时候的光绪帝，正在养心殿中，对这一切毫不知情。

在这一说法中，慈禧要求珍妃跳井的原因，是害怕洋人攻进北京城时，珍妃以及宫内别的妃嫔失去贞节，有损皇室的面子，为了保全皇室的面子，慈禧在洋人进京之时将珍妃推入了井中。

除此之外，还有另一种更令人信服的说法，是“留京被拒”说。慈禧在八国联军攻入京城后，想要带着光绪帝一起逃离京城。在逃离之前，珍妃跪在无情的太后面前，祈求太后不要将皇帝带走。皇帝留在京城，可以在需要的时候支撑大局。在这样空前的危机前，除了珍妃，没有其他人会为了光绪帝提出这样的请求了。慈禧太后看到求情的珍妃，想起来光绪帝在甲午中日战争之后的不配合，想起了光绪帝一党的处处压迫，新仇旧恨涌上心头，怀了满腔的恨意。她看着求情的珍妃，无处发泄的满腔恨意终于找到了一个出口，于是命人将泪流满面的珍妃扔到了井中。

在这两种说法中，珍妃死得都极为隐秘，除了慈禧和将珍妃推入井中的崔玉贵，并没有他人在场。因为珍妃无罪，对于处死珍妃这一事件，太多的人知道会落人口实，因而选择了隐秘处死。

在光绪帝并不算长的一生中，珍妃是唯一在宫中带给他快乐的女人。珍妃在光绪帝最需要的时候出现，她的青春洋溢，她的活泼开朗，都给光绪帝乌云遮日般的生活带去了很多的光明。在最需要的时候，她陪伴在光绪帝身边，给以他安慰，给予他温暖，像是把一个溺水之人从孤寂深沉的水中拯救了出来。在被囚禁瀛台的时间里，她是光绪帝唯一的生命寄托，唯一活下去的希望和勇气。她死的时候，光绪帝并不知道，等到慈禧准备带着光绪帝逃离京城，可怜的光绪帝才知道这个噩耗。

没有见到珍妃最后一面，对于光绪帝来说是终身的遗憾。在珍妃死后，他变得更加消沉，漫无边际的绝望笼罩着他，光绪帝失去了他的灵魂，在逃亡的路上，他的眼睛里再也没有任何光彩。这样的精神状况，让从小就体弱的光绪帝，身体变得越来越差。

在珍妃死后不久，光绪二十七年的七月，与八国联军达成和议后，联军的军队从北京城里撤出。还在西安的慈禧太后，命令崔玉贵进京查看情况。宫内所有的妃子都平安如初，珍妃投的那口井亦如出京的时候那样。于是崔玉贵便命令内务府准备棺材，将珍妃的尸体从井中打捞起，装殓入棺，准备下葬。

对珍妃的冤死，很多文人墨客发表了诗作来表达自己的同情。慈禧太后受到了或明或暗的谴责，于是在珍妃死后的第二年，慈禧太后将推死珍妃的罪名都安在了崔玉贵的身上，将崔玉贵逐出宫去，并且为珍妃恢复了名誉，将她晋升为珍贵妃。

但是这一切，在九泉之下的珍妃并不知道，死后的这些荣誉并不是属于她的，她在这个世界上最后的记忆，便是那井中无边无际的黑暗和绝望。

在《清史稿》中，关于这个可怜的女人只有短短几句话的记载："恪顺皇贵妃，他他拉氏，端康皇贵妃女弟。同选，为珍嫔。进珍妃。以忤太后，谕责其习尚奢华，屡有乞请，降贵人。逾年，仍封珍妃。二十六年，太后出巡，沈于井。二十七年，上还京师。追进皇贵妃。葬西直门外，移祔崇陵。追进尊封。"只记载了珍妃人生中的几件大事，甚至连坠井的原因都没有说。珍妃漫长的一生，只换来正史上的短短几句。

1921年，已经被废的末代皇帝溥仪发布谕旨，将珍贵妃追封为皇贵妃，加谥曰恪顺皇贵妃，使她的位号仅次于皇后，以告慰珍妃的在天之灵。珍妃在死前受尽了屈辱，这些身后之名，并不能化解她在死前对这个世界的怨恨。在她二十四年的生命里，或许没有给这个世界留下太多，但是她给很多人带去了欢乐，这些欢乐，曾经是灰暗的紫禁城中最耀眼的光芒。

卷十三 隆裕太后：被曲解的人生

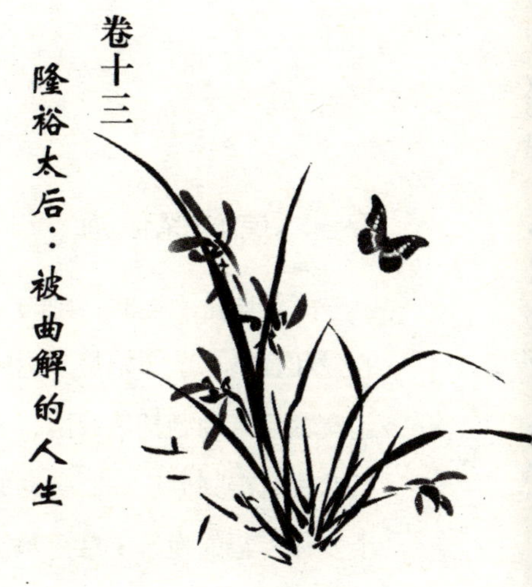

她是一只误入帝王家的燕子，本应该在乱世中安安稳稳地过完自己的一生,却被一道命令,将自己一生的命运都改写。都说一入宫门深似海，但是那海水到底有多深，大概只有走过的人才知道。对于隆裕来说，没有亲情、没有爱情的紫禁城就像是海水的深处，压得她喘不过气来，她在里面苦苦追求，苦苦挣扎，最后所得的，还是漫无止境的黑暗。她背负着本不应该属于她的骂名和谴责，在历史中向我们走来。

关联人物：光绪帝、慈禧太后、珍妃、瑾妃、袁世凯、溥仪。

◆一入宫门深似海

海兰珠是幸运的，她的一生虽然短暂，却得到了一个君王毫无保留的爱和真情；董鄂妃是幸运的，虽然身体不好早早地去世了，但是生前还有顺治帝为她挡风遮雨，为她付出满腔的真情；圣孝宪皇后钮钴禄氏虽然没有得到雍正一心一意的爱，但是她有一个优秀的儿子，让她有一个安详幸福的晚年；慈禧虽然没有得到过爱情和亲情，但是掌握大权的她能够主宰这个世界，权力带给她幸福感和安全感；然而，皇宫中最多的，还是那些没有皇帝的宠爱，没有子女依靠，也没有权力在手，只能在皇宫中孤独终老的女人。

日子对于她们来说，是十分难熬的，在那一个个难以度过的寂寞的夜晚，并没有太多人明白她们的痛苦。最后，她们的命运就像尘土一样，消失在历史的长河里，只能留下一个名字，甚至，连一个名字都不能留下。

这是宫里大多数女人的命运。比被皇帝忽视更为悲惨的是，被皇帝厌恶和怨恨，那样，生前在后宫中看不到希望，死后还背负着不属于自己的骂名和谴责。

这样的悲剧就发生在隆裕身上。

严格来说，真正意义上的末代皇后是隆裕，而不是婉容。因为溥仪在 1912 年逊位，也就意味着清朝结束了长达两百多年的统治，中国的封建制度走到了尽头。尽管溥仪在后来又多次登基，但是那不再是被人们所承认的登基，也没有管理整个国家的权力。因而，在1922年才成为溥仪妻子的婉容，从真正意义上来说，并不能称得上是末代皇后。而且，也只有隆裕，还真正掌握过统治六宫的权力，也受到过世人的朝拜，享受过当皇后的荣誉和权力。

然而因为珍妃和光绪帝的故事被传得很广，在所有的故事中，珍妃和光绪帝都是受到同情的那一方，而在这时，隆裕作为皇后的形象就被丑化，被扭曲。人们往往将她描述成一个昏庸而愚蠢的妒妇，受慈禧的命令对光绪帝进行监视，并且嫉妒成性，因为珍妃受到光绪帝喜爱而频频向慈禧进谗言，加害于珍妃。并且她对权力十分热衷，想要在后宫中树立自己的威信。在很多影视剧中，隆裕的形象更是被丑化。但是历史上的很多记载都显示，隆裕并不是这样一个人，在很多人的眼中，她都是温柔和善、有教养、细心体贴，并且很有文化内涵，跟得上时代的步伐。

那么，为什么隆裕会在历史上产生这么大的争议呢，究竟隆裕是一个怎样的存在呢？

在《清史稿》中，对这位真正意义上的末代皇后仅有这样一段记载：

> 德宗孝定景皇后，叶赫那拉氏，都统桂祥女，孝钦显皇后侄女也。光绪十四年十月，孝钦显皇后为德宗聘焉。十五年正月，立为皇后。二十七年，从幸西安。二十八年，还京师。三十四年，宣统皇帝即位。称“兼祧母后”，尊为皇太后。上徽号曰隆裕。宣统三年十二月戊午，以太后命逊位。越二年正月甲戌，崩，年四十六。上谥曰：孝定隆

裕宽惠慎哲协天保圣景皇后，合葬崇陵。

隆裕原名叶赫那拉·静芬，是慈禧的弟弟叶赫那拉·桂祥的女儿，慈禧的亲侄女，隆裕只是在溥仪继位后所封的徽号。隆裕出生在同治七年，刚出生的时候，隆裕家庭生活十分美满。她的两个姑姑，一个姑姑嫁给了醇亲王当王妃，也就是后来光绪帝的生母；另一个姑姑嫁给了咸丰帝，在后宫中因为生下载淳而地位稳固，两位姑姑都嫁得十分风光，连带着父亲桂祥也十分受重视。

到了大一点的时候，家里给隆裕和她的姐姐请来了家庭教师，教她们读书，也教她们一些闺中女子应该学的东西，比如女工、琴棋书画等等，隆裕从小就十分聪慧，因而在姐妹当中也是表现得非常好。很多问题一点就通，对大事也有着自己的见解，因此虽然长得不是很漂亮，却也很受到家人的重视，而在后宫中的慈禧，也对自己的这个侄女有所耳闻，对这个侄女开始慢慢上心。

于是慈禧就在心里想着要将还是少女的隆裕接到宫里去。一般满族贵族的女子，到了十三四岁就开始议亲，到了十五岁就已经成亲了。但是隆裕没有，直到自己身边的姐妹都嫁出去了，她还是没有议亲。

少女隆裕的心里其实十分烦恼。她知道家人迟迟不给她议亲，是因为想让她入宫嫁给自己的表弟光绪，但是隆裕和光绪在很小的时候就见过，两人性格十分不对盘，互相看不顺眼。在光绪的眼里，自己的表姐很粗鲁，大手大脚，一点也没有贵族少女的气质，而隆裕则觉得光绪懦弱，软绵，一点也没有男人的气势。两个人从小就互相不喜欢，如果进了宫，那么未来的日子可以想象得到，是十分不幸福的。而且隆裕十分聪慧，她看出了自己的姑姑让自己进宫去有什么目的，只不过是把自己当作一颗棋子，来扩大慈禧在宫中的势力。少女隆裕的心中，对于进宫是十分排斥的。

但是在婚姻大事方面，一向都是“父母之命，媒妁之言”，没有自己说不的余地。况且这门亲事是由慈禧定下来的，慈禧在当时有着至高无上的权力，那就更加没有反抗的余地了。虽然对这门婚姻不是特别满意，但是隆裕毕竟还只是一个待字闺中、对婚姻有着美好期待的少女。虽然对方并不是自己心目中的“良人”，但对于自己的未来，她的心中还是有些兴奋的感觉。那是一种完全不一样的新鲜生活，会带给她完全不同的生活体验。

册封的圣旨很快就下来了，这封决定了隆裕后半生命运的圣旨这样写道：“兹选得副都统桂祥之女叶赫那拉氏，端庄贤淑，着立为皇后。特谕。”

但是隆裕没有想到，这次婚姻比她想象的还要糟糕很多。若是知道未来的生活是这样的悲剧和艰辛，那么她一定会祈求上天，让她尽早摆脱。摆脱这门婚姻，摆脱紫禁城，摆脱光绪。

光绪帝也认为自己是这门政治婚姻中的受害者。在知道自己和隆裕定亲了之后，光绪帝的情绪就一直十分消极。他对这位表姐，不仅仅是不喜欢，还有一些厌恶在里面。慈禧在决定这门亲事的时候，根本没有考虑过两个当事人的感受。按照清朝的祖制，选后时，让所有的候选人站成一排，让皇帝来做选择。皇帝手中拿着一个玉如意，将玉如意递到谁的手中，就意味着选谁当皇后。当时和隆裕一起的，还有他他拉氏两姐妹。光绪帝并不想将手中的玉如意交给隆裕，但是他无法违背慈禧的命令，只能不情愿地做出了决定。

在光绪帝十七年的人生里，对慈禧的服从已经成了一种习惯。

若是光绪帝在选后时能够多一点勇气，多一点坚持，那么在场的所有人的命运都会发生改变，也许就不会有这么多的悲剧发生。

就这样在光绪没有反抗的情况下，隆裕成了他的皇后。册封的诏书是这样写的："皇帝寅绍丕基，春秋日富，允宜择贤作配，佐理宫闱，以协坤仪而辅君德。兹选得副都统桂祥之女叶赫那拉氏，端庄贤淑，着立之为皇后。"一封简短的诏书，就决定了隆裕一生的命运，也就意味着，进入皇宫这件事情，再也没有了转圜的余地。

选好皇后之后，还需要为两人举办大礼。当时的光绪，已经十七岁了，在满族人当中已经是晚婚的年纪。慈禧在和钦天监商量了日子之后，就快速地为光绪筹备起婚礼来。皇帝的婚礼，是举国同庆的一个大典，所以人们都给予了高度的关注。

一切都准备得井井有条。在婚礼前的一天，在忙碌了许多天之后，终于要迎来重大的日子了。在家中紧张兴奋的隆裕，心里有一种不好的预感，这种感觉越来越强烈。到了夜深的时候，宫中闹起了火灾，地点就在皇后第二天必须要经过的大清门。因为第二天皇后要从这里进宫，因此在布置的时候，这里挂满了喜庆的红绸，这些红绸就是火灾的源头。

火势十分迅猛，在当时还没有什么灭火的工具，只能靠人工灭火。等到火被灭了，这里已经被烧得一片狼藉了，消息也迅速地传了开去。宫里宫外都透着一种紧张的气氛，在大婚的前一天发生这样的事情，是十分不吉利的。于是关于隆裕“是个错误的人选”这样的流言就迅速传了开去，隆裕被视为是起火的祸根，将来会为光绪带来厄运的妻子。

隆裕还没有进入宫中，身上就已经背负了一些负面的流言。她是悲哀的，失火原本是宫人的失误，却需要由她来承担失火的责任。

消息传到桂公府的时候，隆裕忍不住哭了起来，她忍不住感叹自己的命运，也担心自己真的会为光绪和整个国家带来不幸。不过好在隆裕还有父母亲在身边劝慰她，让她暂时从火灾带来的影响中走了出来，准备迎接第二天的大典。

怀着一颗对未来还有着美好期待的心,隆裕坐上了花轿。那时的她，并没有想到，在花轿的尽头，等待她的将是一种怎样的命运。不同于隆裕还对这门婚事保持着一颗期待的心，光绪到了大典这一天，还是对这门婚事、这位皇后保持着厌恶的心情，对于未来，他没有任何的期待。

大婚的晚上，光绪对于这个皇后，自己名义上真正的“妻子”，冷淡得如同客人一般。两个人甚至没有太多的言语，只是相对沉默。于是隆裕也终于从少女的梦中醒过来了，她终于明白，娶自己只不过是光绪不得不服从的一个命令，也正因为对慈禧包办的婚姻的厌恶，连同对自己也有了更深的厌恶之情。

按照宫里的规定，这一晚宫里并不宴请，只是在新婚的房里摆上一桌饭菜让新人享用。面对偌大的一桌菜，两个沉默的人显得更加沉默了。除了碰撞的声音和吃东西的声音，在新房里就再也听不到任何的声音了。在这死寂的沉默中，隆裕的心也渐渐地沉了下去。

◆ 爱情战争中的失败者

两人婚后的生活，比隆裕想象中的要更加糟糕。

按照规定，皇帝和皇后是分宫而居的，两座寝宫虽然离得很近，却不能像普通人家的夫妻那样随时可以待在一起。但是，从大婚那一晚后，隆裕和光绪分别待在自己的宫中，光绪不会召见皇后侍寝，也不会到皇后的宫里去，两人过起了没有尽头的分居生活。

当时宫里的人都对光绪帝冷淡的态度十分不解，两个人除了大婚之夜，再也没有任何亲密的举动，行为处事像两个陌生人一样，除非有重要的聚会，或是庆典需要两个人一起出席，除此之外两个人从来不会有交谈。这个时候的隆裕，似乎已经看到了自己未来的命运，大概也只有寂寞而已。生活不如意的隆裕，虽然也会在别人看不到的地方偷偷抹眼泪，但是要强的她，并不会在人前表现出一丝的软弱，对她来说，忧愁是没有用处的，并不能让她走出痛苦的生活，既然如此，那为何不表现得洒脱一些呢，这样想的隆裕，就习惯了在人前装作不在乎的样子，做出一种凌人的气势，渐渐的，也就没有人同情她的处境了。

别人并不知道，从进宫的第二天起，隆裕就已经过上了弃妇般的生活。

面对这种情景，慈禧太后也无法挽救。虽然这是慈禧给订下的亲事，但是慈禧并不能改变这一现状。而且，在慈禧太后的面前，隆裕和光绪并不会把情绪写在脸上，他们在慈禧面前总是表现得若无其事的样子，任谁也不能从中看出不和谐的情绪来。

若是有人体验过隆裕的处境，大概也会为她感到悲哀。如果隆裕身在普通的人家，那么夫妻之间不和睦，还可以耍小性子，和丈夫吵架，或者是跑回娘家诉苦。但是隆裕是贵为一国之母的皇后，也就需要摆出母仪天下的样子来，不能做一些小性子的事情，也不能在人前哭哭啼啼，有损皇家的形象。唯一的办法，就只能把苦水都往肚子里咽。皇后这个称号，给她带来了太多的责任，这些责任就像枷锁一样套在她的身上，让她不能够随心所欲地表现自己，只能戴着枷锁，做一些自己并不愿意做的事情。

不仅隆裕在痛恨悲哀的生活，光绪也在痛恨这样的生活。不过光绪比起隆裕，要幸运了很多。隆裕并不是光绪的唯一选择，不喜欢她，后宫中还有别的人可以排遣寂寞，尤其是在珍妃进宫之后，光绪帝得到了真正的爱情，彻底地将隆裕抛在了脑后。珍妃进宫之后，她的活泼明艳很快打动了光绪。光绪一个月中大多数的时间都是和珍妃待在一起。珍妃给光绪带来了很多快乐，让光绪原本灰色的生活渐渐地放出了光彩。

珍妃和隆裕是两种完全不同的性格，隆裕的性情和善、忠厚、老实，不会巴结人，她的家庭，是一个传统的封建主义家庭，有着传统的古板的教育，因而和隆裕待在一起，总是很不快活的，而珍妃则不同，珍妃从小在广州长大，在民风开放的城市养成了活泼开朗的性格，和人相处时总是能给人带去欢乐。而光绪帝，自从四岁被抱进宫抚养，在慈禧的威严下，一直生活得十分压抑，隆裕的性格，让他更加压抑，他不喜欢和隆裕待在一起，而喜欢和给他带来更多欢乐的珍妃待在一起。隆裕的性格，其实并不适合在后宫中生存。她要强，不会巴结人，不肯轻易把自己软弱的一面展示给别人，她不懂得讨光绪的欢心，也常常在公共场合让光绪下不来台，在这样一次次的消磨中，光绪帝对她仅存的那一丝感情，也就消失殆尽了。

按照清朝的祖制，皇帝宠幸后妃，是不能留后妃在皇帝的寝宫内过夜的，一是因为怕后妃刺杀皇帝，做出危害皇帝的事情，二是因为皇帝的寝宫也是皇帝处理政事的地方，为了防止后妃干预政治，于是也就不能留后妃在皇帝的寝宫里过夜。但是自从珍妃入宫，就打破了这一规定，因为光绪帝十分喜爱珍妃，时时刻刻想要和她待在一起。于是就让珍妃打扮成太监的样子，住在皇帝的寝宫，每日和光绪待在一起。

珍妃和光绪整天地腻在一起，最难受的莫过于隆裕了。自己和丈夫并没有感情，还来不及缓和与丈夫之间冷淡的关系，就有别的女人加入了。并且，慈禧太后对于这位年轻貌美、活泼聪明的珍妃也十分喜爱，看到珍妃，就令慈禧想起了年轻时候的自己，因而对她有一种偏爱。隆裕虽然是慈禧的亲侄女，但是自从入宫以来，因为隆裕的相貌并不出众，性格也不十分讨喜，慈禧对她也就表现得十分冷淡，没有过多的偏爱。

后来有一位老太监信修明回忆起隆裕当时在宫里的处境，这样说道："孝定景皇后就是隆裕皇太后，也是光绪的正宫。她姓叶赫那拉氏，是慈禧太后的侄女。因为她性质仁懦，不仅未受光绪的恩宠，就是慈禧太后也对她没有特恩。在宫廷里名有六宫之权，其实上既受制于太后和皇帝，对下不能管制二妃，尤不敢多言，就是对太监，也不敢骄傲自尊。每日必至两宫，早晚请安。请安完毕，只有闭宫自守，心中惴惴，唯忧郁而已。后只率二妃在太后面前奉侍。太后对他们虽无特别管束，但礼仪之缚人，有较平民更为严重。每日在太后面前，提心吊胆，只有与太监为伍。"贵为一国之母的隆裕，在宫里不仅没有权力，还处处受到光绪和慈禧的压制，对于十分受光绪宠爱的珍妃和瑾妃也不敢有太多的管束，活得没有尊严。

由此可以看出，虽然后来慈禧太后将珍妃害死了，但是慈禧太后并不是和珍妃站在两个完全不同的阵营上的，反倒是不受宠的隆裕，在整个皇宫里像个格格不入的人。在宫里生活寂寞的隆裕，曾经对自己的亲弟弟说过这样的话："在老太后面前，我还不如到处惹是生非的恪顺贵妃（也就是珍妃）呢。老太后有时候并不像人们想象的那么威严，尤其是对待恪顺和瑜妃的时候。这么多年，你看到过谁敢在老太后面前撒娇？我是从来没有过的，但恪顺和瑜妃就经常这样。而偏偏老太后吃这个，所以我的日子就变得更艰难了。"

隆裕在宫里的生活之所以如此悲剧，首先是因为没有得到皇帝的喜爱，其次是没有得到慈禧太后的喜爱，最后，由于隆裕争强好胜的性格，她的处境没有得到大多数人的理解。有的时候，光绪帝连表面上的和谐都不想维持，面对皇后时总是气势汹汹，闹脾气。不管外面的世界如何变化，对于隆裕来说，宫里的日子都是一成不变的，就是没有尽头的寂寞和遗憾。

隆裕在和珍妃打一场已经注定了结局的战争，还没有开始，就已注定了失败的结局。

在当时的宫中，因为国库的钱都投给了军事，所以皇宫后妃的用度一再缩减，很多后妃的生活到了拮据的地步。光绪二十年，光绪开始在朝廷中形成自己的势力，而慈禧，并不直接和光绪作对，而是在后宫中找机会打击光绪帝。终于，慈禧找到了可以打击光绪的方法，那就是从珍妃入手。因为当时后妃的生活十分拮据，很多后妃就想到了一些不正当的生财之道，比如卖官。卖官一事被慈禧发现后，对珍妃施以极大的处罚。珍妃不仅受到了太后的杖责，还被贬为了贵人。

直到珍妃受到责罚，隆裕才知道珍妃卖官这件事情。虽然她从头到尾都不知道这件事情，也没有参与过这件事情，可是最后人们都把这件事怪到隆裕的头上。珍妃和光绪，都认为是隆裕向慈禧打了小报告，才使得珍妃卖官的事情被慈禧发现。人们同情光绪和珍妃，自然而然就对隆裕进行了抹黑。隆裕很郁闷，自从珍妃被责罚后，光绪越来越远离自己了。

宫里的人，对于散播谣言这件事，大约是十分在行的。隆裕没有做过的事情，偏偏安到她的头上，让她在宫里的生活越发艰难。但是阻止不了流言，宫里的人说她心肠歹毒，经常向慈禧告状。面对这些流言，隆裕虽然愤恨，但是也无能为力。嘴长在别人的身上，别人想要说什么，无法阻止，尽管隆裕在宫中处处小心，事事谨慎，但是流言仍然像刀子一样，扎在她的身上。

隆裕在宫里，不仅没有享受任何的人世间的情意（爱情也好，亲情也好），也没有享受到任何皇后这个称号所带来的荣华富贵。相比于慈禧太后所拥有的奢侈生活，后妃们的生活则要节俭很多，甚至到了拮据的程度。还没有逃离京城之前，隆裕在宫里的生活就捉襟见肘，为了应付往来的贵妇，常常要变卖首饰来支撑生活，生活中所得到的例银都用来孝敬太后，很少打点太监和宫女，因而下人们都不是特别喜欢她。甚至于，在光绪帝的生父去世时，也因为致祭时犒赏门丁仆媪的钱都拿不出，只好谎称自己生了病，没有去。这样的日子，在所有朝代的后宫中都是很少见的，隆裕这个皇后，外面看着光鲜，其实内在的艰辛，也大概只有她自己知道了。

一入宫门深似海，无论宫里的生活是怎么样的勾心斗角，令人心寒，但这毕竟是已经定了人生路线，没有办法改变，也没有办法退出。那些日子再怎么难熬，也需得自己一个人慢慢地走过。

到了光绪二十三年，珍妃的哥哥在广州认识了康有为，在这位维新派的人身上，珍妃的哥哥接触了新的思想，成为康有为的追随者。回到北京城之后，珍妃的哥哥了解到光绪帝也因为想要找到清朝的出路而对改革跃跃欲试，他还了解到，自己的妹妹珍妃在宫里很受光绪帝的宠爱。于是，他想方设法和宫里的珍妃取得了联系，让她也接触到康有为的思想。

在珍妃的牵线下，光绪和很多改革派取得了联系，也在朝中建立了自己的势力。光绪帝一反懦弱的常态，大刀阔斧地准备实施改革。在康有为、梁启超等改革派的促进下，光绪帝于光绪二十四年颁布“明定国是诏”诏书，宣布变法，新政由此开始。在新政开始后，光绪帝在改革派的建议下，颁布了一系列的变法诏书。主要内容有：在经济上设立农工商局、路矿总局，提倡开办实业；修筑铁路，开采矿藏；组织商会；改革财政。在政治上，广开言路，允许士民上书言事；改订律例；裁撤冗员；澄清吏治；添置船舰；扩建海军。在文化上，废八股，兴西学；

设立中小学堂；创办京师大学堂；设译书局，翻译外国书籍；允许设立报馆、学会；派留学生；奖励科学著作和发明。这些革新政令，目的在于学习西方文化、科学技术和经营管理制度，发展资本主义，建立君主立宪政体，使国家富强。

光绪帝的这一系列命令，有些对后世有着极大的影响，是迈出的历史性的一步。然而，这些新的政策，很快受到了以慈禧为首的守旧派的反对。在新政推出的第五天，慈禧就颁布了一系列的谕旨来制衡光绪帝，一些守旧派大臣跪请慈禧再次"垂帘听政"，宫里甚至传出了慈禧要将光绪帝废除而另立新帝。

光绪二十四年的九月，一直住在颐和园的慈禧突然回到宫里，将光绪帝囚禁到了中南海的瀛台，然后发布诏书，宣布自己再次亲政。于是，这持续了仅仅一百零三天的变法宣告失败，康有为、梁启超等人逃亡国外，谭嗣同等六人被杀害，除了京师大学堂之外，所有的政策都被废除。

不仅光绪帝受到了处罚，连后宫中的妃子也受到了处罚。首先就是珍妃，珍妃因为向光绪帝推荐了康有为，被慈禧太后以"插手国家大事"的罪名贬到了冷宫，被监视起来。

◆ 短暂的相守时光

在光绪帝被囚禁在瀛台的这一段时间里，慈禧派隆裕去瀛台照顾光绪。这是这一对不像夫妻的夫妻第一次这样长时间相守在一起，在瀛台的光绪，因为变法的失败，权力被夺走，再加上无法和珍妃见面，情绪很坏。他看待隆裕就像是看待慈禧派来监视他的人。这一切看起来都很符合逻辑，因为隆裕是慈禧的亲侄女，那么隆裕就自然而然和慈禧太后站在同一个阵营里。光绪是这样想的，因此对隆裕就没有半分的好感，脾气十分暴躁，无处发泄的光绪只能拿隆裕来出气。

对于光绪帝在瀛台的生活，一位曾在晚清当公使的美国人，曾在他的著作《一个美国人眼中的晚清宫廷》中描述过：“那个金碧辉煌的宫殿对他来讲像是一个囚笼，慈禧太后派来的太监日夜轮番看守着他。慈禧太后命令手下的太监轮流值班，唯恐其中有人同情光绪的不幸，想办法帮助光绪逃跑。每天太监换岗时，连接瀛台与湖岸的板桥就被撤除，光绪只能在囚笼一样的宫殿里走动，偶尔还可以到莲花湖南面的平台上坐坐，等待着，盼望着。”

比起在宫里的生活，隆裕觉得在瀛台的生活似乎更能让人接受，没有了宫里的纷扰，只和光绪帝两个人生活在一起。一次，隆裕被暴躁的光绪骂狠了，就回嘴了两句，惹来了光绪的怒气，一向软绵的光绪帝，将隆裕推倒在地上，狠狠地打了隆裕一顿。这只是一个契机，光绪帝其实对隆裕积怨已久，他因为不能和珍妃相守，对慈禧很是怨恨，对隆裕也十分怨恨。他一直找不到对隆裕出气的机会，找到了机会的他，终于爆发出来了。

挨打了的隆裕心里很是委屈，她流着泪对光绪哭诉自己的命运，哭诉老天爷的不公平。哭完了的隆裕，当晚就搬到了另外的屋子里去住，而光绪帝，对于自己的行为，也没有丝毫的愧疚和不安。屡屡受到挫折的隆裕没有退缩，她虽然不受到光绪帝的待见，但是她还是每日里都去给光绪帝请安，和他一起用早饭。光绪帝在瀛台的生活很是无聊，有李莲英监视着，瀛台是一座孤岛，四面都是水，在监视下的光绪帝根本无法逃走。在这样的无聊中，也只有隆裕的陪伴可以消磨时光了。

光绪帝对待隆裕渐渐和颜悦色起来，他似乎也渐渐体会到了隆裕在宫里时的处境，产生了一种同病相怜的同情。被关在瀛台的光绪，没有国家大事可以操心，也没有可以打发时间的消遣，也就能体会到无边无际的寂寞是一种什么样的滋味。这大概是光绪帝对隆裕态度最好的一段时间了，要是以前在宫里，光绪是绝对不可能对隆裕产生同情，也不会花这么多的时间和她待在一起的。一场失败的改革，竟然让两个原本心里相隔十万八千里的人走得更近了一些。

隆裕从进宫那一天开始，就没有过快乐的时光，太多的东西压得她喘不过气来，如今在瀛台，只需要面对光绪一个人，没有慈禧，也没有别的女人，她甚至想一辈子就这样和光绪帝厮守下去。

然而世事终究是多变的。

光绪二十六年，八国联军借着镇压义和团的理由，攻入北京。北京城内烽烟四起，一片狼藉。眼看着紫禁城也要遭受外军的侵犯，慈禧于是决定率领皇室的成员逃离北京城，避难西安。

隆裕也在随行逃到西安的队伍当中。当时珍妃已经被慈禧太后推入井中，万念俱灰的光绪，又回复成那个冷冰冰，不愿意多说一句话的光绪。仿佛瀛台的日子并没有将光绪和她之间的关系改变多少。隆裕明白过来，在光绪帝的心中，最喜欢的还是珍妃。无论为他做多少事情，也比不上光绪和珍妃的那些情意。

> 后来，在慈禧一行西行到西安的时候，因为地方窄小，光绪和隆裕不得不同住在一间大房子里，中间用隔扇隔开，两屋通联。即便是这样，刚刚失去了珍妃的光绪也无心去看一眼隆裕，甚至他认为珍妃的死与隆裕是有很大关联的。光绪是个性格孤僻而又多疑的人，如横下一条心，九头牛也拽不回来。因此，无论隆裕在旅途中怎么照顾光绪，光绪始终不冷不热，甚至连话都不想说，连头都不想抬。
>
> ——《我所知道的末代皇后隆裕》

在西安的隆裕和光绪，面对着即将败落的清朝，心里都十分难受。

那段在瀛台一起度过的日子，已经被光绪帝彻底地抛在了脑后。但是对于隆裕来说，那是值得一生回忆的日子。在往后更加黑暗的日子中，隆裕也许就是靠着那些短暂的回忆，来度过艰难的岁月的。

光绪二十八年，国内的战火终于停息了下来，清政府签订了《辛丑条约》。慈禧带着皇室的成员回到了北京城。回到北京不久，恰好是隆裕的生日。按照清朝入关以来的规定,太后和皇后的生日被称为“千秋日”，每逢皇后千秋佳节的时候，宫内就要由皇帝赐宴，同时要张灯结彩、搭台唱戏地热闹一番，普天同庆。

当时因为和八国联军的战争失败，庚子赔款赔给了八国联军四亿五千万两的白银，造成了国库空虚，民不聊生。政府拿不出钱来，就把压力施加给百姓,百姓苦不堪言。因而,隆裕知道自己的生日并不能铺张，在这种国家动荡的时节，个人的享乐都应该靠后。于是隆裕就和光绪提出，自己生日的一切活动都停止。

光绪帝十分开心隆裕能够为整个皇宫做出表率，于是就传达了停止一切活动的谕旨。大臣们得到谕旨，知道自己不用给皇后准备礼物了，自然十分开心，一时间就对隆裕这样深明大义的举动多有赞扬。但是这件事情引起了慈禧的不开心。慈禧是一个喜欢面子，喜欢铺张热闹的人，她自己的生日，每次都会办得十分热闹，制造出一种普天同庆的感觉。因而，对于隆裕的建议，她十分不满，认为是丢了皇家的面子。并且，隆裕这样做，在慈禧自己过生日的时候就会凸显出慈禧的铺张。于是慈禧就对这位亲侄女更加不喜，生活中也处处压制她，给她制造一些麻烦。

在信修明的《老太监的回忆》一书中，曾经回忆过隆裕在从西安回到北京后的生活状况，十分凄凉，甚至连下人都不如：“太后对于后妃，优宠怜悯，时有传膳。赏后妃和四格格、元大奶奶和诸王妃等，围桌吃饭。皇后先行礼，站立而食，虽不饥，亦须强食，不如四格格等随便。夜间仍回冷宫，其凄凄凉凉之状，可想而知。如一日未得太后之加罪，尤以为知足，真是当了二十年之久的窝囊媳妇。”

在这样凄凉的环境中，隆裕越发怀念以前没有进宫时候的生活了。

没有进宫之前，日子过得是那么快，和姐妹们画个画写个字，一下午的生活就过去了，但是在宫里，要熬过一个下午，却像要过半年那么久。自从进宫以后，隆裕就再也没有私下见过自己的父母，也就是桂祥夫妇，只能在桂祥夫妇进宫时远远地看着。桂祥的另外两个女儿，虽然也是嫁给了王公，但是见面就方便很多，只有嫁入宫里的隆裕，是最让桂祥夫妇担心的。皇宫里勾心斗角，每一步都必须小心翼翼，不小心就成了别人的绊脚石，被除去。自从隆裕进宫之后，和家人见面的机会少，就更加让人担心。

据当时的一个宫女回忆，一次，桂祥夫妇对隆裕实在太想念了，就托人传信给隆裕，让隆裕往家里送一张照片。隆裕当时很想给家里送一张照片，但是虽然照相技术已经传入了中国，却还不是很普及，宫里的后妃照相就必须得请示慈禧太后。隆裕不想因为这件事情去请示太后，就私底下找了个人给她照相。这件事情，还是没有瞒过慈禧，慈禧虽然没有责罚隆裕，但感受到了隆裕对自己的权威的无视，对隆裕就更不好了。

这样的日子，本该是一天都过不下去的，但是隆裕过了几十年。

从西安回北京之后，光绪和慈禧之间，一直保持着表面上友好的关系。因此夹在中间的隆裕，并没有遇到过大的风浪。同时，躲在背后默默无闻的她，也没有在历史上留下什么痕迹。到了光绪三十四年，也就是 1908 年，这一年的北京城变成了一个大舞台，有太多的东西在这里上演。

首先是一直身体不好的光绪终于走到了生命的尽头。光绪帝走后不到二十四个小时，慈禧也逝世了。在此之前，慈禧的身体，因为年老的原因，已经开始显示出了不好的迹象，但是当时所有人都没有想到慈禧会在这个时候逝世。慈禧死的那天，白天还在料理国事，像往常一样忙碌，并且还召集了军机大臣、隆裕皇后、摄政王谈了很长时间，并从此自称太皇太后，隆裕皇后为皇太后，决定以醇亲王载沣长子溥仪继承皇位，处理完这些事情后，慈禧忽然晕倒，并且很长时间才醒过来，慈禧于是明白自己的生命也快走到尽头了。

于是慈禧就迅速地召集了军机大臣、摄政王、隆裕皇后，准备交代后事。其上谕说 ：“奉太皇太后懿旨，昨已降谕，以醇王为监国摄政王，秉承余之训示处理国事。现予病势危急，自知不起，此后国政，即完全交付监国摄政王。若有重要之事，必须禀报皇太后，即由监国摄政王禀询裁夺。”

留完遗诏的慈禧尚且还清醒，人在弥留之际，就喜欢回忆自己的一生，慈禧也没有例外。慈禧回顾自己的一生，对于权势这样不舍，并没有感到后悔。这个统治了大清朝五十年之久的女人，走的时候很安详，那些凌人的气势都像尘埃一样散去了。

光绪三十四年十一月初九日，在光绪帝逝世后二十天，溥仪登基，宣布第二年，即1909年，为宣统元年，尊隆裕皇后为“兼祧母后”，上徽号“隆裕”，史称隆裕皇太后。于是，隆裕终于从光绪和慈禧的背后走出来，开始走上历史舞台。

隆裕并不喜欢紫禁城，那个地方束缚了她太多的人生，而在她年老之后，还要待在这个地方，《少年溥仪》中曾对隆裕的心情有过一段描写：“紫禁城东北区的养性殿，当年是乾隆皇帝当太上皇时养老的地方。在光绪朝，慈禧太后很长时间住在这里。如今光绪皇后成了太后，又带溥仪占下了这片自成格局的宫中之宫。此时在养性门外，王二嬷站在一群恭候圣驾的宫监宫女身后，她所感觉到的不是这座宫中之宫的华丽庄严，而是好像站在一道道大山后面……她从来没有进过山，只在北京城里望过远远的西山。她现在觉得紫禁城里一道道的大红宫墙比西山还高。”紫禁城对隆裕来说，是一个一辈子再也无法逃开的地方，是死也无法摆脱的阴影。

◆亡国之恨

慈禧太后死后，清朝也已经走到了末路，末代皇帝溥仪还是一个孩子，隆裕被推到了政治的风口浪尖。慈禧太后死前，将所有的权力都归给了摄政王载沣，自慈禧死后，资产阶级革命闹得如火如荼。

不久，就闹起了武昌革命。在万般无奈之下，摄政王载沣起用了袁世凯为内阁总理大臣。袁世凯是个有野心的人，他并不会满足于在载沣的统治之下。在袁世凯获得大权之后，就立刻向载沣施加压力，迫使载沣辞职，清政府的权力落在了袁世凯的手中。清政府变成了一个名存实亡的存在。

到了后来，各种革命团体都在各地兴起，受到西方思想的影响，认为清政府这样的封建统治应该退出历史的舞台。也就是说，在这段时间，所有的革命团体都达成了共识：应该以共和国代替清王朝或者对此应该表示接受。到了 1911 年年底，已经有 17 个省市脱离清政府宣布独立，12 月，这 17 个省市的代表齐聚上海，推举孙中山为临时大总统，成立南京临时政府，无视清政府的存在。

在各方势力的逼迫下，皇帝的退位已经势在必行。各地的革命派希望早日建立共和，完成革命，而袁世凯也希望快速取得辛亥革命的成果。于是南北双方协定：清帝退位，建立共和，优待皇室。1912 年的 2 月，隆裕代表清政府下发了《退位诏书》，这是大清王朝最后一条上谕，也是一个王朝走向灭亡的悲歌。在紫禁城读完诏书的时候，隆裕忍不住泪流满面，回想起在紫禁城中度过的几十年岁月，百感交集，万剑穿心，在场王公大臣亦呜咽不已。

不是所有人都有机会，在一生中目睹一个王朝如何一步步走向灭亡，和一个王朝同生共死，那是一种比失去爱人更撕心裂肺的感觉。在这样的大爱面前，个人的小爱所带来的痛苦都被取代了。

清朝 268 年的统治，就这样走到了尽头。

隆裕所做的这个退位的决定，虽然可能对不起清朝的列祖列宗，却是一个正确的决策。对于国家来说，这是一个深明大义的决定，但是对于隆裕来说，这是一个痛苦的决定。她的心中存在着深深的“亡国之恨”，紫禁城中熟悉的面孔都已经不在了，黑夜变得更加漫长。溥仪晚年在《我的前半生》中回忆：“我给太后请安时，常看见她在擦眼泪。”

宣布溥仪退位的隆裕，长年处在忧郁之中，那种亡国之罪一直压迫着她。郁郁不乐的她，常常说出“孤儿寡妇，千古伤心，每睹宫宇荒凉，不知魂归何所”这样的伤心话。

到了 1913 年，因为长年郁积，隆裕的身体开始不好起来。正月初十，是她的生日，太后的生日，应该是举国同庆的节日，按照清朝的规定，大臣应当进宫给太后送贺礼。但是当时的溥仪已经退位，清朝已经退出了历史舞台，隆裕虽然还有着太后的称号，却已经是个没有权力的人了，因而去给她贺寿的人寥寥无几。隆裕看着这少少的几个人，想到清朝曾经盛极一时的状况，悲从中来，开始卧床不起。

这一年的二月二十一日，隆裕太后已是弥留，到了夜间，出现了回光返照，睁开眼睛看见溥仪随侍在一旁，哽咽着对溥仪说："你生在帝王家，其实是一件很不幸的事情，一件事情都没有决定，还没有开始使用皇帝的权力，国家就已经灭亡了，到现在，母亲也快死了。你只不过是个还没有懂事的小孩子，以后的路，应该怎么走？"说到这一处，隆裕伤心地哭了起来，不仅仅是哭溥仪的命运，也是哭自己的命运。哭完之后，隆裕稍微平复了心情，又对溥仪说："我要与你永别了，以后的道路，必定是崎岖坎坷的道路，但是我不能陪你了，你必须要自己照顾自己。走好人生的道路。"之后隆裕数次清醒，又数次昏迷，她已经在死的边缘徘徊。她还想要对溥仪说很多的话，但是她的身体，已经让她虚弱得说不出任何话来。撑到二十二日的凌晨，隆裕病逝，享年四十六岁。

这个被认为是葬送了大清江山的女人，在悲痛中结束了她悲剧而短暂的一生。

◆ 她的悲剧

后宫是个永远不缺少悲剧的地方，但是隆裕的悲剧，却仍然是一个在这许多悲剧中令人唏嘘不已的悲剧。在所有的历史和野史中，人们总是厚爱珍妃，为了凸显珍妃和光绪的悲剧，总是对隆裕皇后有所抹黑，把她说成是一个阴险狡诈、嫉妒成性的坏女人。在那些故事里，隆裕是一个棒打鸳鸯，屡次陷害珍妃的小人，彻头彻尾地令人痛恨。

然而，那些被夸大和扭曲的，真的就是真正的历史吗？

关于晚清的宫廷，很多人对它进行过回忆，在那些宫女、太监、外国公使的回忆录里，我们可以看到，隆裕是一个悲剧的、令人同情的人物。

在《一个美国人眼中的晚清》一书中，对于隆裕的描写是这样的：

> 隆裕皇后长得一点都不好看。她面容和善，常常一副很悲伤的样子。她稍微有点驼背，瘦骨嶙峋。脸很长，肤色灰黄，牙齿大多是蛀牙。她十分和善，毫无傲慢之举。我们觐见时向她问候致意，她总是以礼相待，却从不多说一句话。太后、皇上接见外国使节夫人时，皇后总是在场，但她坐的位置却与太后、皇上有一点距离。有时候她从外面走进太后、皇上所在的大殿，便站在后面一个不显眼的地方，侍女站在她左右。在别人不注意的时候，她就会退出大殿或者到其他房中。每到夏天，我们有时候会看见皇后在侍女的陪

> 伴下在宫中漫无目的地散步。她脸上常常带着和蔼安详的表情，她总是怕打扰别人，也从不插手任何事情。

《清宫二年记》中，作者德龄公主对于隆裕的评价是“温雅可亲的皇后”。

在隆裕死后，当时临时政府的副总统黎元洪称隆裕太后是“女中尧舜”。

我们怎么也不能把这些描写和野史中那个恶毒卑鄙的隆裕联系在一起，那些对隆裕进行过口诛笔伐的人，对隆裕是极其不公平的，在她被慈禧选入宫中的那一刻起，就注定了她悲剧的一生。她生前被珍妃夺去了爱情，在宫里守了二十多年的活寡。死了之后，被珍妃夺去了名声，她只能永远站在珍妃对立的那一面，用来突出珍妃的美丽勇敢、智慧善良。

和张爱玲齐名的海派女作家苏青曾写过《红颜薄命论》，在这篇文章里，她说道：“悲剧的主角总拣美丽动人的女子来当，始能骗取观众的同情，赚得他们不少眼泪。譬如说，剧情是一个男人弃了太太，另找情人，太太自杀了，那个饰太太的演员便该比饰情人的演员漂亮得多。于是在她自杀之后，观众才会纷纷叹息说：‘多可怜哪！红颜薄命。’若是饰太太的演员太难看了呢？则观众心理便要改变，轻嘴薄舌的人们也许会说：‘这个黄脸婆若换了我，也是不要的，死了倒干净。’那时这出戏便不是悲剧，而是悲喜剧了，主角是那个情人，她的恋爱几经波折，终于除去障碍，与男主角有情人成为眷属了。”

不管是在现实生活中还是在后来的戏文里，珍妃永远是那个美丽动人的女主角，而隆裕也就成了女主角和男主角美好生活中间的那个障碍。没有人过问她在紫禁城中的生活，没有人知道那无数个夜晚，她曾独自吞下多少的泪水，也没有人知道，她如何在这样无止境的生活中，埋葬自己少女时代的梦和一辈子的理想。

这样一个可怜可叹的女人，至今还背负着人们的歪曲和谩骂。

隆裕的一生，用易顺鼎写的那副挽联概括：

本来生生世世不愿入帝王家，从黑暗中放绝大光明。全力铸共和，普造金身四万万。

以后年年岁岁有纪念圣后日，为青史上现特别异彩。同情表追悼，各弹珠泪一双双。

卷十四 婉容：末代皇后

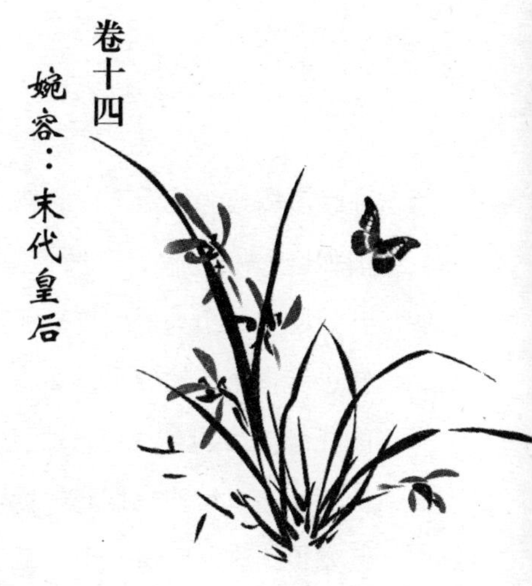

她生不逢时，恰好出生在封建王朝的末期，作为皇后的她，逃不开被历史推入深渊的命运。皇后这个身份，带给她的悲剧更多于荣耀，这个称号给她带去过虚荣和满足，也给她带去过烦恼和绝望，在过离群索居、与世隔绝的生活时，她的心中一定是怨恨的。所以会在内心的痛苦无法消除时，选择自我毁灭的道路。

关联人物：溥仪、文绣、川岛芳子。

◆ 宛若游龙

20 世纪初到 20 世纪中叶，是整个中国近代史上最动荡的几十年。

在晚清腐败的统治下，清朝已经走向末日，辛亥革命的爆发更是促进了清朝这个曾经盛极一时的王朝的灭亡。辛亥革命爆发后，人民渐渐觉醒，开始反抗这个为他们带来了苦难的政权，也认识到了中国的落后，在一些进步青年的领导下，又爆发了五四运动，而后中国就掀起了改革创新的狂潮。20 世纪 30 年代之后，日本开始入侵中国，中国烽烟四起，经历了长达八年的抗日战争。战争胜利后，动荡并没有结束，国共两党又开始了长达三年的内战。

这是一个苦难的时代，也是一个觉醒的时代。在这个时代中，新式的思想觉醒了，而旧式的思想和人物，就在这动荡的新世纪里被排挤，被抛弃。

而婉容作为末代皇后，她所在的阶层，被视为是封建旧思想的代表，在这样的年代里，她的命运，就如同浮萍一般，在时代浪潮里飘来荡去。

人生的际遇常常令人啼笑皆非，有时候看着是幸运无比的事情，却成为这一生中不幸的开端；而有时候看起来是末路般的景象，却在一个转角后迎来新的人生。这也不得不令人感叹，正是命运的变化无常，才让人心怀希望，也让人满心绝望。

婉容的命运，就常常是这样。

20 世纪初期时，照相技术已经传入中国。婉容这个末代皇后，曾在年轻时候留下许多照片。照片上的她，很少露出笑容，浓眉大眼，有一股英气，在这份英气中，又因为带着一点怯意而流露出一丝的柔弱，英气和柔弱结合在一起，有一种独特的气质。

婉容全名郭布罗·婉容，婉容这个名字，是婉容的父亲根据《洛神赋》中“宛若游龙”所取，里面寄予了对这个孩子的美好期待。郭布罗一家是满洲的正白旗人，父亲郭布罗·荣源生于光绪十年，从京师大学堂毕业后，在晚清供职。荣源一生也做了很多大大小小的官，在溥仪被赶出京城后，随着溥仪到了长春，在伪满洲国内任职。他的一生跟着溥仪，得到了荣华富贵，也为了这些荣华富贵，牺牲了自己曾经寄予美好愿望的女儿。荣源的一生娶了四个妻子。他在1945年为苏联军队所捕，被关押了五年后回到国内，于1951年因为脑溢血而逝世。

婉容是荣源和第二任妻子所生，出生在1905年，和清朝最后一位皇帝爱新觉罗·溥仪出生在同一年，正是晚清快要走到尽头的年月里。

婉容出生在贵族家庭，从小受到十分良好的教育。同时婉容也是旗人里面闻名遐迩的美人，她的皮肤如丝绸一般光滑，一头乌黑的头发，一双杏眼，总是闪动着光芒。不仅容貌出众，且因为从小受到良好的教育，行为举止十分端庄，仪态不凡，谈吐文雅，浑身散发着一股贵族的气息。十七岁那年，正值韶华的婉容被选入宫，和她一同被选入宫中的还有淑妃文绣。

婉容被选为皇后的这一过程颇有戏剧性。

1920年，溥仪已经年过十五岁，这在满人中已经是可以婚嫁的年龄。自从宫里放出了要为小皇帝溥仪选妃的消息后，北京城中的千金小姐们展开了一场激烈的竞争。各家千金小姐的照片都被送进了宫里，以供当时的太妃和皇帝挑选。

当时宫中对选后事情最为上心的是太妃们，太妃们对于皇后的人选持两种不同的意见，一种是主张选满洲额尔德特氏端恭的女儿文绣，一种是主张选郭布罗氏荣源的女儿婉容，两种意见水火不容，互不相让。最后，决定由小皇帝溥仪亲自决定。溥仪自己在自传《我的前半生》中回忆过他选后的事情："如果说我对这件事情还有点兴趣的话，那因为结婚是个成人的标志，经过这道手续，别人就不能把我像个孩子似的看管起来了。"当时溥仪并没有太多的想法，他并不知道，这个选择会决定自己的一生，也并不知道，他选定的那个人，要陪伴自己的一生。

照片被送到了溥仪的手里，四个最后的候选人都是一个模样，"身段都像纸糊的桶子。每张照片的脸部都很小，实在分不出丑俊来，如果一定要比较，只能比一比旗袍的花色，谁的特别些"。(《我的前半生》)

溥仪没有意识到这是一件很庄重的事情，于是在文绣的照片后面，轻轻画了一个圈。对于这个结果，端康太妃十分不满意，端康太妃中意的是婉容。于是端康太妃让人把照片还给溥仪，让他重新选择。于是，溥仪又按照端康太妃的意思，在婉容的照片后面画了一个圈。但是，已经被溥仪选中过的文绣，并不能再放到民间去嫁人了，于是就商定，让文绣进宫当妃子。最后婉容和文绣一同进了宫，一个当了皇后，一个当了妃子。溥仪画的这两个圈，给照片上的两个女人都造成了一生的悲剧。

第一次被画上圈的文绣出自满族的额尔德特氏，属满族八旗中的镶黄旗。额尔德特氏是满族的大姓，十分显赫。文绣的祖父，曾经做官做到吏部尚书，权倾朝野。但是到了文绣的父亲这一代，额尔德特氏家族开始衰落。更加不幸的是，文绣的父亲，很早就逝世了，一家全靠文绣的母亲支撑。在当时的社会，一个女人，想要在社会中生存是十分艰难的事情。没有固定的收入，文绣的母亲只能靠着留下来的祖产养活自己的孩子，但是随着孩子的长大，开销变得越来越大。于是文绣的母亲开始变卖家产，好维持生计。

在当时的贵族小姐中，文绣的家境算是十分贫寒，这也成了她后来没有当上皇后的一个原因。因为文绣从小失去了父亲，生活条件十分艰辛，她也早早地懂得了人生的悲欢离合，她从小女孩的时候起，就帮助母亲做一些维持生计的活，白天看书写字，晚上还要在昏暗的灯光下帮母亲做些针线。看起来三从四德的文绣，骨子里的灵魂却和那些传统的女性有着很大的区别。

文绣家虽然败落了，但是在满族中仍然有着比较高的地位，所以当溥仪选妃的消息出来之后，她也有资格参加选秀。文绣自己，并不愿意进宫去。皇宫对她来说没有任何的吸引力，但是想到母亲，辛辛苦苦将自己抚养长大，面对她的期望，文绣并不想辜负。于是文绣将照片送了上去，但是没有想到，这张照片因为被溥仪在后面画了一个小小的圈，而让她的命运发生了巨大的变化。在家里等待的她并不知道，她的命运已经发生了翻天覆地的变化。当时的一个美国记者曾经这样写过：

> 所选的淑妃有一个满洲的名字叫额尔德特，又被称为文绣。她出身高贵，极适合她的贵妃身份。但是她好像命中注定只能担当贵妃的虚名似的。因为溥仪完全是为了和宫廷妥协起见，才选了一个妃子，对她根本没有感情。

1922年，文绣和婉容一起进了宫。文绣比婉容早了一天，因为按照规矩，文绣需要在皇后大婚的时候行跪拜之礼。

根据记载，婚礼全程五天。1922年的十一月二十九日巳刻，淑妃妆奁入宫。十一月三十日午刻，皇后妆奁入宫。巳刻，皇后行册立礼。丑刻，淑妃入宫。十二月一日子刻，举行大婚典礼。寅刻，迎皇后入宫。十二月二日帝后在景山寿皇殿向列祖列宗行礼。十二月三日帝在乾清宫受贺。整整五日，皇帝溥仪才算完成了他的大婚之礼。最后一日，是婉容第一次以皇后的身份出现在世人的视线里。这天上午，婉容身穿旗袍，和穿龙袍戴玉冠的溥仪一起，接受各国驻华使节的贺礼。

根据目击者的描述，皇上身材适中，显得有些瘦弱，皇后站在皇上的身边，比皇上略微矮一些，仪态和容貌都非常出众，在尊贵无比的气质中，又带了一些平易近人的气质，见到皇后的人都被她的气质所折服。

对于婉容来说，在当时那么大的竞争环境中，当选为皇后确实不是一件容易的事。但是，古人云福兮祸所伏祸兮福所倚，被选为皇后，虽然在当时看来是一件再幸运不过的事情，但是纵观婉容的一生，她的悲剧，也正是从此开始。

◆令人羡、令人怨、令人怜、令人叹

婉容进宫后，娘家人受到了很大的恩宠。当时，婉容的父亲被封为辅国公，婉容当时同父异母的弟弟润麒才刚刚十岁，就经常被接入宫中，和当时宫里的溥仪一起玩乐。溥仪对润麒很是纵容，甚至让润麒坐最高权力象征的宝座玩耍。后来，溥仪被赶出了京城，把润麒当作自己的心腹送往日本学习。润麒学成归国后，溥仪又将自己最喜爱的三妹嫁给润麒为妻。所以不难看出，溥仪对于自己的小舅子，是十分喜爱的。好在润麒这一生，也并没有辜负溥仪的厚爱。在后来的人生中，这位清朝的最后一位国舅一直效忠于溥仪，为溥仪出生入死，直到 1945 年溥仪被苏联军队逮捕，才结束了他效忠溥仪的人生。

在刚和溥仪结婚的这段日子里，婉容也过得很是惬意。和溥仪两人情投意合，新婚燕尔。唯一美中不足的是，婉容接受过西式的教育，脑子里面有了一夫一妻制的观念，然而两人之间还有个和婉容一起进宫的淑妃。溥仪也对西方的文化很感兴趣，喜欢骑自行车的他，为了能在宫内方便骑车，锯掉了养心殿到御花园之间所有的门槛。在他的眼里，紫禁城像是一个监狱，他很希望逃离这里，却一直找不到一个合适的出口。

婉容也是如此，她接受过西式的教育，在紫禁城中的两年生活十分

摩登，喜欢骑自行车，说英语，十分引人注目。婉容为了学好英语，还在宫内聘请了英文教师，这也得到了溥仪的支持。溥仪大婚后，每天有两台轿子从神武门进宫，那是给婉容教英语的教师的轿子。虽然在紫禁城的生活舒心惬意，她并不希望一辈子都被困在皇宫这个四方的天空里，她也和溥仪一样，渴望更自由的天空。

溥仪在《我的前半生》中回忆道："这时我已渐渐对于那种'宫廷小圈子'生活感到厌倦，总想看一看'紫禁城'外的新鲜景色，但由于'陈规旧矩'处处拘束着我，有一次我的老师陈宝琛病了，我便以正正堂堂的'探问师病'为理由，尝到坐汽车走大街的'快乐滋味'。于是我就一步一步地试探着扩大访问的范围，如探望我的父亲和我的叔叔等等，最后则把范围扩大到游颐和园和玉泉山了。"在当时的报纸的记载中也可以看出，溥仪因为不喜欢紫禁城里拘束的生活，经常找各种理由外出。当时溥仪作为一国的皇帝，出行的排场很大，每次有十几辆车跟着，开支非常惊人。但是溥仪对此并不在意，只要能够找到出宫的机会，就可以不惜一切代价。

很快，短暂的出行已经不能满足溥仪的渴望。在紫禁城中虽然是名义上的皇帝，但是是个没有威严的存在，只是辱没清朝列祖列宗的名声。溥仪想到了出洋留学。

在当时，皇帝出洋，这是一件十分骇人听闻的事情。但是婉容知道后，表示出了莫大的赞同。溥仪一心想要在国外学好知识，回国后复兴清朝。

婉容是个心怀大志的皇后，在政治上有着自己的想法，她十分赞同溥仪的想法，在她看来，溥仪现在的生活，完全没有威严，学成归国后，才可能重新获得权力。面对婉容的支持，溥仪十分感动。他没有想到，当初随意在照片后面画了一个圈，竟然为自己找到了一个能和他心意相通的妻子。

溥仪想要逃出紫禁城，除了婉容还需要有别的助力，这就是庄士敦和兄弟溥杰。1923 年，在这三个人的帮助下，溥仪制定了一套出逃紫禁城的计划。他们把出逃的时间定在了 1923 年的 2 月 25 日晚上 8 时。一切都准备就绪，最大的困难是，如何走出皇宫。当时在宫外接应的是溥仪的兄弟溥杰，溥杰将车子停在了神武门的宫门外。到了约定的时间，溥仪换好衣服后，就到了接应的地方。和婉容道了别之后，溥仪就走出了宫门。

然而这次却没有走成。

当时有个看宫门的太监，被内务府买通了。得知溥仪要逃走的信息后，就把消息告诉了内务府，内务府又告诉了王爷和宫里的太妃。于是溥仪在逃跑之时，就被拦在了宫外。这次逃跑计划的失败，让溥仪付出了不小的代价。在这之后，太妃和王爷对溥仪看管得更加严格了。溥仪比逃跑之前更加没有了自由。

婉容和溥仪在这紫禁城里，没有可以打发时间的东西，于是变得更加互相依靠。但是文绣的存在，始终是两个人之间很大的一根刺。文绣和婉容共事一夫，难免就会互相猜忌，她们两个，婉容比较霸道，因为接受了很大程度的西方教育，主张一夫一妻制，对于溥仪纳妃极其不高兴，表现得不能容人。而文绣则因为从小失去了父亲，比普通的小孩子更早懂得人生的艰辛，因此她虽然也不希望屈居于人下，但是也十分宽容没有做出什么事情。

因为婉容的霸道，每次发生争执，最后溥仪也总是站在婉容这一边。因此在紫禁城的这段日子里，婉容的日子还是很春风得意的，不仅溥仪站在自己这一边，甚至很是纵容。

婉容不仅比较关心西方的文化，也关心国内的实事。当时国内的报纸已经渐渐流行了起来，她每日都会阅读报纸，通过报纸来了解当时国内的大事。而且看到有地方发生了灾难，也会尽自己的能力去捐点善款，博取了一个好的名声。

但是婉容自己觉得并不幸福。她每天花很多时间很多金钱，却换不回自己想要的东西。在爱情上，她虽然和溥仪相知相爱，却不能像普通的夫妻那样，经常厮守在一起。溥仪的心中，一直想着复辟的计划，心中有大计，于是没有更多的位置留给婉容。溥仪因为怕文绣和婉容闹矛盾，就常常索性谁的宫里也不去，自己躲在养心殿里，结果婉容就独自一人在自己的宫殿里度过这漫漫的长夜。而且，皇宫里的规矩多，皇后和妃子每天都要去请安，就像是住在紫禁城里的客人一般。

婉容逃不出紫禁城，她快要被那囚禁般的生活逼疯了。而且在和溥仪成亲一年之后，这位小皇帝，渐渐地也喜欢上了他原来并不在意的文绣。文绣一开始在宫里，很没有自己的地位，在无边无际的长夜里常常是自己一个人度过。但是文绣是那种即使低到尘埃里，也可以开出花来的性格。虽然并不受到溥仪的重视，也不受到婉容的善待，但是她还是在这个皇宫里找到了自己的生存之道，也找到了打发无聊的方法，那就是看书，有时候读书读累了，还跟着留声机学唱几段小曲，也在自己的宫殿里面养些花草，让自己的生活熠熠生辉。

在文绣进宫的一年里，修身养性，心情也变得比刚进宫的时候开朗了一些。加上文绣自己从小喜爱读书，因此她的才情也渐渐闪光起来。她的才情和对生活的态度吸引了溥仪，于是溥仪开始经常光顾文绣的住处。

这样一来，婉容的日子就更难过了起来。在这种绝望的困境中，婉容寻觅到了一个致命的精神依赖——鸦片。自从 1840 年第一次鸦片战争起，鸦片不知道毁了多少中国人的生活。鸦片不仅容易上瘾，而且价格十分昂贵，一旦吸食成瘾，就容易倾家荡产，家破人亡。婉容一开始吸得很少，后来渐渐地上了瘾，在宫中养了一个专门伺候自己吸鸦片的宫人。

鸦片给婉容带来过短暂的欢愉，让她忘记过生活的不如意，但更多的是带来了折磨。

1924 年，北京城开始陷入混乱。各地的军阀开始活跃，吴佩孚率领了二十五万军队与张作霖作战，这是直系和奉系两军的第二次战争。到了十月，直系军队的第三司令冯玉祥从热河回到京城，发动了政变。

在冯玉祥的观念里，溥仪这个清朝小朝廷的存在，是革命不彻底的一个象征。想要彻底地革命，就必须把这个象征着封建主义的小朝廷给除去。于是冯玉祥进了北京城之后，就派军队控制了紫禁城。

冯玉祥的军队进入紫禁城时，溥仪正在宫内和婉容聊天。当时的内务府大臣拿着一个文件，让溥仪签字。文件上写着，让溥仪永远废除皇帝的称号，移出宫廷，宫内的财产除了私人财产以外，全部归民国政府所有。

溥仪和后妃被逐出宫廷之后，先在醇王府住了几天，之后搬去了日本驻北京公使馆。到了 1925 年，溥仪和婉容、文绣一起，搬到了天津。

新的生活开始了。

溥仪和婉容、文绣，住在天津的张园里。张园是溥仪住进来之前匆匆布置起来的。根据溥仪自己的回忆，“张园是一座占地约有二十亩的园子，中间有一座天津人称之为八楼八底的楼房”。溥仪在这里住了五年。园子的主人张彪一直对溥仪很客气，没有收过溥仪任何房租，后来张彪死了，他的儿子拿出房东的面孔要房租，溥仪嫌他的房子不好，于是就索性搬到了陆宗舆的“静园”，这是后话了。

刚来到天津的溥仪，想着终于摆脱了紫禁城牢笼一般的生活，还是十分开心的，他终于得到了梦寐以求的自由。而且当时的天津，是中国最大的商埠，有着琳琅满目的商品，很合溥仪的胃口。溥仪在商品的海洋中流连忘返，和婉容一起购进了很多的东西。张园里的生活也渐渐丰富了起来。溥仪为了自己的出行方便,还购进了三辆车子,过得十分舒心。

刚到天津的婉容又重新体会到了生活的多姿多彩。这里和紫禁城中不同，不仅可以逛各种商店，买自己喜欢的化妆品、衣服、首饰，还没有了紫禁城中的许多规矩，和溥仪在一起的时间也变多了。他们一起进出舞厅，一起逛天津的园子，一起去逛商会的店铺，一起赏花，一起到著名的餐厅吃饭，像两只好不容易挣脱了牢笼的小鸟，自由自在地生活。

和北京生活非常不同的是，在天津，婉容交到了很多的朋友。她们给婉容的生活增添了不一样的色彩。这许多朋友之中，很多都是外国的朋友，因此婉容也并没有放弃学习英文。这个时候的她，是那么的青春洋溢。很多人都被她的风采折服。每次只要她出现的场合，她就能够变成万众瞩目的焦点，吸引到所有人的目光。

婉容是那种生来就带着光芒的人，很轻易就得到身边朋友的青睐。

在这样的生活中，婉容和溥仪之间的裂缝渐渐缝合了。两人的感情开始出现了短暂的升温。婉容不仅在物质生活上得到了满足，在精神层面的生活上也得到了满足。但是这样的满足维持的时间并不长。

溥仪一生，活过六十二岁，也没有给这个世界留下一儿半女。也因此有人猜测，溥仪和光绪帝一样，在两性生活方面存在一定的缺陷。后来文绣在离婚时候也曾提到过这个问题，文绣在离婚的时候说，自己伺候了溥仪九年，却仍然是处女，所以也不难得出这个结论。

婉容虽然在物质上得到了满足，但是时间一长，在两性生活方面的缺失，也让婉容感到十分烦躁。白天的时候她是万众瞩目的公主，到了晚上，她就是那个独自吞咽寂寞的失意人。

但是在这个园子里，还有比婉容更寂寞更失意的人，那就是文绣。

到了天津之后，文绣也有过被物质生活吸引的时期。但是随着时间的推移，物质生活带来的更多是空虚。对于她来说，从紫禁城到天津，是从一个牢笼，跳到了另一个牢笼。

在天津这个牢笼里，她的精神一直无法愉悦起来。并且，和婉容感情升温的溥仪，根本很少踏足文绣的房间。婉容在天津园子里，依旧像个皇后一样傲慢，盛气凌人，对文绣也像上级对待下级一般。溥仪和文绣的关系一天坏过一天，他们虽然生活在一个园子里，但是更多的时候就像陌生人一样。文绣在被冷落中，更加体会到了什么是寂寞。她整日把自己关在屋子里，不出门也不见人，日子过得十分消沉。

绝望中的文绣，并不想早早放弃。她还给溥仪写过一些热情洋溢的信件，但是这些饱含深情的信件，并没有让溥仪回心转意。溥仪对于文绣的孤独无动于衷。于是文绣想到了自杀，既然这个世界并不能让自己开心，那么或许离开这个世界，才能远离它所带来的痛苦。

文绣的第一次试图自杀并没有成功，这反而加剧了她和溥仪之间的矛盾。在溥仪的眼里，女人为了获得关注，可以使出任何的手段，文绣并不是真的想要自杀，那只不过是用来吓唬自己的小手段而已。这样难以消除的误解，就导致了之后所发生的悲剧。

溥仪在天津也没有过多长时间的安稳日子。当时是军阀混战的混乱年代，在这样的年代里，作为封建统治的最后一个皇帝，怎么可能会有长久安稳的日子呢。到了 1929 年，溥仪从张园中搬了出来，搬到了静园之中。原本溥仪以为能够过上新的安稳生活，却没有想到，搬到静园，是更大的风浪的开端。

1931 年，旧历七月的一个下午，溥仪收到了几封不同寻常的信件。那是文绣的律师写给溥仪的。信件中要求和溥仪分居,给出的理由是“事帝九年，未蒙一幸，孤衾独抱，愁泪暗流，备受虐待，不堪忍受”。这是溥仪无论如何没有想到的，一直宽厚沉默的文绣，竟然做出了这样的事情。在那个看起来三从四德的外表下，竟然做出要求和一个皇帝分居的举动，这是在历史上从来没有发生过的事情。在溥仪的眼中，大清朝几百年的声誉和尊严，就这样毁在了一个无知的妇人手中。他每天都急得满头大汗，生怕这样丢面子的事情被更多的人知道。

文绣是多么的悲哀，直到这个时候，也没有人懂得文绣的悲苦。若不是走到了末路，一个弱质女子，怎么会选择走这样一条决绝的道路。

文绣要求离婚的事情，很快上了报纸，于是引起了天津的轰动。面对这样骇人听闻的事情，很多人都是持反对态度的。溥仪的态度尤其坚决，他坚决不同意文绣提出的离婚，他通过各种办法想要让文绣收回离婚的申诉。

在报纸上登出这一事件后，文绣受到了十分严重的抨击，那些舆论，似乎想要置文绣于死地。文绣虽然名义上是妃子，但是皇帝的妃子，就是普通人家的一个妾。那些舆论制造者抓住了这一点，开始大做文章。在封建社会，妾的地位十分之低，和正妻有着云泥之别。妾必须小心翼翼地伺候丈夫和正妻，伺候孩子，不能出席各种应酬。在家里，她们的地位只是比丫鬟稍微高一些。在《红楼梦》中很能体现出这一点。《红楼梦》中的赵姨娘是贾琏的妾，她的地位，在贾府中也只比普通的丫鬟高一些。她要随时伺候夫人，甚至连亲生的女儿探春都要跟她划清界限。到了民国时期，随着西方思想的普及，女性的地位虽然发生了一些改变，但是传统中那些根深蒂固的东西，还是深深存在于人们的脑海里。

因此，人们纷纷撰文批评文绣，认为文绣作为一个妾，就不该奢求妻子才能有的待遇。面对来自各处的攻击，文绣并没有退缩，她的态度十分坚决。谈判继续进行。随着时间的推移，溥仪一方获得了越来越多的人的支持，很多保守派的清朝遗老，都站在了溥仪的这一边，对文绣进行了口诛笔伐。文绣一个弱女子，若不是对于原先的生活绝望到了极点，面对这样的攻击，又怎么会不退缩呢。

爱新觉罗家族统治的两百多年内，从来没有这样捅破天的奇事发生，溥仪一直坚持，让文绣撤掉离婚的诉讼，这样可以保住大清朝的最后一丝体面。但是这遭到了婉容的强烈反对。婉容本就希望和溥仪过一夫一妻的生活，对于文绣这次提出的离婚，她简直求之不得。她有些霸道地让溥仪在她和文绣中选一个，若是溥仪不同意和文绣离婚，那么她就要和溥仪离婚。这样的要求让溥仪哭笑不得。被两边夹击的溥仪，变得十分烦躁。于是他只能做个了结。溥仪同意文绣提出的分居要求，但是对于要他提供五十万元生活费的要求，并没有答应。

这些日子溥仪过得十分煎熬，文绣的日子也并不好过。这大概是她出生以来最难熬的日子了。面对各种流言蜚语，她只能靠着坚强活下去。在文绣的家中，只有妹妹文珊支持她离婚。她的胞兄文琦，也像那些文人一般在报纸上撰文讨伐她。她弱小的体内，蕴含着巨大的力量。她要求溥仪拨给她五十万元的赡养费，但是溥仪拒绝，到后来文绣和她的律师让到了十五万元，溥仪仍没有同意。最后溥仪的决定是，每年给文绣六千元，让文绣寄居在北平的太妃处。对于这样不公平的决定，文绣断然拒绝。

双方就这样僵持着。经过两个月的谈判和往来，溥仪和文绣终于达成了离婚的协议。在 1931 年，双方正式签订了《离婚协议书》，于是文绣成了历史上第一个和皇帝离婚的妃子。《离婚协议书》中这样规定：

自立约起双方完全脱离关系。

溥仪付给文绣五万五千元终身生活费。

允许文绣带走常用衣物和用品。

文绣返回母家居住，永不再嫁。

双方互不损害名誉。

文绣撤回要求法院调解的诉讼，今后不得再提出诉讼。

至此，文绣终于和溥仪离婚了。离婚后，她回到了北平和妹妹文珊住在一起，得到的生活费用来支付给律师之后，用剩下的钱办了一所学校。并且在这所学校里面亲自教授国语。离开天津之后，文绣的日子过得十分充实，她再也不会被漫无止境的孤独给吞噬了。虽然后来也过了很长时间的贫困日子，但也从中体会到了什么是真正的生活。

抗战胜利之后，文绣经由别人介绍，和国民党少校刘振东结成了夫妻。再婚后的文绣过了几年平实的夫妻生活，1953 年，在和刘振东的住所里因为心脏病而离开了人世。

文绣的离婚，给婉容也带来了巨大的影响。虽然在文绣离婚之后，婉容和溥仪终于过上了“一夫一妻”的生活，但是婉容依旧不幸福。并且，文绣的离婚，为将来婉容的被冷落埋下了很深的隐患。婉容没有想到，因为这件事情，溥仪会从心里责怪自己。

◆ 悲剧的高潮——走进东北

溥仪并没有在离婚这件事情上再纠结，因为他的心马上被更大的东西填满了，那就是清朝复辟。

北伐之后，国民党的势力渐渐到了北方。一些军阀纷纷垮台，一个新的王朝正在崛起。于是溥仪开始担心，新的王朝会如何对待自己这个末代皇帝。一直在等待消息的溥仪，终于等到了他想要的消息。

那是 1931 年，“九一八”事变前不久，一直在日本学习的溥杰回到了国内。他告诉溥仪日本已经占领了东北三省，已经有一些支持复辟的人前往东北。在知道这个消息后，溥仪一直想要前往东北。经过了几个月时间的反复思量和纠结，溥仪终于去了东北。

那个时候，因为文绣和溥仪正式离婚了，婉容终于等来了自己想要的一夫一妻的生活。她对于未来十分向往，充满欣喜地等待着。但是她等来了溥仪秘密去往东北的消息。她一直很能理解溥仪想要复辟的心情，因此对于溥仪的不告而别，她并没有多么在意。她唯一所想的，只不过是希望能够快点去东北和溥仪生活在一起。

当时的婉容并不知道，她的脚步，已经开始迈向另外一个悲剧。

溥仪去东北，是瞒着婉容的，婉容其实可以不跟着一起去，但是婉容的心里，还是放不下溥仪，放不下她一生为之所累的“皇后”的称号，于是她奔赴东北，那是她最悲剧最凄凉的后半生的开端。

1931 年的 11 月，在静园的婉容等来了一个特殊的客人。那就是历史上鼎鼎有名的日本女间谍川岛芳子。川岛芳子原名爱新觉罗・显玗，是肃亲王的第十四女。小时候因为肃亲王想要拉拢日本人，被送给了日本人当养女，后来又被送到了日本接受严格的军国主义教育，回国后一直为日本军队效力。川岛芳子的一生，也是传奇的一生，被送给日本人之时，清朝的大势已去，年幼的她没有为自己的命运做主的能力。在乱世中，为了生存不择手段。

川岛芳子来到静园之后，说是奉了溥仪的命令要将婉容接到东北去。一开始婉容并不同意，但是经过川岛芳子的劝说，婉容终于同意了。

11 月 26 日，身穿粗布男衫的婉容，在几个人的护送下，登上了前往东北的船。婉容到了东北，马上要求和溥仪见面。但是这个要求并没有得到满足。川岛芳子虽然答应婉容会尽快安排，但是过了许多天也没有消息。溥仪到了东北之后，处处受到监视，想要和婉容见面也是十分不容易。

在婉容到了东北的一个多月后，溥仪从旅馆中搬了出来，搬进了一座前清的楼房里，幸运的是，婉容和溥仪的两个妹妹，也被同意可以搬进来。于是婉容终于又可以和溥仪生活在同一个屋檐下了。在东北的婉容知道了自己的处境，不再任性，放下身段想尽办法让失意的溥仪开心起来。然而溥仪在东北孤立无援，复辟计划看起来遥遥无期，心情怎么会那么容易就好起来呢。

到了1932年，日本在满洲建立了一个共和国。那是日本侵略中国后，为了避免国际上谴责自己，所以迫切需要找一个政治幌子以显示日本关东军并不是占领中国东北而是满族请他们来帮助建立新国家，于是溥仪成了新国家政权元首的最佳候选人。日本人并不是让溥仪做真正的元首，而是做一个日本人的傀儡。

1932年的3月8日，溥仪和婉容乘着火车到了这个伪满洲政府的首都长春，他们两个的到来受到了“热烈的欢迎”。后来溥仪回忆起那天的情景，有诸多的感慨：“我坐上了汽车，脑子里只顾想我的紫禁城，想我当年被冯玉祥的国民军赶出城的情形，也想到‘东陵事件’和我发过的誓言，我的心又被仇恨和欲望燃烧着，全然没有注意到长春街道的景色是什么样子，被恐怖与另一种仇恨弄得沉默的市民们，在用什么样的眼色看我们。过了不多时间，车子驶进了一个古旧的院落。这就是我的‘执政府’。”

婉容的心情也很激动。她当了那么久的皇后，在来到东北的这一段时间里，放下身段，再也没有体会到当皇后的那种威严。她的心里，一直放不下皇后这个称号给她曾经带来过的荣誉，也正是因为放不下，所以才会一直被这种虚名拖累。“皇后”这个称号，对她来说就像是一朵鲜艳的罂粟花，一旦采摘在手里，就舍不得再放下。

到达长春后的第二天，在匆忙收拾起的一间大厅里，日本人为溥仪举行了就职典礼。然而这一切，只不过是另一个梦境的开始。溥仪至此成了日本人的傀儡，也成了一只笼中之鸟，比在紫禁城中还要不自由。在长春，溥仪连出门的机会都没有，一旦出了门，就会闹得满城风雨。

婉容也活得十分不愉快。她受到了严密的监视，她的身边没有中国侍女，都是日本侍女，她没有办法交流。溥仪到了东北，满心想着的都是复辟的事情，也没有花太多的精力在她的身上。和文绣离婚后的溥仪，对当时支持离婚的婉容有着迁怒，两人关系并不和谐。

所以，当1932年国联调查团来到东北调查满洲问题时，婉容给当时的调查团的中国政府代表顾维钧捎去了消息，让顾维钧协助她逃跑。但是，顾维钧并没有帮到她。这个国民党第一任外交官的回忆录里有这样一段话："她在那里一举一动都受到监视和告密。她知道皇帝不能逃走，如果她能逃走，她就可能帮他逃走。我为这故事所感动。但是我告诉她，我的处境不能替她做什么事，因为我在满洲是中国顾问的身份，没有任何有效方法来帮助她。"于是婉容想要逃走的愿望就这样落空了。

婉容并不甘心。这样的生活并不是她想要的。必须要尽快逃离这个人间地狱，才能获得她想要的生活。

在这样的绝望中，婉容吸食鸦片更多了。那是她最后的精神寄托，吸食鸦片能让她暂时忘记这人世的艰辛，能够幻想自己还是在美好的生活中。虽然醒来后发现一切都是虚幻，也好过在绝望中痛不欲生。

◆ 封建社会的牺牲品

1934年，溥仪在东北伪满洲政府，第三次登基了。婉容也因此再一次成为皇后。这个时候，婉容因为吸食鸦片，再加上精神状态也并不好，身体开始出现了状况。溥仪的身体也一直不好，他在男女之事上，还是不能如意。溥仪每晚睡觉前，都会注射荷尔蒙激素，但是到了后来，这样的注射也起不了作用了。婉容清楚地知道这种情况，但是她并没有和文绣一样想过离婚，因为在她的骨子里，皇后这个称号，还是十分重要的，她的虚荣，她对虚名的追求，都注定了她不能很好地追求自己的幸福。

婉容抛不下皇后的名声，也不能在男女之事上得到满足，于是她走上了私通的道路。婉容的贞洁，并不是到了长春之后才失去的。在被秘密送往东北的路上，婉容就已经被兄长当成礼物一般送给了一个日本军官。到了长春之后，婉容和溥仪的侍卫发生了关系。但是与别人私通带来的快感是短暂的，短暂的欢愉过后就是漫长的寂寞和担惊受怕。

然而事情终于暴露了。

1934年下半年，婉容发现自己怀孕了。如果婉容在发现自己怀孕后，及时打掉这个孩子，那么事情也许就会变得简单一些，但是一直孤单的婉容，也有一颗想要做母亲的心，她想要这个孩子留下来。婉容和侍卫私通的事情，终于被溥仪知道了。他感到所有的尊严都在那一刻消失殆尽，满满的悲哀涌上心头。随即溥仪就发现了婉容怀孕的事实，他彻底愤怒了。

虽然后来溥仪回想起这件让他感到无比耻辱的事情，理智了一些："这种事情，无论如何不能由她负责任，至少不该全部由她自己负责。事实上，当时我把全部责任都放在她身上，我根本没有责怪那个吃人的制度。"但是当时发生时，溥仪一生的愤怒似乎都要在这一刻爆发出来，他十分暴力地打骂了婉容。一开始是用手，婉容一个怀孕中的女人，被打得十分厉害。但是溥仪用手打仍然没有解气，他拿起了手边的鸡毛掸子。溥仪的愤怒没有散去，婉容也是生不如死。但是暴力终究不是事情的终结。

第二天，溥仪就将和婉容私通的侍卫赶了出去，连带婉容身边的侍女和嬷嬷也被狠狠地责罚了一顿。婉容做出这样伤害溥仪自尊的事情，溥仪是绝对不会再容忍婉容站在自己身边的。于是溥仪便秘密地计划将婉容废除，打入冷宫。婉容再次受到了精神上的强烈折磨，怀孕中的她开始卧床不起，整日里郁郁寡欢，以泪洗面。

婉容肚子里那个不被人期待的孩子，还是来到了这个世界上。但是这个作为皇家耻辱的孩子，并不能留在婉容的身边。最后，婉容的哥哥来负责给这个孩子寻找乳母。溥仪没有将这个孩子杀死，也算是一个极大的仁慈。孩子被送走之后，婉容的精神更加不济了。

被打入冷宫之后，婉容的生活近乎不可想象。她不再注意个人的卫生，不再为自己梳妆打扮，只能靠着鸦片来慰藉那颗似乎已经不会再复活的心。过了没多久，因为吸食鸦片而不注意好好调理，婉容变得不再是那个英气中带着柔弱的女子，而是一个眼睛凹陷、没有光彩，牙齿泛黄，弯腰驼背，蓬头垢面的女子。并且随着吸食鸦片的次数变多，婉容的精神也变得越来越恍惚。

溥仪对于这位病中的发妻，却没有给予任何的关心。溥仪遣散了婉容身边的人，将她软禁起来，不让她和任何人接触，吃饭不和婉容一起吃，给婉容的生活用品也越来越差。这个给他带来耻辱的人，被他当成了一个甩不掉的包袱。到了 1934 年底，溥仪甚至想把婉容远远地丢开，丢到抚顺去。

婉容心里也明白溥仪对她的厌恶。她被打入冷宫之后，没有可以说话的人，没有可以倾诉的对象，整日里吸烟度日，生活对于她来说，只不过是一种慢性的酷刑而已。到了后来，因为常年吸食鸦片，缺少走动，两条腿已经渐渐废了，甚至已经不能下床走动了。看到她的人，谁也无法想象，她曾是那个明艳动人的皇后。

在伪满洲生活的时间里，为了惩罚婉容，溥仪又结了两次婚。第一次是和一个十七岁的女孩谭玉龄。虽然新被接到伪满洲宫中的谭玉龄也只不过和溥仪是挂名夫妻，但是溥仪对于这个十七岁的花样少女十分喜爱。她像是年轻时候的婉容一般明艳动人，又比当年的婉容多了一份淳朴和善良，因此溥仪对她很是喜爱。但是这个纯真的少女和溥仪的缘分很浅，没过多久，谭玉龄就因为伤寒离开了人世。

在那以后，溥仪又和一个女学生李玉琴结婚了。李玉琴“入宫”时才十五岁，比三十七岁的溥仪小了整整二十二岁，就像个孩子一样。我们不能从历史的描述中知道，婉容在面对这样的情况时，心里有着怎样的想法。虽然她的神志已经不太清楚，但是在这样难熬的生活里，还出现了别的女人，溥仪和女人谈话的笑声常常能够传到婉容的耳朵里，那一定给她的精神带去了更深的打击。

日子依旧那么难熬。

渐渐地，日本在和中国的战争中败绩越来越多，伪满洲政府里也显出了一种紧张的气氛。到了 1945 年，日本军已经快看不到希望。但是溥仪还不知道当时国内的情况，在他的眼里，日本军还是像刚进入中国的时候那样强大。到了 1945 年 8 月，苏联红军正式向日本宣战，往长春投了两颗炸弹。于是溥仪终于看到自己赖以生存的日本军快要走到末路了。

伪帝宫里的人们开始收拾东西，婉容也被带着一起逃亡。说来奇怪，虽然婉容跟着溥仪一起逃亡，但是在溥仪的安排下，婉容和李玉琴从来没有见过一面。

1945 年的夏天，日本军投降了，法西斯终于走到了尽头。溥仪自顾自地逃到了沈阳，留下一群无所依靠的人在通化等待结局。被丈夫抛弃之后，病弱的婉容被解放军收押了起来。1946年的春节前夕，婉容和其他的几个家属，被解放军押上了一辆汽车。吉林的冬天十分寒冷，在这样的严寒中，婉容连一件棉衣也没有，在刺骨的寒风中被冻得半死。

后来，在长春没有多久，因为和国民党之间的内战，解放军又将婉容从长春转移到了吉林，没过多久，又从吉林到了敦化，到了延吉。在延吉的监狱里，婉容的精神病已经十分严重，她住在监狱的宿舍里，有时候烟瘾犯了，从床上滚到地上，像个死人一般动也不动。监狱中的饭也不好好吃，大小便失禁，精神十分错乱。

到了6月,因为国民党的脚步逼近,解放军又试图将溥仪的家眷转移,但是这个时候的婉容，已经病入膏肓，眼看着不能忍受路途的颠簸，于是解放军就决定将婉容留在了延吉。6月20日，独自被留在延吉的婉容，在被病痛苦苦折磨之后，终于离开了人世，这一年，她四十岁。

婉容死了，死在延吉那个冷冰冰的监狱里，死得轻如鸿毛。至今人们也不知道这个可怜的末代皇后，她的尸体被埋在了哪里。她是那个时代里千万悲剧女性中的一个，是封建统治中的一个牺牲品。她死的时候，身边没有一个亲人，没有一个可以为她整理妆容的人。

婉容年轻时候最疼爱的弟弟，曾经这样回忆道："婉容是个旧式女子，受了点西方文明的熏陶，但是骨子里还是三从四德。若不是选进宫去，如果嫁了个好人，她是应该得到幸福的。她很心细，很关心我这个弟弟。

从政治观点上，她也反对溥仪投靠日本人。她的一生是个悲剧，是个政治的牺牲品。”

婉容从小对润麒这个弟弟很是照顾，润麒也并没有辜负她的用心，在这个世界上的人都渐渐将她遗忘时，还有一个懂她的灵魂，也算是给婉容那在黑土地上飘荡的灵魂一个慰藉。

她虽然有着皇后的名号，却从来没有像从前的皇后那样统率过后宫。没有一个皇后像她一样，大半生都在颠沛流离孤苦无依中度过，也没有哪个皇后像她一样，在最需要的时刻总是被至亲的人放弃。她的亲人，为了荣华富贵将她出卖，将她推到了一条不归路，利用她，摧毁她，让她和整个时代一起，在战乱中化为灰烬。